HISTÓRIA DA RESISTÊNCIA INDÍGENA

500 ANOS DE LUTA

Benedito Prezia

HISTÓRIA DA RESISTÊNCIA INDÍGENA

500 ANOS DE LUTA

2ª edição revista e ampliada
Expressão Popular
São Paulo – 2023

Revisão: *Lia Urbini e Dulcineia Pavan*
Projeto gráfico e diagramação: *Zap Design*
Foto da capa: *Ricardo Funari*

Dados Internacionais de Catalogação-na-Publicação (CIP)

P944h
Prezia, Benedito, 1944-
História da resistência indígena: 500 anos de luta. / Benedito Prezia.-- 2.ed.— São Paulo : Expressão Popular, 2017.
207 p. : maps.; fots.

Indexado em GeoDados - http://www.geodados.uem.br.
ISBN 978-85-7443-300-1

1. Índios – Brasil - História. 2. Resistência indígena – Brasil. I. Título.

CDD 980.1

Bibliotecária: Eliane M. S. Jovanovich CRB 9/1250

2ª edição, revista e ampliada
5ª reimpressão: março de 2024

EDITORA EXPRESSÃO POPULAR LTDA.
Alameda Nothmann, 806 Sala 06 e 08
01216-001 – Campos Elíseos – SP
livraria@expressaopopular.com.br
www.expressaopopular.com.br
ed.expressaopopular
editoraexpressaopopular

Sumário

A nossa luta indígena é uma homenagem
aos inúmeros heróis que tombaram guerreando
ao longo de cinco séculos.

Documento final, *Conferência dos Povos e Organizações Indígenas do Brasil*,
Coroa Vermelha, BA, 21 de abril de 2000

Vede o que fizeram [os povos indígenas]
e dizei se não há grandeza e heroísmo
nessa luta que sustentaram há mais de três séculos,
opondo a flecha à bala e o tacape à afilada espada de aço!

Gonçalves Dias[1]

[1] *Ap.* LISBOA, João Francisco. *Crônica do Brasil Colonial [1864]*. Petrópolis: Vozes/MEC-INL, 1976, p. 161.

Somos os guardiões da história

Somos indígenas e muitos perguntam quem são os indígenas.
Nós, indígenas, somos os guardiões da História.
Em nossa memória guardamos todas as cores, todos os rumos,
todas as palavras e todos os silêncios...
Vivemos para que a memória viva não se perca.

Nós, indígenas, somos aqueles que,
tendo como base a cor da terra que somos,
pintamos as primeiras
das muitas cores que vivem no mundo.
Somos nós, indígenas, que apontamos
o tempo do qual viemos,
vivendo hoje o nosso passado,
para que não se perca
e para que não nos percamos.

Somos também aqueles
que apontam para o amanhã que virá,
com mais cores e com todas as cores,
e assinalamos o destino comum a todos.
Somos nós, indígenas,
que fazemos o silêncio
e que também desfazemos
com palavras que olham para ambos os lados,
pois a História é esta e não outra coisa.

E se antes fomos pássaros de muitas cores,
de altos e diferentes voos,
agora, nós indígenas, guardamos essa memória
para que os seres humanos voltem a ser a grande cor
que contém todas as cores,
os cantores de todos os sons e os de muitos e altos voos.

Carta Zapatista
México, 2001

Apresentação

A conquista da América foi palco de um grande genocídio, talvez o maior da História. Poucos historiadores tiveram a lucidez e a coragem de Tzvetan Todorov, segundo ele

> se a palavra genocídio foi alguma vez aplicada com precisão a um caso, então é esse. É um recorde, não somente em termos relativos (uma destruição da ordem de 90% ou mais), mas também absolutos, já que estamos falando de uma diminuição da população [indígena] estimada em 70 milhões de seres humanos. Nenhum dos grandes massacres do século XX pode comparar-se a essa hecatombe.[1]

Essa afirmação tem sido mais respeitada, de alguns anos para cá, com a maior disseminação de informações. Se começamos ter consciência dos massacres ocorridos, ainda pouco se sabe da longa luta nos 500 anos de resistência dos povos indígenas. As informações são mínimas, em geral obtidas através de fatos narrados de forma superficial, muitas vezes equivocada e geralmente na perspectiva dos vencedores.

A história real da resistência e da luta desses povos também continua desconhecida. O nome correto e real desses povos, a descrição dos personagens, das datas e dos locais onde os fatos se sucederam são, em geral, ignorados pelos brasileiros. Poucos parecem interessados em enveredar pelos caminhos desse passado. Tem-se muito mais interesse em saber a dinastia e os nomes dos reis de Portugal, dos governadores gerais ou dos bandeirantes paulistas do que buscar a história desses lutadores, geralmente anônimos.

O interesse em desvendar esse passado surgiu quando passei a colaborar com o suplemento cultural do jornal indigenista *Porantim*, de Brasília. Era o ano de 1986 e o Conselho Indigenista Missionário (Cimi) decidira registrar episódios da História do Brasil na perspectiva dos povos indígenas. Apesar da rapidez da pesquisa exigida pelo caráter jornalístico, a aceitação do material foi boa e os leitores se surpreendiam com as histórias reveladas.

---

[1] TODOROV, Tzvetan. *A conquista da América.* A questão do outro. São Paulo: Martins Fontes, 1988, p. 129.

Três outras publicações se seguiram na mesma linha, ambas para jovens e para lideranças indígenas, das quais fui coautor com Eduardo Hoonaert: *Esta terra tinha dono;*[2] e *Brasil Indígena, 500 anos de resistência;*[3] e *Outros 500, construindo uma nova história,*[4] publicada por ocasião dos 500 anos de Brasil, da qual fui um dos organizadores.

Ao fazer minha pesquisa para o doutorado, na Pontifícia Universidade Católica de São Paulo (PUC-SP), deparei-me com muitos episódios importantes de resistência indígena, que não podiam ficar escondidos em livros acadêmicos ou em textos históricos pouco acessíveis ao grande público.

Por isso, em 2005, retomei, no mesmo jornal, a publicação desses episódios, num estilo simples, buscando sempre registrar fatos em que os indígenas eram os protagonistas e não apenas as vítimas. Após nove anos, constatei que o material publicado, algumas vezes de maneira intermitente, podia tornar-se um livro. Retrabalhei alguns assuntos, aprofundando-os um pouco mais, o que não era possível nas limitadas páginas do *Porantim*. Acrescentei as referências bibliográficas e as fontes pesquisadas.

Agrupei os textos por períodos, que marcaram a história indígena, tornando-se o livro uma espécie de história viva do Brasil na perspectiva indígena. Assim os jovens indígenas, lideranças de comunidades e militantes de movimentos populares poderão ver parte de um importante passado de luta refletido nessas páginas. Segui ainda a periodização da história oficial para que os leitores vejam como a política oficial interferiu na vida dos povos indígenas.

Como os episódios retratados vão da chegada dos europeus, no século XVI, até o início do século XXI, tentei apresentar episódios mais significativos ou os que eram de mais fácil pesquisa. Os portugueses que ocuparam o território, com o passar do tempo tornaram-se luso-brasileiros e finalmente brasileiros. Esses episódios vão até o final do século XX, não tendo tido nem recuo histórico, nem tempo para retratar as lutas atuais. As ilustrações são na medida do possível contemporâneas às épocas descritas, para ajudar a situar os fatos em seu tempo, tornando-se também uma contribuição à pesquisa histórica.

Agradeço a colaboração da jornalista Railda Herrero, que, com seu olhar profissional, tornou os textos mais leves. O mesmo agradecimento faço a Alexsandro Cosmo de Mesquita, indígena Potiguara, formando pelo Programa Pindorama da PUC-SP, que leu os originais contribuindo igualmente com sua sensibilidade indígena.

Espero que esse livro possa preencher uma lacuna da nossa historiografia, a despeito de não possuir como objetivo primeiro a contribuição ao debate acadêmico. O importante é que seja um instrumento para que os povos indígenas possam conhecer melhor seu passado e construir outra história, mais real e verdadeira.

[2] PREZIA, Benedito e HOORNAERT, Eduardo. *Esta terra tinha dono.* São Paulo: FTD, 1989.

[3] *Id. Brasil Indígena, 500 anos de resistência.* São Paulo: FTD, 2000.

[4] CIMI, *Outros 500, construindo uma nova história.* São Paulo: Editora Salesiana/Cimi, 2001.

Os primeiros contatos

Os novos Karaíba

Certo dia, novos visitantes começaram a aparecer em diversas partes do litoral, numa terra que mais tarde seria chamada Brasil. Era o ano de 1500 no calendário europeu. Pareciam pessoas de um outro mundo: pele branca, barba espessa e o corpo coberto de roupas... Surpreenderam os Tupinikim que estavam na praia. Imaginavam ser entidades, enviadas por Monhã, o grande Pai ou por Tupã, o senhor da chuva e dos trovões. Por isso foram bem acolhidos, recebendo um nome divino: Karaíba. Mas esse período amistoso e de reverência, com troca de mercadorias, durou pouco... Aquele "primeiro amor" iria transformar-se, alguns anos depois, num verdadeiro pesadelo. É essa fase inicial, amistosa, que iremos conhecer nessas primeiras páginas.

Entre a escravização e a *Terra Sem Mal*

Não é de se estranhar que a chegada dos europeus no século XVI tenha causado um grande impacto nas populações nativas da América. Vindos pelo mar, com barcos maiores que uma casa, homens diferentes, claros, com barba e cobertos de roupas, só podiam ser de outra terra, do *paraíso*, chamado por alguns Guarani de *Terra sem Mal*. Na concepção de muitos desses povos, essa terra ficava depois das "grandes águas", o oceano. Por isso, os portugueses foram recebidos como seres superiores, como divindades, sendo chamados de *Karaíba*. Esse era o nome dado aos heróis civilizadores míticos ou demiurgos, que ajudaram Monhã, o criador, a terminar a formação da Terra. Os franceses receberam o nome de *Maíra*, grande entidade tupi.

Um relato de 1513, registrado por portugueses originários da Ilha da Madeira, dá uma ideia de como foram esses primeiros contatos. Com detalhes, a narrativa da viagem de Nuno e Cristóvão de Haro às Índias Ocidentais – nome dado na época ao Brasil –, foi publicada em Augsburg, na Alemanha, pelos comerciantes da empresa Fugger. Como bons empresários, esses alemães buscavam informações sobre a nova terra e sua viabilidade econômica. Tal publicação recebeu o título de *Nova Gazeta da Terra do Brasil*, e que poderia ser traduzido também por *Novo informativo sobre a Terra do Brasil*.

Aparentemente, o navio se perdeu, tendo aportado não na Bahia, destino previsto, mas no estuário do rio da Prata, perto da atual Buenos Aires. Após relatos sobre a fertilidade da região, com grande quantidade de frutas e peles de animais desconhecidos, o autor afirma que "no interior há grandes montanhas, [e] dizem que em alguns lugares nunca desaparece a neve". Tal informação remete aos Andes bolivianos, região não muito longe do estuário platino. O texto informa que alguns marinheiros foram 200 quilômetros rio acima, onde souberam haver uma região com muita prata, ouro e cobre, embora esse povo não conhecesse o ferro. Isso explica o grande interesse daqueles nativos por objetos de ferro, como machado e faca. Relata ainda a existência de "um povo serrano que tem muito ouro e traz esse ouro batido fino, a maneira de medalhões, na fronte e no peito".[1]

O folhetim registra que o povo encontrado no litoral é "de bons costumes, de índole honrada", isto é, não praticavam a antropofagia,[2] como a maior parte dos Tupi.[3] É possível que fossem os Arachã ou algum outro povo de cultura tupi, já que falaram da exis-

---

[1] A *Nova Gazeta da Terra do Brasil* (1514). *In:* RIBEIRO, Darcy; MOREIRA NETO, Carlos. *A fundação do Brasil:* testemunhos 1500-1700. Petrópolis: *Vozes*, 1992, p. 113.

[2] Antropofagia foi uma prática guerreira de muitos povos da América, em que o inimigo era morto e devorado como forma de vingança ou demonstração de bravura. Difere do canibalismo, quando outro ser humano é devorado para saciar a fome.

[3] Quanto aos nomes indígenas, seguimos a orientação da Associação Brasileira de Antropologia (ABA), que recomenda que o nome das etnias seja grafado em maiúscula e sem flexão. A flexão ocorrerá quando esse nome tornar-se adjetivo. O som duro da letra /c/ e o /qu/ serão grafados com a letra /k/.

tência de *Sumé,* um personagem poderoso desse povo. Os portugueses concluíram que se tratava do apóstolo Tomé, cuja tradição cristã afirma ter evangelizado as Índias. Encontraram muitos indígenas com esse nome. Foram-lhes mostradas as marcas de tal personagem gravadas nas pedras, talvez pinturas rupestres, além de uma cruz. A cruz deve ter sido plantada por outros europeus, como fez Paulmier de Gonneville, em Santa Catarina, dez anos antes.

Interior de nau portuguesa do século XVI. Gravura de Roque Gameiro, 1920.

O que mais se destaca nesse relato é a parte final, quando o autor escreve que "a coberta [do navio] está cheia de rapazes e raparigas [moças] comprados. Pouco custam aos portugueses, pois, na maior parte, foram dados por livre vontade, porque o povo de lá pensa que seus filhos vão para a Terra Prometida. Dizem também que o povo naquele lugar [na Terra Prometida] alcança até 140 anos".[4]

Essa informação mostra o clima amistoso desse período inicial de trocas comerciais. E denota a visão religiosa daqueles povos de cultura tupi, que passaram a acreditar que se poderia chegar em vida a esse paraíso, sem enfrentar rituais exigentes ou sem ser pajé.

No século XVI, o franciscano frei Cardús, que trabalhou com os Chiriguano da Bolívia, descreveu um ritual que tinha o poder de levá-los para a *outra Terra,* ou para a *Terra Sem Mal,* como mais tarde chamaram os Avá Guarani:

> Os homens, cobertos com seus mais belos ornamentos plumários, reúnem-se na *tokai* ou casa das danças. Fumigando [defumando] os bordões de compasso, os participantes da festa põem-se a executar rondas [cantigas] cuja cadência é marcada pela batida no solo com pedaços de bambus. (...) A finalidade dessa manifestação é de fazer-se transportar, o mais breve possível, pelo ancestral Tamoin [o Grande Pai, o avô mítico], conforme sua promessa.[5]

[4] A *Nova Gazeta da Terra do Brasil* (1514). *Op. cit.*, p. 114.

[5] *Apud* MÉTRAUX, Alfred. A *religião dos Tupinambás*. São Paulo: Comp. Ed. Nacional, 1979, p. 179-180.

E muitos afirmavam, que antes da chegada dos missionários, "costumava o Pai Grande arrebatar seus netos [seus seguidores] para o céu, juntamente com a *tokai* [a casa de reza], arrancando-os do solo quando os índios, no seu interior, estavam cantando".[6]

Assim é possível imaginar que muitos indígenas do Brasil tenham se entregado livremente aos europeus, imaginando estar a caminho da *Terra sem Mal*...

Fonte: A Nova Gazeta da Terra do Brasil (1514). *In:* RIBEIRO, Darcy; MOREIRA NETO, Carlos. *A fundação do Brasil*: testemunhos 1500-1700. Petrópolis: Vozes, 1992, p. 112-114.

Vinte luas: a saga do indígena levado à França

Em 24 de junho de 1503, com a proteção de São João, partia do porto de Honfleur, na Normandia (França), a nau francesa *Espoir (Esperança)*, em direção às Índias, terra das especiarias e de produtos exóticos muito apreciados na Europa. Com 60 pessoas, o navio tinha como capitão Binot Paulmier de Gonneville, além de um piloto experiente, auxiliado por dois outros pilotos portugueses contratados em Lisboa, por terem bastante vivência dos mares do Atlântico Sul.

A viagem saiu bem diferente do planejado. Depois de seis meses de peripécias, dos quais cinco perdidos em alto mar, enfrentando tempestades e calmarias, finalmente, no dia 5 de janeiro de 1504, avistaram terra firme. Com o navio muito danificado e por causa dos ventos contrários só puderam lançar âncora na tarde do dia seguinte, à entrada de um rio, provavelmente o Itapocu, ao Norte do Estado de Santa Catarina, próximo a atual São Francisco do Sul.

Aqueles homens nem acreditavam ter chegado vivos. Em que terra estariam? Pelas estrelas, perceberam que estavam nas chamadas Índias Ocidentais, no Hemisfério Sul.

Como seriam recebidos pelos nativos? Era a grande pergunta, pois os Tupi do litoral eram famosos pela resistência. Mas o relatório de viagem, entregue mais tarde às autoridades francesas, indica que "era gente simples e acolhedora".

A visão que tiveram era de um "paraíso", pois aquelas pessoas "levam uma vida alegre, sem grande trabalho, vivendo da caça e da pesca e do que a terra lhes dá, (...) como alguns legumes e raízes que plantam".[7] Não havia correria e nem agitação...

Mostravam-se pessoas "mais decentes" do que outros nativos daquelas regiões, pois se cobriam com

[6] *Ibid.*

[7] *In:* PERRONE-MOISÉS, Leyla. *Vinte luas*. São Paulo: Companhia das Letras, 1996, p. 51.

> pequenos mantos feitos de fibras trançadas, ou feitos de couro ou de penas, como os egípcios e os ciganos, exceto que são mais curtos, como uma espécie de pequeno avental [tanga]. Nos homens, ia até os joelhos e, nas mulheres, até o meio das pernas, pois homens e mulheres se vestem da mesma maneira. Usam as mulheres colares e pulseiras de osso e conchas.[8]

E os homens "usam longos cabelos soltos, com um círculo de penas altas, de cores vivas e bem dispostas".[9]

Foram acolhidos como

> anjos descidos do céu, (...) pois 'estavam todos [os nativos] assombrados com a grandeza do navio, com a artilharia, os espelhos e outras coisas que eles aí viam'. Impressionavam-se com o papel escrito. Espantavam-se quando alguém em terra lia a mensagem do comandante. Não compreendiam 'como o papel podia falar'... E concluía o cronista: 'Por isso, os cristãos eram por eles temidos'.[10]

As aldeias se mostravam grandes com 30, 50 e até 80 casas. Os nativos dormiam sobre esteiras, forradas de capim e penas. Por estarem em região mais fria, à noite cobriam-se com esteiras, peles de animais ou com mantos de penas.

As características desse povo demonstravam que tinham uma cultura distinta dos povos tupi-guarani. Provavelmente, eram os Arachã, que, décadas depois, chamaram a atenção dos jesuítas pelo fato de não praticar a antropofagia e por se vestir "decentemente". Os franceses ali ficaram seis meses, tempo necessário para consertarem o navio muito avariado e para se abastecerem de alguns produtos e de alimentos para a viagem de volta. Retornaram à França, pois não tinham mais condições de chegar às Índias Orientais.

Conquistaram a amizade do cacique Arosca. Este chefe guerreiro partiu duas vezes para enfrentar inimigos que viviam no interior. Tinha um verdadeiro exército, formado por cerca de 600 guerreiros. Insistiu para que os franceses os acompanhassem com suas armas de fogo, pois assim poderiam combater os inimigos com mais eficácia. Os europeus recusaram a oferta, pois participar em conflitos locais poderia repercutir negativamente nos relacionamentos futuros.

Indígenas abastecendo navios europeus. Gravura de G. B. Ramusio, século XVI.

---

[8] *Id.*, p. 53.

[9] *Ibid.*

[10] *Id.*, p. 57.

Antes de retornar à França, o capitão mandou levantar uma cruz numa colina próxima à praia, como marco de ocupação política e religiosa. Embora fosse o símbolo cristão, era também um marco político, pois nela estavam gravados em latim os nomes do comandante do navio, do rei da França e do papa.

Gonneville fez um pedido ao cacique: desejava levar à sua terra alguns indígenas. Seriam como troféus para o rei, que veria neles futuros súditos, embora na maior parte das vezes esses nativos tornavam-se escravos. Assim foi escolhido o filho mais jovem de Arosca, que a crônica francesa registrou com o nome de Essomeric. Era um jovem alegre e muito sociável. Outro indígena mais maduro, chamado Namoá, o acompanharia. Indeciso, no início, o cacique finalmente concordou em autorizar a viagem do filho, acreditando que lá poderia aprender a arte de fazer espadas e armas de fogo. Mas exigiu que o retorno fosse dentro de vinte luas. Esse era o tempo máximo que conseguiam contar, correspondendo às duas mãos e aos dois pés.

O navio voltou à França, fazendo escala no litoral Leste brasileiro, onde foram atacados pelos Tupinambá que, numa emboscada, prenderam quatro tripulantes do navio, posteriormente mortos. Isso fez com que partissem dali rapidamente.

O retorno não foi menos atribulado do que a viagem de vinda, sendo a tripulação acometida de uma enfermidade que vitimou vários deles, inclusive Namoá.

Ao chegar à França, após um difícil período de adaptação, o jovem indígena conseguiu não só enfrentar o inverno europeu como incorporar-se à nova cultura. Teve o mesmo nome do comandante, Binot Paulmier, o que lhe valeu tratamento em pé de igualdade, isto é, ser aceito pela nobreza. E, aos 31 anos, casou-se com a sobrinha do capitão, incorporando-se àquele outro mundo.

Foi um de seus descendentes, Jean Paulmier, que se tornara abade do convento de Gonneville, que, em 1663, escreveu detalhado relato que recuperou a aventura da desastrada viagem que trouxe para a Europa seu antepassado ameríndio.

O pai de Essomeric esperou em vão o retorno do filho. As vinte luas se passaram sem ter o filho de volta...

Fonte: PERRONE-MOISÉS, Leyla. *Vinte luas.* São Paulo: Companhia das Letras, 1996.

Um encontro entre dois mundos

Grande agitação tomou conta daquela aldeia Tupinambá, não longe da ilha Boipeba, na entrada da Guaguaçu, que, em 1503, passou a ser chamada de Bahia de Todos os Santos pelo piloto veneziano Américo Vespúcio. Foi a maneira encontrada para marcar a data em que ali chegaram, 1º de novembro, quando a Igreja Católica comemora a festa de Todos os Santos.

Indígenas trocando produtos com europeus. Gravura de Theodore De Bry, do livro de Hans Staden, 1592.

A tempestade se acalmara, embora a chuva continuasse forte. Pouco a pouco, o tempo melhorou e puderam ser vistos na praia cinco navios, com grandes velas brancas, da imponente esquadra portuguesa.

Caramuru, português que vivia há mais de vinte anos com aqueles indígenas, foi logo avisado, pois deveriam ser parentes seus, que chegavam nesse ano de 1532. Caramuru era o nome que os Tupinambá davam à moreia, peixe de cara amarrada e que vive no fundo d'água. Esse apelido lhe teria sido dado por ter sobrevivido a um naufrágio? Ou era um degredado, que ficou nessa terra para pagar suas culpas?[11]

Caramuru tornou-se um elo entre os nativos e os portugueses que começavam a chegar. De fato, Diogo Álvares – esse era seu nome português – havia se casado com a filha da principal liderança Tupi da região, e era uma pessoa importante naquele momento. Mostrava-se como um verdadeiro "cacique branco".

Ao receber os primeiros marinheiros, Caramuru ficou sabendo que se tratava de Martim Afonso de Souza, enviado pelo seu rei para fiscalizar aquela terra.

A presença de europeus era cada vez mais frequente. Além dos portugueses, havia espanhóis e franceses, que estavam se instalando mais ao norte, na região do rio Paraíba, terra dos Potiguara.

Apesar de se sentirem donos daquela terra, os portugueses não estavam muitos empenhados em ocupá-la, pois a atenção estava mais voltada às Índias, que ofereciam produtos de interesse na Europa, como especiarias (cravo, canela, gengibre...), ouro e seda.

A expedição de 1503 apenas construiu uma feitoria em Cabo Frio, já perto do Rio de Janeiro, onde os portugueses ali deixados estocavam *ibirapitanga*, a árvore vermelha, o famoso pau-brasil, que era mandado para a Europa. Essa região era também disputada pelos franceses, por ter muita madeira de boa qualidade.

Agora, nessa expedição de 1532, o capitão não tinha como objetivo levar pau-brasil para Portugal, mas expulsar franceses e espanhóis do litoral, confiscando-lhes as merca-

[11] Não tem fundamento histórico a suposta origem do seu nome, quando se afirma que escapara da morte espantando os indígenas com um tiro de escopeta.

dorias. Foi o Tratado de Tordesilhas, arbitrado pelo papa, que deu todo esse poder aos portugueses, que ficaram com a costa Leste do continente, incluindo o Brasil. Por isso, era importante para Portugal conhecê-la e defendê-la de outras nações europeias, além de descobrir o caminho para as minas de ouro e prata do Peru.

Nesta época, a amizade entre portugueses e Tupinambá da Bahia era grande, principalmente pela presença de Caramuru. Os portugueses ainda eram chamados de *karaíba,* o que mostra uma fase amistosa entre esses dois povos.

Martim Afonso ficou muito impressionado com a acolhida dos indígenas e com a beleza de suas mulheres.[12] Depois de uns dias de permanência no local, a frota partiu para o Sul, em busca de outros portos.

Fonte: SALVADOR, Fr. Vicente do. *História do Brasil, 1500-1627.* Belo Horizonte: Itatiaia; São Paulo: Edusp, 1982, p. 113-114.

À procura do ouro do Peru

A viagem de Martim Afonso, naquele remoto ano de 1532, continuou em direção às terras do Sul. Assim como na Bahia de Todos os Santos, teve boa acolhida na *Guanabara,* posteriormente chamada baía do Rio de Janeiro. Este nome português havia sido dado pelo piloto veneziano Américo Vespúcio, que imaginava ser ali a foz de um grande rio. E, como havia chegado no dia 1º do ano, nada melhor do que batizar a bela baía com o nome do mês de *janeiro,* ficando a denominação Rio de Janeiro. Aliás, *Guanabara* significa também "baía de grande rio", o que mostra que foram os indígenas que passaram aos portugueses a informação de que ali desaguava um grande rio.

Tido como *karaíba,* isto é, uma entidade com grandes poderes, o capitão foi muito bem acolhido. Através de intérpretes, soube que havia uma rota que saía do planalto de Piratininga para o Paraguai e, de lá, poder-se-ia chegar às minas de prata, pois outra grande tarefa era descobrir o caminho que conduziria às minas do Peru.

Enquanto consertava e abastecia os navios, Martim Afonso mandou um grupo de portugueses até o planalto de Piratininga, guiado por alguns Tupinambá. O difícil era alcançar esse planalto, tendo que enfrentar 115 léguas – cerca de 700 quilômetros –, por caminhos quase intransponíveis que cortavam a serra do Mar.

Embora os moradores do planalto fossem seus inimigos, os Tupinambá, acompanhando os *karaíba,*[13] poderiam entrar sem grandes problemas no território adversário.

---

[12] SOUSA, Pero L. Diário de navegação de Pero Lopes de Sousa (1530-1532). *Revista Trimestral do Instituto Histórico Geográfico e Etnográfico do Brasil.* Rio de Janeiro: 1861, v. 24, p. 30.

[13] *Karaíba,* além de nome genérico das entidades tupis, indicava o pajé itinerante, que ia de aldeia em aldeia, curando e pregando, podendo entrar até em territórios inimigos.

Família Tupi. Detalhe de gravura de Cesare di Lorenzo Cesariano, 1521.

Depois de enfrentar altas montanhas e enormes precipícios, aquele grupo chegou ao vale do rio Paraíba, alcançando depois "a terra de um grande rei, senhor de todos aqueles campos", na aldeia de Piratininga (mais tarde São Paulo), como escreveu o irmão de Martim Afonso.

O "rei", aqui mencionado, era o cacique Tibiriçá que dominava a região. A chegada daquele grupo com estrangeiros deve ter causado grande impacto na comunidade, sobretudo, por terem sido enviados por um grande *karaíba,* Martim Afonso.

Entre outras coisas, Tibiriçá certamente deve ter lhes falado do *peabiru,* caminho que levava ao Paraguai. A curiosidade em conhecer este grande *karaíba* foi tão forte que o cacique se dispôs em acompanhar o grupo, fazendo a pé essa viagem de retorno até o Rio de Janeiro. Levava com ele o que tinha de mais precioso – "muito cristal". E, como escreveu Pero Lopes de Souza, no seu relato de viagem, o cacique dava "notícias de como no rio do Paraguai havia muito ouro e prata".[14] Embora essa referência seja mais fruto da imaginação do cronista português do que realidade, o cristal que levava como presente era a riqueza que tinham, e era utilizado como enfeite labial. Essa viagem a Piratininga durou dois meses.

Como anota o cronista, Martim Afonso o recebeu com "muitas honrarias e lhe deu muitos presentes e o mandou de volta para suas terras".

Este encontro marcou tanto Tibiriçá que, ao ser batizado pelos jesuítas vinte e cinco anos depois, escolheu o nome cristão de Martim Afonso para homenagear esse grande personagem que nunca mais retornou a essas terras.

Após tal viagem, o rei de Portugal, dom João III, julgando-se "descobridor e dono" daquele imenso território onde viviam centenas de povos indígenas, decidiu doá-lo às pessoas que se dispusessem "colonizar", explorando a terra e fazendo fortuna, à custa da mão de obra escrava indígena.

Começava, então, uma história de luta e sofrimento dos povos nativos, que se arrastará por vários séculos...

Fonte: SOUSA, Pero L. Diário de navegação de Pero Lopes de Sousa (1530-1532). *Revista Trimestral do Instituto Histórico Geográfico e Etnográfico do Brasil.* Rio de Janeiro: 1861, v. 24.

[14] SOUSA, Pero L. *Op. cit.*, p. 32.

A conquista portuguesa

Os primórdios

O bom relacionamento entre indígenas e portugueses durou enquanto os europeus não se preocuparam em ocupar a terra. Quando o rei de Portugal passou a doar grandes lotes do território – as capitanias hereditárias –, a membros da pequena nobreza e a comerciantes que desejassem estabelecer-se na colônia, essa harmonia acabou. Os indígenas reagiam e as lutas e guerras multiplicaram-se, sobretudo no litoral, onde foram instaladas as vilas e os engenhos de açúcar. Aquela "Terra sem males" tornava-se uma "Terra dos males sem fim", com muito sofrimento e morte... Iniciava-se também o período da grande resistência indígena.

Nem a corte celeste salva a Bahia

A Bahia foi para os portugueses um ponto estratégico na conquista do Brasil. Sua bela enseada era um ótimo lugar para o abastecimento dos navios que iam para as Índias.

Provavelmente, o primeiro navio europeu a atracar ali tenha sido a nau portuguesa que levava o piloto genovês Américo Vespúcio, na quarta viagem ao Novo Mundo, em 1503, quando foi dado o nome de Bahia de Todos os Santos. Esperava-se que a corte celeste pudesse proteger os novos conquistadores.

Mas a realidade mostrou-se diferente, como foi o caso do donatário português Francisco Pereira Coutinho. Ali aportara 32 anos mais tarde, em 1535, visando tomar posse de uma terra que lhe fora cedida pelo rei de Portugal.

Ambos – o rei e o donatário – haviam se esquecido de que aquele chão tinha dono. Naquela terra vivia um povo guerreiro, os Tupinambá. Senhores de grandes áreas litorâneas, esses indígenas receberam, inicialmente, os portugueses como enviados divinos. Acreditavam também que aqueles homens poderosos poderiam tornar-se importantes aliados contra seus inimigos tradicionais, os Tupinikim, que viviam mais ao Sul.

Por isso, ocorreu uma parceria nessa primeira fase. Com a colaboração indígena, Francisco Coutinho construiu, à beira da praia, uma vila para receber os novos moradores, instalando dois engenhos de açúcar. Quando surgiu, algum tempo depois, a Vila de São Salvador, ela passou a ser denominada de Vila Velha. Os indígenas não esperavam ser transformados em escravos pelos "novos amigos", que os obrigaram a trabalhar nas vilas e engenhos.

De fato, ter um escravo era o objetivo de todo português ao chegar à Bahia, como escreveu Pero de Magalhães Gandavo:

> A primeira coisa que pretendem adquirir são escravos para nelas [nas terras] lhes fazerem suas fazendas [produção]; se uma pessoa chega na terra a ter dois pares ou meia dúzia deles (ainda que outra coisa não tenha de seu), logo tem remédio [solução] para poder honradamente [*sic*] sustentar sua família: porque um lhe pesca e outro lhe caça; os outros lhe cultivam e cuidam de suas roças e desta maneira não fazem os homens despesa alguma em mantimentos com seus escravos e com sua pessoa.[1]

Revoltados, os indígenas declararam uma guerra aos invasores portugueses, que durou oito anos. Nem Caramuru conseguiu controlar os nativos rebelados. A povoação e os engenhos foram destruídos e o donatário com os outros moradores tiveram de se refugiar na vizinha capitania de Ilhéus.

Sem os instrumentos de ferro e sem as armas de fogo fornecidas pelos *Karaíba,* os Tupinambá resolveram repensar o conflito. Mandaram mensageiros a Ilhéus, propondo

[1] GANDAVO, Pero de M. História da Província da Santa Cruz. *In: Tratado da Terra do Brasil.* Belo Horizonte, Itatiaia/Edusp, 1980, p. 93-94.

um acordo de paz. Mas nem todos os indígenas concordavam com a proposta, sendo contrários à volta dos lusitanos, pois sabiam do pouco valor dos tratados de paz desses *karaíba*.

Animados com essa proposta, os portugueses voltaram à Bahia. O regresso não contou com a proteção de todos os santos católicos. Tupã foi mais poderoso e mandou uma terrível tempestade que os surpreendeu na entrada da baía. Embora naufragando a embarcação, quase todos conseguiram salvar-se, alcançando a ilha de Itaparica.

Prisão de um europeu em aldeia tupinambá. Gravura do livro de Hans Staden, 1557.

Para azar dos portugueses, ali vivia justamente um grupo que não aceitava esses invasores. Todos foram mortos, salvando-se apenas Diogo Álvares, o Caramuru, que, por falar o tupi, conquistou a filha do cacique, que intercedeu por ele.

Segundo frei Vicente do Salvador, cronista da época, o donatário foi morto pelo filho menor do cacique, um menino que mal teve forças para desfechar o golpe fatal de borduna,[2] tendo sido ajudado pelo irmão mais velho. Poucos perceberam o alcance dessa morte humilhante, realizada por uma criança.

No final do relato desse episódio, o mesmo cronista registrou: "Dessa maneira acabou Francisco Pereira Coutinho e a sua capitania com ele".

Fonte: SALVADOR, Fr. Vicente do. *História do Brasil 1500-1627.* Belo Horizonte: Itatiaia; São Paulo: Edusp, 1982, p. 113-114.

Os pesadelos da Nova Lusitânia

Ao contrário do que se estuda na escola, a capitania de Pernambuco, chamada inicialmente de Nova Lusitânia, isto é, Novo Portugal, não viveu com muita tranquilidade e progresso. As lutas de resistência indígena foram constantes.

Pernambuco – (*paraná-puka*: mar furado), nome que remete ao mar da região entrecortado pelos arrecifes, que dificultavam as embarcações ali atracar –, foi a parte destinada a Duarte da Costa, português que se destacara na conquista das Índias. Por causa dessa experiência no Extremo Oriente, foi-lhe pedido que viesse ao Brasil expulsar os franceses, cada vez mais ousados no tráfico de pau-brasil.

[2] Arma de guerra de madeira, no formato de espada, cujo golpe era mortal. O mesmo que *tacape*.

Em 1535, aportou ali com a mulher, irmã de Jerônimo de Albuquerque, seu companheiro de empreitada, que se destacaria na implantação da Nova Lusitânia.

Foram criadas duas vilas: Olinda, à beira mar, e Igaraçu, a 24 quilômetros terra adentro, onde se instalou um engenho de açúcar. Havia o projeto de plantação de cana-de-açúcar, trazida da Índia, e que se mostrara muito rentável na Ilha da Madeira. O açúcar era bastante apreciado na Europa, usado não só nos doces, mas também como remédio, em xaropes.

Ao sul da capitania vivia o povo Tupinambá, enquanto na região de Igaraçu estavam os Tobajara.[3] Embora falantes da mesma língua, eram inimigos tradicionais.

O início da convivência entre os portugueses e indígenas foi tranquilo, graças ao casamento realizado entre a filha do cacique Tobajara, Arco Verde, e Jerônimo Albuquerque. A oferta de mulheres indígenas a visitantes era prática tradicional entre os Tupi, e esse casamento, em particular, foi fundamental na aliança com esse povo. O genro passava a ser visto como o novo filho, tornando-se pessoa importante na família. Assim, o recém-chegado encontrou na família de Arco Verde sua porta de entrada no mundo indígena.

O mesmo ocorreu com Vasco Fernandes Lucena, que se casara com uma jovem, filha de outra importante liderança.

O aumento da produção de açúcar significou também aumento da escravidão, o que provocou várias revoltas e rebeliões. O mais importante conflito ocorreu em 1547 e se arrastou numa longa guerra de dois anos. Os portugueses que viviam em seus sítios tiveram de se refugiar na capela de São Cosme e Damião, em Igaraçu, onde foi levantada uma cerca de proteção. Com o passar das semanas, o grupo, composto por 90 portugueses e 30 escravos africanos e indígenas, via não só faltar a comida, como também a munição, cercados que estavam por quase 8 mil guerreiros. O grupo só não foi dizimado pela fome graças à chegada de um navio português, que, casualmente, passava por Olinda. E, nessa tripulação, estava o alemão Hans Staden, que relatou esse episódio no seu livro, que mais tarde se tornou famoso.[4]

As táticas guerreiras indígenas iam desde flechas incendiárias, feitas com mechas de algodão embebidas em cera, até a construção de barreiras fluviais, com troncos que impediam a passagem de barcos. Fogueiras com arbustos, onde lançavam ramos de pimenta, provocavam também uma fumaça ardida, expulsando quem passava, numa antecipação do *gás de pimenta,* hoje tão usado pela polícia.

Esse socorro português deu mais fôlego ao grupo. Mas num dos ataques, o capitão-mor do arraial foi morto, vítima de uma flechada que lhe varou o olho. Tal fato

---

[3] São conhecidos também como *Tabajara,* mas o mais correto deve ser *Tobajara,* que em tupi significa "inimigo", nome certamente dado pelos seus vizinhos Tupinambá.

[4] Ver STADEN, Hans. *Duas viagens ao Brasil.* Belo Horizonte: Ed. Itatiaia; São Paulo: Edusp, 1988, p. 47-49.

foi ocultado dos indígenas, para evitar que aumentasse a pressão guerreira, com a descoberta da morte do líder inimigo.

Apesar desse cerco, o donatário, que vivia em Mairim (= riacho dos franceses),[5] foi avisado. Pouco podia fazer, pois a vila estava igualmente ameaçada pelos Tobajara, revoltados com o trabalho escravo.

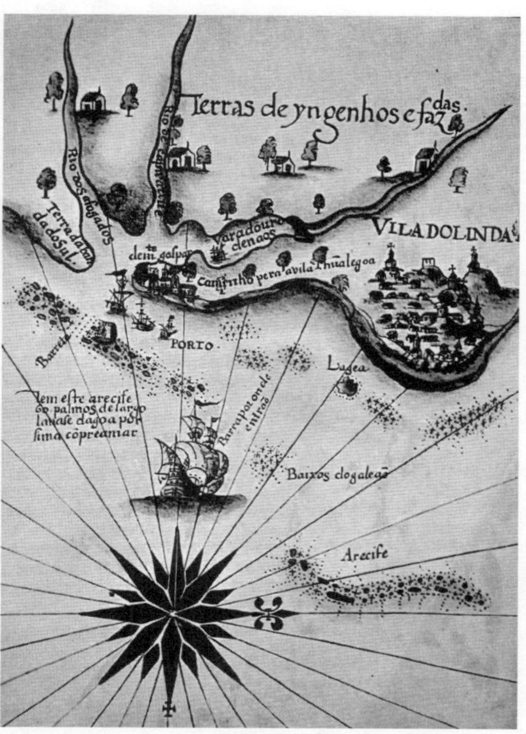

Vila de Olinda e porto de Recife no final do século XVI. Gravura do códice quinhentista da Biblioteca da Ajuda, Portugal.

Uma trégua foi articulada, graças à intervenção de uma indígena, mulher de Vasco Lucena, que não acompanhou o companheiro português, tendo ficado com seus parentes. Compadecendo-se da difícil situação em que estava o pai de seus filhos, conseguiu que os indígenas liberassem água e farinha em troca de um acordo de paz.

Apesar disso, os nativos desconfiavam desse tratado, pois sabiam que os lusitanos não mantinham a palavra.

A retomada da produção de açúcar significou também a retomada do trabalho escravo. Como a vida útil de um escravo indígena no engenho era de três a cinco anos, aumentava a necessidade de mão de obra. Novos conflitos surgiram com os Tobajara, o que obrigou o donatário Duarte Coelho a viajar para Lisboa, em 1554, em busca de reforços e de apoio financeiro. Desgostoso pela falta de compreensão do rei, morreu nesse mesmo ano na capital portuguesa.

Com sua morte, assumiu temporariamente o comando da capitania Jerônimo de Albuquerque, que resolveu atacar aqueles indígenas em seu próprio território, indo para o interior. Sabia que não seria fácil enfrentar um exército com mais de 5 mil flecheiros.

Bem instalados no monte dos Guararapes, onde construíram uma pequena fortaleza, esses Tobajara dissidentes resistiram à pressão portuguesa. Numa das batalhas, Jerônimo de Albuquerque foi atingido no olho, pagando com a perda da vista a aliança rompida.

A luta continuou, já que os portugueses conseguiram se rearticular militarmente. Recomeçava a guerra de conquista que se prolongou com o enfrentamento com os Potiguara, que será apresentado mais à frente.

---

[5] Mais tarde recebeu o nome de Olinda.

Fonte: SALVADOR, Fr. Vicente do. *História do Brasil 1500-1627.* Belo Horizonte: Itatiaia; São Paulo: Edusp, 1982, p. 114-122.

A resistência indígena no Leste

Poucos conhecem a força e resistência guerreira que tiveram os Guaitaká ou Goitacazes, que ocuparam o litoral Leste do Brasil, onde hoje é a região dos Lagos, no Estado do Rio de Janeiro. Deles, restou apenas o nome da cidade de Campos dos Goytacazes, mais conhecida apenas como Campos.

Distinguiam-se dos povos Tupi por terem longa cabeleira e por serem caçadores de tubarões. Conta-se que um de seus desafios era matar um tubarão, colocando verticalmente um pau na perigosa boca do peixe, na hora do ataque. Imobilizado com essa trava, o peixe era morto a pauladas. Os dentes, a parte mais apreciada do peixe, tornavam-se mortíferas pontas de flechas.

Em 1534, sua terra foi "doada" pelo rei de Portugal, dom João III, a Pero de Góis, um português da pequena nobreza lusitana. Assim surgia a capitania de São Tomé, chamada depois de Paraíba do Sul.

Com muito entusiasmo, ele aportou, no ano seguinte, na foz do rio Paraíba do Sul, construindo um engenho de açúcar e várias casas no seu entorno. O sonho durou pouco, pois os Guaitaká, surpreendidos com a invasão do território, desencadearam uma guerra que durou cinco anos.

Combate entre europeus e indígenas. Gravura de Theodore de Bry, do livro de Hans Staden, 1578.

Os portugueses só não foram massacrados porque conseguiram fugir para a vizinha capitania do Espírito Santo, com um navio enviado pelo donatário Vasco Fernandes Coutinho.

Destino parecido teve este donatário, que havia conseguido do rei de Portugal terras mais ao norte, na chamada capitania do Espírito Santo.

Com ele vieram outros dois nobres, dom Jorge de Menezes e Simão Castelo Branco, que haviam estado nas Índias, mas que, por irregularidades cometidas, foram condenados a viver como degredados no Brasil. Até hoje não há registros sobre os delitos que cometeram, mas, por suas origens nobres, tiveram papel de destaque nessa nascente capitania. O envio de condenados ao Brasil para cumprimento de pena, o chamado *degredo,* era prática frequente da época, já que em Portugal poucas pessoas se interessavam por essa terra, preocupadas que estavam em fazer fortuna nas Índias.

O início parecia promissor, com a instalação de quatro engenhos e a construção de um arraial na vila do Espírito Santo, chamada mais tarde de Vila Velha. A ocupação da área foi marcada pela violência da escravidão, quando centenas de Tupinikim foram obrigados a trabalhar nos engenhos.

Querendo descobrir ouro no sertão, Vasco Fernandes foi a Portugal pedir ao rei uma carta de autorização de lavra. Aproveitando-se de sua ausência, os Tupinikim revoltaram-se, fazendo um grande levante. Em dois anos de luta, destruíram os engenhos e mataram muitos portugueses, incluindo dom Jorge de Menezes. De nada lhe valeu a experiência militar nas Índias. O mesmo teria ocorrido a Castelo Branco, se não se refugiasse com outros portugueses na capitania de Porto Seguro, situada mais ao Norte.

Retornando de Portugal, Vasco Fernandes encontrou a capitania destruída. Esta foi a resposta indígena frente à invasão de suas terras.

Nunca mais se reergueu, terminando seus dias na miséria. No final da vida, não teve um lençol para servir-lhe de mortalha, como registrou o cronista frei Vicente de Salvador.

Fonte: SALVADOR, Fr. Vicente do. *História do Brasil 1500-1627.* Belo Horizonte: Itatiaia; São Paulo: Edusp, 1982. p. 108.

Contra a espada e a cruz

Terminou em grande fracasso a experiência das capitanias. Apenas Pernambuco mostrou-se viável, com boa produção de açúcar. As demais capitanias vegetaram, por causa da pequena produção agrícola e pelos muitos ataques indígenas, apesar das alianças feitas com algumas nações.

A presença dos franceses também era constante, pois, além de praticarem um intenso tráfico de pau-brasil em algumas regiões, tinham pretensão de implantar uma colônia. E isso parecia possível graças à aliança feita com os Tupinambá do Rio de Janeiro e com os Potiguara da Paraíba.

Para reverter essa situação, dom João III, a partir de 1549, mudou o modelo de ocupação da colônia. A maior parte das capitanias voltou ao reino português, tornando-se capitanias reais. Foi nomeado um governador-geral, que passou a administrá-las, a partir da vila de Salvador, na Bahia. Começava um novo período da conquista.

Para enfrentar a resistência indígena, o rei entregou a catequese e "civilização" dos nativos aos padres jesuítas, que se tornaram importantes colaboradores do reino português. Se buscavam a salvação espiritual desses povos, na prática os missionários contribuíram para sua submissão e destruição de suas culturas. Nesse período assumiram o chamado "catolicismo guerreiro", ao perceberem que o fracasso da colônia portuguesa significaria também o fracasso do projeto missionário. Por isso, não hesitaram em participar de lutas e batalhas.

Os indígenas do litoral conhecerão, a partir desse momento, um período de muitas guerras e doenças provocadas pelo contato com os europeus, que levarão a seu quase extermínio.

Tibiriçá: entre a cruz e a borduna

A presença dos padres no planalto de Piratininga e a instalação de uma missão mudaram totalmente a vida das famílias indígenas que ali viviam. Tibiriçá, o grande cacique, já não tinha mais a antiga autoridade, sendo substituído pelos *avaré*, como passaram a ser chamados os jesuítas. O entusiasmo do início, em relação aos padres, aos poucos, foi substituído pela hesitação e desconfiança, pois os Tupi de Piratininga começavam a perceber que iriam perder as práticas guerreiras, coração de sua cultura.

Papel importante, nesse contexto, tiveram os verdadeiros *karaíba*, que eram os pajés itinerantes. Tentavam mostrar aos indígenas a importância da guerra e de seus rituais. Para se contrapor à catequese cristã, buscavam usar imagens e expressões dessa mesma catequese. Isso ocorreu com um *karaíba*, de passagem por lá, por ocasião de uma forte tempestade que desabara sobre Piratininga, abalando casas, arrebatando telhas, derrubando matos e arrancando, pelas raízes, enormes árvores. Alguns dias depois, o Irmão José de Anchieta, dirigindo-se à aldeia onde esse pajé estava, tentou convencê-lo a deixar "suas mentiras e que reconhecesse a existência de um só Deus, criador e Senhor de todas as coisas". Altivo, o pajé respondeu-lhe: "Também conheço esse Deus e o Filho de Deus, *Tupã Taíra*. Agora há pouco, mordendo-me o meu cão, mandei chamar *Tupã Taíra* para que me trouxesse remédio e ele veio em seguida. Irado contra o cão, trouxe com ele aquela forte ventania, que derrubou matos, e me vingou do mal que o cão me fizera".[1]

Com esse pequeno episódio, pode-se dizer que a "a guerra de deuses", entre os pajés e os padres, estava apenas começando...

A conversão do cacique Tibiriçá, agora chamado de Martim Afonso, deve ter irritado esses *karaíba*, que, de tempos em tempos, passavam por Piratininga e cobravam dele fidelidade à cultura de seus antepassados. A própria tradição guerreira fez com que o cacique tivesse atitudes ambíguas, mostrando o conflito interno em que ele e outros indígenas viviam, divididos entre a religião dos *karaíba* e a doutrina dos *avaré*.

Isto ocorreu na guerra contra os Papaná,[2] temidos vizinhos dos Tupi. Quando dois deles foram capturados, seguindo a tradição tupi, os guerreiros interromperam o combate, retornando à Piratininga para sacrificá-los. Tibiriçá, como cacique maior, liderou os preparativos, suscitando grande entusiasmo entre o grupo tradicional e até entre os indígenas que viviam ligados à missão.

Sabendo do ocorrido, os padres foram até a casa de Tibiriçá para impedir a realização do ritual, escondendo as cordas e a borduna que seriam usadas na morte do prisioneiro. Sua sogra e esposa, que já eram cristãs, repetiam a fala dos padres, tentando convencer o cacique.

---

[1] *In:* ANCHIETA, Pe. Joseph de. Carta ao Pe. Diogo Laínes, 31.05.1560. *Cartas. Correspondência ativa e passiva*. São Paulo: Loyola, 1983, p. 126-127.

[2] Embora apareça na carta de Anchieta, o nome desse povo é discutível. É possível que fosse Guaianá.

Apesar das pressões, Tibiriçá manteve sua decisão e ordenou que o ritual fosse realizado e por isso o transferiu para a vila de Santo André, onde os portugueses e seus filhos mestiços apoiavam tais cerimônias.

Numa volta ao passado, Tibiriçá "renunciou à fé e ao batismo recebido, renegando os costumes cristãos e louvou os seus, aos quais está resolvido a voltar, deixando o nome que recebera no batismo [Martim Afonso] e retomando o seu indígena [Tibiriçá]", como escreveu Anchieta, ao comentar com tristeza esse episódio.[3]

Indígena Tupi. Gravura do livro de Ulrich Schmidl, 1599.

Era vitória dos *karaíba*, pois a volta ao nome antigo significava um retorno às tradições indígenas. O ritual ocorreu, para irritação dos jesuítas. Mas o conflito permaneceu com Tibiriçá.

Passado um tempo, e certamente por pressão familiar, o cacique procurou os missionários, dizendo-se arrependido e pedindo perdão por aquele ritual.

Algum tempo depois, em junho de 1562, ocorreu o ataque à vila de Piratininga, quando ele teve um papel importante, ajudando a derrotar o grupo Tupi rebelado. Esse conflito cultural mostrava o dilema em que essas populações viviam, divididas entre a cruz e a borduna...[4]

Fonte: ANCHIETA, padre Joseph de. Carta ao padre Diogo Laínes, 31.05.1560. *Cartas. Correspondência ativa e passiva.* São Paulo: Loyola, 1983, p. 152-173.

A guerra de Piratininga

Embora os jesuítas tivessem se instalado no planalto de Piratininga, com apoio do cacique Tibiriçá, onde construíram uma casa e uma pequena escola onde ensinavam as crianças, parte dos Tupi não aceitava a presença desses *avaré*. Ao mesmo tempo, os portugueses iam ocupando suas terras e transformando muitos indígenas em escravos.

[3] ANCHIETA, Pe. Joseph de. *Op. cit.* p. 105.
[4] *Id.*, p. 152-173.

A resistência guerreira partiu dos grupos Tupi do sertão, como os do médio Tietê, e também dos Tupinambá do vale do Paraíba. Havia, ainda os Tupi de Ururay, no planalto de Piratininga, liderados por Pikerobi, irmão de Tibiriçá, que se colocava abertamente contra os padres e os portugueses.

Padre José de Anchieta. Autor anônimo, acervo da Companhia de Jesus.

O ano de 1560 começou tenso, com forte pressão dos Tupi do sertão, que atacavam não só portugueses que voltavam do Paraguai, como faziam incursões guerreiras na região do planalto de Piratininga. Destruíam roças e aprisionavam indígenas que trabalhavam nos sítios dos portugueses, tanto homens quanto mulheres.

Os moradores da região sentiam-se encurralados, pois os inimigos entravam por novos caminhos, assaltando "povoações e fazendas dos moradores donde tomam seus escravos e tudo quanto achavam", como se lê nas atas da Câmara de São Paulo.

Por isso, o governador Mem de Sá, quando esteve em São Vicente, nesse mesmo ano, determinou uma contraofensiva portuguesa. Com o apoio de indígenas fiéis, os moradores de São Paulo de Piratininga planejaram uma incursão em território inimigo, respondendo não apenas a estas agressões, mas também para mostrar força aos aliados, os Tupi do planalto. Entretanto, a resposta dos portugueses foi decepcionante, pois em vez de 300 homens brancos que esperavam reunir, vieram apenas uns 30 portugueses e outros tantos mestiços. De última hora, conseguiram também o apoio dos Tupi do médio Tietê, que haviam se reconciliado com eles.

A primeira campanha militar foi contra os Tupinambá que costumavam subir do litoral para o vale do Paraíba, de onde desfechavam ataques contra moradores de São Paulo.

No início de abril de 1561, durante a Semana Santa, sob o comando de Jorge Moreira, partiu uma tropa para combater esses inimigos. Estranha-se a data, sobretudo pelo fato de, em plena Semana Santa, dois jesuítas terem aceito participar dessa expedição repressiva: "Foram levados um sacerdote para rezar missa, pregar e para ir à frente do grupo com uma cruz, e um irmão que servia de intérprete dos índios batizados".[5]

---

[5] *Ibid.*, p. 180.

Após cinco dias de marcha, provavelmente na altura da atual Taubaté, no vale do Paraíba, o grupo enfrentou "muitas aldeias fortificadas, com quatro cercas muito fortes como muralhas de uma fortaleza, havendo com eles muitos arcabuzes com pólvora e espadas que lhe davam os franceses"[6].

O confronto foi violento, pois "queimaram e assolaram o lugar, de onde se houveram muitos inocentes [tendo sobrevivido muitas crianças]", que foram levadas para a missão de São Paulo.[7]

Depois desse ataque, parte dos Tupi mais tradicionais percebeu que precisava dar uma resposta a esses intrusos, que estavam controlando o planalto e dominando até o grande Tibiriçá. Por isso os *karaíba* procuraram outro líder para comandar essa resistência, tendo encontrado em Pikerobi, irmão do mesmo Tibiriçá, aquele chefe político que necessitavam.

Segundo esses pajés, "os padres trabalhavam para sua destruição, pois eram os grandes aliados dos portugueses". Havia também a ideia de que os missionários matariam os que não aceitassem o batismo, e aqueles que já haviam sido batizados iriam se tornar escravos.[8]

Assim a guerra estava declarada. Pikerobi tornou-se o novo líder de um próximo ataque à vila de Piratininga. Esse povoado estava bem maior, pois os portugueses de Santo André, por exigência do governador, haviam se mudado para lá.

No meio da noite, o jovem Jaguanharon, o *Onça brava*, filho de Pikerobi, alcançou a antiga aldeia de Tibiriçá, agora totalmente deserta. Ele e sua família agora moravam próximos da missão de São Paulo. Frustradas foram as tentativas de convencimento de Jaguanharon que buscavam convencer o tio Tibiriçá a abandonar a colina, já que um ataque contra os portugueses estava sendo preparado. Esse não só continuou no local como também revelou aos padres o plano guerreiro. Com esse alerta, os missionários pediram reforço aos moradores que viviam nos sítios da região e transformaram a colina da missão numa pequena fortaleza, erguendo ali uma paliçada.

Em 9 de julho de 1562, ao sinal de Pikerobi, os Tupi atacaram a colina. O estrondo dos gritos e dos instrumentos de guerra foi tão grande que "parecia que o mundo vinha abaixo e se arruinavam os montes vizinhos", como escreveu o cronista padre Simão de Vasconcelos.[9]

Tentaram atacar a missão em duas frentes. O confronto mais perigoso foi sustentado pelo grupo de Pikerobi, que tinha o combate frontal. As armas de fogo dos portugueses faziam grandes estragos entre os indígenas e a cerca se mostrava muito resistente. O que mais dificultava o ataque era a escarpada encosta, que, com a cerca, formava uma muralha quase intransponível.

---

[6] ANCHIETA, Pe. Joseph de., Cartas. Correspondência ativa e passiva. Loyola, 1984, p. 194-196.

[7] *Id.*. Carta ao Pe. Diogo Laínes, julho, 1561. *Ibid.*, p. 181.

[8] *Id.*. Carta aos Padres e Irmãos de Portugal, abril, 1557. *Ibid.*, p. 119.

[9] VASCONCELOS, Simão de. *Crônica da Companhia de Jesus.* Petrópolis: Vozes; INL-MEC, 1977, p. 76.

O sol já ia alto e a luta continuava indefinida. Os Tupi já tinham perdido alguns de seus mais valentes guerreiros. Jaguanharon, conhecedor da área, pois havia vivido com os padres, e com a ajuda de outros atacantes, resolveu transpor a cerca, na parte mais baixa que dava para a horta da missão. Por lá poderia surpreender o inimigo e atingir o próprio convento.

Ao pular a cerca, o jovem sentiu um golpe no ventre. Uma flecha traiçoeira o atingira... Arrancou a flecha, mas caiu para frente, sobre um dos canteiros. Momentos depois morria como um valente guerreiro.

Parte do grupo rebelde, surpreendido com este insucesso, começou a recuar. No dia seguinte, o ataque foi retomado, mas sem o mesmo vigor. Aos poucos, os Tupi abandonaram Piratininga e, na retirada, foram queimando as plantações e matando o gado que encontravam pelo caminho.

Embora derrotados, ainda continuaram atacando São Paulo de Piratininga por vários anos. No dia de Natal desse mesmo ano, morria Tibiriçá, vítima da epidemia de varíola, que se alastrou pelo planalto e região.

Fonte: VASCONCELOS, Simão de. *Crônica da Companhia de Jesus*. Petrópolis: Vozes; INL-MEC, 1977, vol. 1, p. 258-262. ANCHIETA, padre Joseph de. Carta ao padre Diogo Laínes, 16.04.1563. Cartas. *Correspondência ativa e passiva*. São Paulo: Loyola, 1983, p. 191-198.

A Confederação dos Tamoios

Um dos episódios de resistência indígena que entrou para a História do Brasil foi a chamada *Confederação dos Tamoios*. Não foi uma aliança de várias etnias contra os portugueses, uma confederação, como aparece nos livros didáticos, mas uma *Guerra dos Tamoio* ou dos *Tamuya,* contra os portugueses de São Vicente e seus aliados, os Tupi.

Esse povo guerreiro vivia no litoral Norte de São Paulo e na região do Rio de Janeiro até Cabo Frio, em constante conflito com os portugueses de Santos e São Vicente.

Essa guerra indígena ficou mais acirrada com a chegada dos franceses ao Rio de Janeiro, em 1555, quando iniciaram a implantação de uma colônia denominada França Antártica.

Antes desse episódio, os Tamoio já pressionavam os portugueses que haviam construídos alguns engenhos de açúcar em São Vicente e Santos, com grande presença de escravos indígenas. A meio caminho do Rio de Janeiro, em Bertioga, foi levantada uma pequena fortaleza que poderia defendê-los dos constantes ataques indígenas. Para mantê-la, alguns portugueses foram para lá com suas famílias mestiças. Um grupo de 30 indígenas, Tupinambá[10] e Guarani, que trabalhavam como escravos nas roças e nos serviços domésticos, formavam uma pequena vila ao redor do forte.

[10] Tupinambá era a autodenominação, e Tamoio ou Tamuya (que significa "o povo do avô") era o nome que lhes foi dado pelos Tupi de São Vicente.

Hans Staden, prisioneiro dos Tamoio. Gravura de Theodore de Bry, do livro de Hans Staden, 1592.

Em princípios de 1551, no meio da noite, apareceram umas 70 canoas, com seus *mossakara,*[11] sob a orientação de duas irmãs mestiças, filhas de mãe Tupinambá e pai português, e que conheciam bem o local. Pegos de surpresa, os portugueses conseguiram defender-se, refugiando-se no forte. O ataque foi violento, as casas foram incendiadas com flechas incandescentes e o forte foi ocupado. Seus moradores foram presos e, depois, sacrificados.

O fortim ficou abandonado por um tempo, sendo posteriormente reconstruído e equipado com um canhão, que faria a defesa desse braço de mar. O alemão Hans Staden, recém-chegado a São Vicente com um grupo de náufragos espanhóis, foi contratado para operá-lo em dezembro de 1553. Esse novo canhoneiro nunca imaginaria que seria igualmente preso no início do ano seguinte.

Levado à aldeia do grande cacique Cunhambebe, que vivia em Ubatuba,[12] perto de Angra dos Reis, passou nove meses entre esses indígenas, vivendo sob a ameaça de morte. Cunhambebe exercia uma grande liderança, não apenas em sua região, mas sobre todas as aldeias da baía da Guanabara.

Staden conseguiu ser salvo, pois fez várias previsões, que se concretizaram, passando a ser visto como *paye-guasu,* isto é, o grande pajé. O relato de sua permanência entre os Tupinambá é um dos mais importantes documentos sobre a cultura tupi, tendo sido publicado na Alemanha, tornando-se um sucesso editorial na Europa.[13]

Cada vez mais a colônia francesa, instalada na baía do Rio de Janeiro, parecia ter um futuro promissor no Novo Mundo. Mas o comando de Nicolas Durand de Villegaignon, pessoa de difícil trato, levou esse empreendimento a um impasse, por não ter sabido administrar as disputas religiosas entre seus membros, divididos pelas doutrinas teológicas de católicos e calvinistas.

Durante o período em que os franceses ali estiveram, conseguiram a confiança de vários caciques das 20 aldeias que lá havia, como Marakujá-Guassu, Moendy, Mbaraká-Guassu, Mbaé-Nhosê, e especialmente de Kairussu, da aldeia Urussu-mirim.

O ódio guerreiro contra os portugueses era sentido por todos, como foi conservado por Jean de Léry, missionário calvinista, que ali viveu algum tempo:

[11] Nome das lideranças guerreiras.

[12] Houve duas Ubatuba: uma próxima a Angra dos Reis (RJ), onde vivia Cunhambebe, e outra, ao lado de Caraguatatuba, que conserva esse nome até hoje.

[13] Esse livro, publicado originalmente em alemão, teve 60 edições, uma proeza para a época, e foi traduzido para o francês, holandês, inglês e latim, que era a língua literária da época.

> Nossos predecessores não só combateram valentemente, mas ainda subjugaram, mataram e comeram muitos inimigos, deixando-nos assim honrosos exemplos. Como, pois, podemos permanecer em nossas casas como fracos e covardes sem fazer guerra? Deixará nossa covardia que os *Marakajá* e os *Peró-angaíva* (o português, gente má), que nada valem, e que continua nos atacando?
>
> Em seguida, o orador bate com as mãos nos ombros e nas nádegas e exclama:
>
> – *Erima, erima Tupinambá kunumi-guasu, tã, tã!!!*
>
> O que quer dizer:
>
> Não, não, gente de minha nação Tupinambá, poderosos e fortes mancebos, não é assim que devemos proceder. [E continuou]: devemos ir procurar o inimigo ainda que morramos todos e sejamos devorados, mas vinguemos os nossos pais![14]

Diante das dificuldades que os Tupinambá enfrentavam por falta de apoio dos franceses divididos pelos embates religiosos, uma delegação indígena foi à França pedir uma ajuda efetiva ao rei. Pressentiam que cedo ou tarde seus aliados seriam expulsos de lá.

O socorro do rei da França não se concretizou, tendo obtido apenas apoio de comerciantes normandos, que continuavam interessados no tráfico do pau-brasil.

Aproveitando-se da fragilidade dessa colonização, o governador Mem de Sá partiu de Salvador, em 1560, disposto a expulsar aqueles invasores com uma pequena armada, formada por portugueses e Tupinambá da Bahia, seus aliados. Em vez de ir ao Rio de Janeiro, dirigiu-se à São Vicente, para conseguir apoio dos colonos portugueses e dos Tupi de Piratininga, já cristianizados.

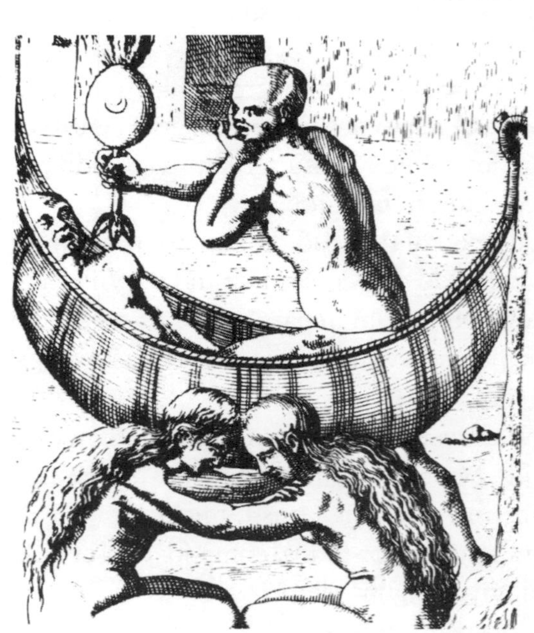

Epidemias de varíola e peste levaram à morte de muitos povos indígenas no Brasil. Detalhe da gravura de Theodore de Bry, do livro de Hans Staden, 1592.

Começava um duro cerco aos franceses, instalados na pequena ilha de Seregipe, na baía da Guanabara, e contra seus aliados, os Tamoio.

Nesse momento, surgiu outro inimigo, que deixou um terrível rastro de destruição e morte: a *peste*. Trazida da Europa, provavelmente pelos franceses, fez centenas de vítimas indígenas em toda a região, matando inclusive o grande cacique Cunhambebe, o líder mais importante dessa guerra.

Frente aos combalidos Tamoio e aos franceses encurralados naquela ilha, Mem de Sá conseguiu alcançar a primeira vitória, desalojando-os de lá. Fugindo para o continente, os sobreviventes franceses refugia-

[14] LÉRY, Jean de. *Viagem à terra do Brasil.* São Paulo: Martins/Edusp, 1972, p. 138.

ram-se em terra firme, e juntamente com os indígenas, adotaram a tática de guerrilha, com emboscadas e ataques-surpresa.

Era um confronto europeu que tinha também um alto custo para os nativos, cuja guerra iria se arrastar por algum tempo.

Fonte: STADEN, Hans. *Duas viagens ao Brasil.* [1557]. Belo Horizonte: Itatiaia; São Paulo: Edusp, 1988. (Col. Reconquista do Brasil, v. 17).

O Tratado de Paz de Iperoig

Desgastado pela luta e pelo avanço da idade, o governador Mem de Sá retornou à Bahia, enviando a Portugal seu sobrinho, Estácio de Sá, a pedir reforços para consolidar os avanços obtidos.

A volta do governador ofereceu uma trégua nessa guerra. Nesse ínterim, os Tamoio passaram a atacar o litoral Sul, ameaçando a população das vilas de Santos e São Vicente. A pressão foi tão grande que obrigou muitos deles a buscar refúgio em Itanhaém, um pouco mais ao Sul.

Como escreveu o jesuíta Simão de Vasconcelos,[15] os moradores de São Paulo de Piratininga

> chegaram a sair todos pelas ruas, flagelando-se e pedindo aos brados misericórdia de Deus, para que entrassem em si os portugueses e chorassem também os pecados daquela terra que, como entendiam, eram causa de seus castigos, especialmente pelo que cometiam com muita frequência contra a liberdade natural dos índios [escravizando-os].

Entram em cena os jesuítas padre Manoel da Nóbrega e o irmão José de Anchieta, que trabalhavam respectivamente em São Vicente e em Piratininga. O objetivo

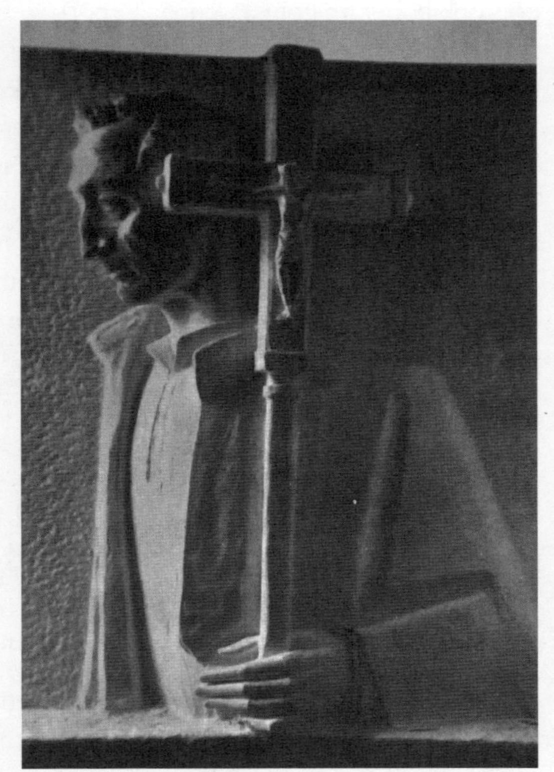

Padre Manoel da Nóbrega foi o grande articulador do tratado de paz de Iperoig. Escultura de Barata Feijó.

[15] VASCONCELOS, Simão de. *Vida do Venerável Padre José de Anchieta.* Rio de Janeiro: Imprensa Nacional, 1943, v. 1, p. 79.

era articular um acordo de paz. A estratégia supunha ir até Iperoig, atual Ubatuba, para convencer os Tupinambá a abandonarem essa guerra e, em contrapartida, os portugueses se comprometeriam a não escravizar indígenas.

Partiram os missionários numa ousada operação, de entrada no território inimigo. Como *avaré* ou *karaíba,* isto é, como homens de Deus, eles podiam ir para toda parte, sem serem ameaçados. Essa ação não foi aceita por todos os Tupinambá, e as aldeias dividiram-se. O grupo de Ubatuba, liderado por Koakira, era mais tolerante com os portugueses, não exigindo seu extermínio, mas apenas o respeito pelas fronteiras e o fim da escravidão indígena.

Os Tamoio do Rio de Janeiro, ao contrário, liderados por Aimberê, filho de Kairussu, eram mais radicais, exigindo a morte de todos os *peró.* Foi esse líder quem substituiu Cunhambebe, morto pela peste.

Aimberê queria vingar-se dos portugueses, pois tivera vários parentes mortos. Destilava ódio por ter sido preso numa expedição escravista, quando mesmo algemado, saltou do navio português, conseguindo escapar a nado até a praia. Odiava também os *avaré,* pois colaboravam com a ocupação portuguesa. Por isso, os padres não se sentiam seguros em Ubatuba, quando esses indígenas apareciam por lá. Certa vez, eles só não foram mortos graças à interferência enérgica de Koakira.

Como saída para a paz, o padre Nóbrega sugeriu partir para Santos com uma delegação indígena para iniciar as negociações. Temendo pela vida de suas lideranças, os Tamoio exigiram que o irmão José ficasse na aldeia como refém. Caso ocorresse algo com a delegação indígena, ele seria igualmente morto.

Os representantes Tamoio percorreram a região com Nóbrega, passando pelas vilas de Santos, São Vicente e Itanhaém, além da missão de São Paulo de Piratininga, no planalto. Foi na igreja de Piratininga que uma liderança Tupi tomou a palavra, fazendo esse emblemático discurso:

> Eu sou o guerreiro, de quem vocês ouviram tanto falar e assaltar [atacar] muitos de vocês, fazendo vários mortos, porque sempre fui grande inimigo, e agora ainda que me separei dos meus [parentes Tupi], por amor dos cristãos e de Nosso Senhor Jesus Cristo, passo de minha parte a enfrentar tudo, e nem tenho medo de vocês. Quero porém sua amizade. Estando agora na casa de Deus e como os padres nos orientam nossa vida, fomos à sua terra e pedimos estas pazes para que sejamos todos amigos. Sejamos amigos daqui em diante, e desde já não nos lembremos mais das guerras passadas.[16]

Um abraço de paz selou a amizade entre os indígenas presentes. Em São Vicente, foram acertados os termos da paz: os portugueses e seus aliados, os Tupi, deixariam de atacar as aldeias Tupinambá na busca de escravos, e os Tupinambá respeitariam o território de seus vizinhos, incluindo o vale do Paraíba e o planalto de Piratininga.

---

[16] ANCHIETA, Pe. Joseph de. *Cartas.* Correspondência ativa e passiva, 1984, p. 237-238.

Esta guerra envolvia a disputa da terra entre portugueses e franceses. Gravura de Theodore de Bry, do livro de Hans Staden, 1592.

Os acordos de paz logo foram quebrados, pois não interessavam aos portugueses a existência de indígenas livres e tradicionais, além da presença francesa. Pouco tempo depois, a guerra foi retomada, sobretudo, com a chegada de Estácio de Sá, que trouxera mais reforços de Portugal.

A partir de 1567, a guerra voltou. Ocorreram combates no Rio de Janeiro, sendo o mais importante contra a aldeia Urussu-mirim, situada onde hoje está a praia do Flamengo. A aldeia parecia inexpugnável, pois era protegida por um fosso e duas cercas e os indígenas já usavam armas de fogo, recebidas dos franceses. O combate aconteceu a 20 de janeiro e durou todo o dia.

Um incidente definiu o combate: um tiro atingiu um barril de pólvora que estava numa das canoas Tupinambá, provocando uma grande explosão. Pelo estrago feito e pelo grande barulho, os sobreviventes indígenas rebelados abandonaram o local, imaginando ser a arma de alguma entidade poderosa. Nesse combate, morreram muitos Tamoio, entre os quais o grande Aimberê. Do lado português, tombaram vários soldados, sendo ferido o capitão Estácio de Sá, que morreu um mês depois em decorrência de uma flechada no rosto.

Essa explosão foi vista como um milagre de São Sebastião, que estaria combatendo com os portugueses. Por isso, a vila portuguesa que se fundou foi chamada de São Sebastião do Rio de Janeiro.

O segundo grande combate foi contra a aldeia situada em Paranapuku, atual Ilha do Governador, onde vivia o cacique Marakajá. O confronto foi sangrento, morrendo muitos guerreiros. Os sobreviventes refugiaram-se em Cabo Frio, passando a ser liderados pelo cacique Japuguassu. Resistiram por oito anos e, durante esse tempo, continuaram atacando os portugueses instalados na praia da Carioca, no Rio de Janeiro, e na vila de São Vicente. Mais tarde, Marakajá fez as pazes com os portugueses, indo viver com seu grupo no Espírito Santo.

Achando-se incapazes de destruir os Tamoio, o então nomeado governador das capitanias do Sul, Antônio de Salema, com a ajuda de Jerônimo Leitão, capitão-mor de São Vicente, partiu para Cabo Frio, auxiliado por portugueses e por um batalhão Tupi, vindo de São Paulo. Depois de vários dias de combate, com muitos mortos, os Tamoio se renderam a 26 de setembro de 1575, sob a palavra de que não seriam mortos. Mas ocorreu o oposto: cerca de mil prisioneiros foram executados e quase o mesmo número foi levado como escravo para as fazendas de Santos e São Paulo.

Massacre de uma aldeia indígena. Gravura francesa do século XVI.

Um grupo Tupinambá, com suas mulheres, conseguiu refugiar-se nas matas do rio Pomba, no Sudeste mineiro, transferindo-se, mais tarde, para o litoral catarinense, numa longa e penosa viagem. Anos depois, foram ali localizados por traficantes de escravos e, levados para o Rio de Janeiro, desapareceram finalmente como povo, mortos pelas doenças ou misturados à população local.

Na *Confederação dos Tamoios,* poema escrito, em 1856, por Gonçalves de Magalhães – único episódio de resistência indígena que entrou para a literatura brasileira –, a figura de Aimberê aparece como o herói dessa epopeia, símbolo contraditório do romantismo literário brasileiro. Ficou imortalizado na pena desse escritor o final dessa epopeia, quando um dos sobreviventes comete suicídio, preferindo à morte a viver como escravo:

> Tamoio sou, Tamoio morrer quero,
> e livre morrerei. Comigo morra
> o último Tamoio; e nenhum fique
> para escravo do luso. A nenhum deles
> darei a glória de tirar-me a vida.[17]

Se esse Tamoio do poema preferiu o suicídio, outros Tupinambá históricos continuaram resistindo e muitos morreram lutando.

Fonte: VASCONCELOS, Simão de. *Crônica da Companhia de Jesus*, L. III, par. 58-105. Petrópolis: Vozes, 1977, v. 2, p. 110-132; ANCHIETA, padre Joseph de. Carta ao provincial de Portugal, 9.07.1565. *Cartas*. Correspondência ativa e passiva. São Paulo: Loyola, 1984, p. 257-267. .

Os Tupi de Piratininga ainda resistem

A conquista de Piratininga, região onde hoje é a cidade de São Paulo, não foi tão tranquila como a história oficial tenta mostrar. A morte precoce do cacique Tibiriçá – sogro do aventureiro João Ramalho, que dominava o planalto com sua família mestiça – prejudicou o projeto de catequese dos jesuítas.

[17] MAGALHÃES, Domingos José Gonçalves de. A confederação dos Tamoios. *In:* RAMOS, Frederico José da S. *Grandes poetas românticos do Brasil.* São Paulo: LEP, 1949, p. 191.

Xilogravura de autor desconhecido, retratando cenas de guerra do povo Tupinambá. *Figure des Brésiliens*, publicado por Jean Le Prest, 1551.

As primeiras tentativas de aldeamento missionário, como Piratininga e Ibirapuera, não duraram muito tempo. Tornaram-se, logo depois, vilas portuguesas, como São Paulo e Santo Amaro, respectivamente. Visando uma área para a produção de alimentos e para a catequese, foi criada a missão de Nossa Senhora da Conceição de Pinheiros, hoje, bairro de Pinheiros.

Apesar da derrota de 1562, os Tupi rebelados foram se recompondo. Enquanto isso, o tráfico de escravos atingia o vale do Paraíba, onde eles haviam se refugiado. Retomaram os ataques, desfechando o maior deles em 1590.

Com menos guerreiros, adotaram a tática de guerrilha, atingindo, sobretudo, os portugueses que entravam pelo sertão em busca de escravos e de ouro.

Ia longe a época em que João Ramalho havia tomado como esposa a filha do cacique Tibiriçá. Os jesuítas ainda não haviam se estabelecido no planalto de Piratininga, onde os rituais guerreiros eram praticados com muito entusiasmo.

Com o tempo, mesmo com a presença dos padres na região, os filhos mestiços desse degredado português passaram a realizar um verdadeiro tráfico de escravos, já que essa atividade se mostrava mais lucrativa que o cultivo de trigo ou a criação de gado.

Isso explica a revolta dos indígenas do vale do Paraíba e do médio Tietê, que passaram a atacar as famílias que viviam nos sítios que circundavam a pequena vila de São Paulo. As autoridades chegaram a pedir que se mudassem para o núcleo central da vila, no alto da colina, e havia sido debatida a possibilidade de reconstrução dos muros de taipa.

No final do mês de junho de 1590 chegaram notícias da chacina da expedição chefiada por Domingos Grou e por Antônio Macedo, este último, filho de João Ramalho. O grupo, com 50 paulistas e muitos indígenas, partira para o sertão em busca de escravos, encontrando a morte. Na sequência, houve ataques a sítios e fazendas, com incêndios e destruição de propriedades e a morte de mais três portugueses.

Irritados com a colaboração dos *avaré,* isto é, dos padres, com os portugueses, os guerreiros Tupi dirigiram-se à missão dos Pinheiros, incendiando a capela e quebrando a imagem da Nossa Senhora da Conceição.

Os portugueses conseguiram chegar a tempo, prendendo alguns insurgentes, que eram próximos dos moradores, sendo considerados "amigos e até compadres", como se lê na ata da Câmara de São Paulo.[18] Um deles, acusado de ser o profanador da imagem, foi

[18] Ata de 7.07.1590. *In: Atas da Câmara da Vila de S. Paulo.* São Paulo: Prefeitura Municipal, Dep. de Cultura, 1967, v. 1, p. 404.

atado à cauda de um cavalo "para escárnio de todos".[19] O relato não dá detalhes de como terminou o castigo, mas, provavelmente o sentenciado deve ter morrido.

Esse deve ter sido o último ataque dos Tupi à vila de São Paulo de Piratininga.

Fonte: PREZIA, Benedito. *Os Tupi de Piratininga.* Acolhida, resistência e colaboração (tese de doutorado). São Paulo: Puc-SP, 2008, p. 344-350.

Os Tupinikim atacam no rio São Mateus

Não sem razão, o historiador português Rocha Pita afirmou que nosso país "concedido a léguas, foi conquistado a polegadas". A resistência indígena foi um dos motivos dessa difícil ocupação.

A capitania do Espírito Santo, que quase foi arrasada em 1536, enfrentou novos conflitos alguns anos depois.

Em 1557, os Tupinikim do Norte que viviam na região do rio Cricaré, atual rio São Mateus, ameaçavam outra tentativa de colonização. Para enfrentá-los o novo donatário pediu ajuda ao governador-geral da Bahia, Mem de Sá. Um batalhão composto por moradores foi convocado, partindo numa pequena esquadra de cinco navios, comandada por Fernão de Sá, que era filho do governador.

A armada fez uma escala em Porto Seguro para receber mais ajuda, e contou com um reforço de Diogo Álvares, o famoso Caramuru, que para lá se mudara havia alguns anos. Distantes estavam os dias em que Caramuru era tido como o genro mais famoso do cacique de Itapagipe, aldeia da região de Salvador. Agora ele possuía fazendas e se empenhava na captura de indígenas para o trabalho escravo. Por isso, a adesão à esquadra do filho do governador provavelmente se devia a interesses escravistas. Ajuntou-se à esquadra com dois caravelões e vários homens.

Ao chegar à barra do Cricaré, constataram que os grupos rebelados estavam mais no interior. Deixaram os navios e com os caravelões, que eram embarcações menores, puderam subir o rio. O cronista frei Vicente do Salvador afirma que levaram quatro dias até encontrar algumas aldeias fortificadas, certamente por causa das "tranqueiras", isto é, dos obstáculos feitos de troncos de árvores, técnica tupi para impedir a navegação de naus inimigas pelos rios.

A aldeia principal foi atacada pelos canhões, que dos navios cuspiam fogo, matando muitos indígenas. Acreditando-se vitoriosos, os portugueses deixaram descoberta a retaguarda. E, das matas, apareceu uma centena de guerreiros que cercaram os atacantes, provocando pânico geral. Com a maré baixa, os navios não puderam socorrer os lusi-

[19] *Apud* LEITE, Serafim. *História da Companhia de Jesus no Brasil.* São Paulo: Loyola, 2001, tomo I, livro 3, cap. 6, p. 103.

tanos, havendo luta corporal. De longe, os navios abriram fogo contra os combatentes, e os tiros atingiram não apenas os indígenas, mas também os portugueses, deixando feridos e mortos de ambos os lados. A nado e em jangadas improvisadas, alguns portugueses, como Caramuru, conseguiram chegar aos caravelões. Os que ficaram em terra, entre eles Fernão de Sá, foram mortos. O local do combate, que a tradição conservou o nome de Maririque, é possível que seja a atual Mariricu.

Ataque indígena por mar. Gravura do livro de Hans Staden, 1557.

Os sobreviventes que alcançaram os navios foram para a vila do Espírito Santo, onde se reabasteceram, retornando depois à Bahia.

Ao saber da morte do filho, abalado, o governador recusou-se a receber os membros da fracassada expedição.

Muitos anos depois, e por influência dos jesuítas, os Tupinikim do Espírito Santo reconciliaram-se com os portugueses, tornando-se seus grandes aliados.

Fonte: SALVADOR, Fr. Vicente do. *História do Brasil*, 1500-1627. Belo Horizonte: Itatiaia; São Paulo: Edusp, 1982, p. 153-154.

O massacre de Ilhéus

Mem de Sá entrou para a História do Brasil como um grande governador dedicado à colônia, embora tenha sido um dos mais truculentos na repressão à resistência indígena. Entre os conflitos sangrentos do seu governo, destaca-se o ocorrido em junho de 1559, no Sul da Bahia, contra os Tupinikim de Ilhéus.

Ao contrário dos seus parentes no Cricaré, que lutaram contra os portugueses, esses indígenas haviam feito uma aliança com os portugueses. No entanto, o trabalho escravo e os conflitos que dele resultavam fizeram-nos arredios.

Naquele ano, dois Tupinikim haviam sido mortos: um na região de Ilhéus e outro em Porto Seguro. A falta de punição dos culpados gerou uma revolta indígena e, para vingá-los, três portugueses foram mortos. Com o tempo, as ameaças tornaram-se frequentes e corria um boato sobre um levante geral. Tal notícia gerou pânico em diversas fazendas da região, que foram abandonadas. Aproveitando essa fuga em massa, os Tupinikim invadiram as propriedades, soltaram os escravos e levaram o que havia, sobretudo comida e ferramentas.

Destruição de aldeia Tupinambá. Detalhe de xilogravura francesa de 1551.

Refugiados em Ilhéus, os colonos passavam fome, e desesperados, apelaram ao governador. Embora sem consenso entre os membros do Conselho da Colônia, uma ação punitiva foi decretada. Mem de Sá convocou todos os moradores da Bahia para essa guerra. Muitos portugueses apresentaram-se, sendo auxiliados por guerreiros Tupinambá, tradicionais inimigos dos Tupinikim.

Ao chegar a Ilhéus na noite seguinte, o pequeno exército foi diretamente a uma das aldeias que ficava perto da vila. O ataque de madrugada surpreendeu seus moradores no sono, e grande número de pessoas foi morta violentamente. Outras aldeias da redondeza também foram atingidas. Numa das aldeias que ficava perto da praia, sobreviventes, em desespero, dirigiram-se ao mar e, perseguidos pelos Tupinambá, digladiaram-se na água. Melhores nadadores e embalados pelos sucessos do ataque, os Tupinambá mataram, no mar, aqueles Tupinikim. Para mostrar o desprezo a esses indígenas, seus corpos foram deixados na praia para o alimento de animais.

Numa carta ao rei, o governador gabou-se da ação, afirmando ter enfileirado os cadáveres por "uma légua", isto é, seis quilômetros... Seguramente não havia tantos corpos a estender na praia, mas foi um dos maiores massacres da época.

A truculência nesse episódio certamente foi para vingar a morte de seu filho, que no Espírito Santo perdeu a vida nas mãos de outro grupo Tupinikim, algum tempo antes.

Ao saber da notícia, os moradores da vila de São João, localizada na região, fizeram uma procissão em "ação de graças" para comemorar tal façanha. Na época, os cristãos estavam muito mais do lado da espada que da cruz...

Fonte: SÁ, Mem de. *Carta ao rei de Portugal. In:* SILVA CAMPOS, João da. *Crônicas da capitania de S. Jorge de Ilhéus.* Rio de Janeiro: MEC/Anais da Biblioteca Nacional, 1981, v. 27, p. 133; NOBREGA, padre Manoel da. Carta aos padres e irmãos de Portugal (1559). *Cartas do Brasil.* Belo Horizonte: Itatiaia; São Paulo: Edusp, 1988, p. 177-190; *Ibid.* Carta a Thomé de Sousa, p. 191-219.

Os Aimoré dão o troco

Após o massacre dos Tupinikim de Ilhéus, o clima seguia tenso. Os Tupinambá do Paraguaçu, que viviam não longe de Salvador, continuavam pressionando com frequentes ataques. Mas a repressão contra esse grupo foi igualmente violenta. Em 1567, os sobreviventes indígenas optaram por um acordo de paz, submetendo-se aos portugueses e aceitando trabalhar nos seus engenhos. Isso levou a certa prosperidade tanto no recôncavo baiano, como na região de Ilhéus, que chegou a ter nove engenhos, com muita produção de açúcar e lucro para seus donos. Alguns viviam em Portugal, sem nunca ter pisado na terra.

Poucos, entretanto, imaginavam que outro povo indígena iria ameaçar aquela prosperidade roubada.

Os Aimoré faziam parte da etnia Borun. Família Botocudo/Borun em viagem. Gravura do livro de Maximiliano Wied-Neuwied, 1820.

A partir de 1568, o Sul da Bahia voltou a viver sobressaltos, provocados agora pelos Aimoré, que se localizavam mais no interior. É provável que esse nome venha de *Guaimuré,* que significaria *gente diferente.* De fato, esse povo era bem distinto dos Tupi. Como coletores, não tinham aldeias, vivendo em simples abrigos, *tapuí,*[20] estando sempre se deslocando, a procura de caça e alimentos. Furavam o lábio inferior, enfeitando-o com um botoque de madeira, vindo daí o nome *Botocudo.*

Eram grandes corredores, mas péssimos nadadores. Possuíam fortes arcos, sendo excelentes flecheiros, e como escrevia Gabriel Soares de Sousa, cronista da época, "não erram nunca o tiro [a flechada]". Atacavam sempre de surpresa e jamais em campo aberto. Utilizavam pesadas bordunas, armas fatais. As mulheres nunca abandonavam os maridos, seguindo-os nas expedições guerreiras.[21]

Em vão, os portugueses tentaram escravizá-los. Pero de Magalhães Gandavo observou que "são tão bravos e de condição tão independente, que nunca os podem amansar, nem submeter a nenhuma servidão como os outros índios da terra".[22]

O pavor tomou conta da capitania de Ilhéus quando o engenho de Bartolomeu Lopes da Franca foi atacado por um grupo Aimoré. O colono, sua esposa e cinco filhos, pegos de surpresa, foram mortos durante o jantar. O cronista Gabriel Soares de Sousa, ao comentar esse período, afirmou que

> [as propriedades] estão destruídas e quase despovoadas com o temor desses bárbaros, cujos engenhos já não lavram açúcar por lhe terem mortos todos os escravos e gente deles, e a das mais fazendas, e os que escaparam de suas mãos lhes tomaram tamanho medo, que em se dizendo 'Aimorés' despejam [abandonam] as fazendas e cada um trabalha para se pôr a salvo.[23]

[20] É provável que venha desse vocábulo o nome *Tapuia* (que significa morador de *tapuí,* de rancho), como eram chamados os povos não Tupi. Foram também conhecidos como *Guerén*, abreviação de *Kerengnatnuk*, nome de um dos subgrupos que viveu nessa região.

[21] SOUSA, Gabriel Soares de. *Tratado descritivo do Brasil em 1587.* São Paulo: Comp. Ed. Nacional, 1987, p. 79.

[22] GANDAVO, Pero de Magalhães. *Op. cit.* p. 140.

[23] SOUSA, Gabriel Soares de. *Op. cit.*, p. 79-80.

O medo era tanto que outro cronista chegou a escrever que seis ou sete guerreiros Aimorés conseguiam destruir um engenho de 100 pessoas.

Para fugir desses ataques, os moradores de Ilhéus buscavam o caminho da costa rumo à capitania da Bahia, por ser o mais curto e mais acessível. Essa acessibilidade durou pouco, pois, ao descobrirem essa rota de fuga, os Aimoré desceram ao litoral no seu encalço. Buscavam pontos estratégicos, de onde atacavam os portugueses. Poucos sobreviveram. Os que não morriam pelas flechas, pereciam pela borduna. Sobreviveram apenas "os que se metiam no mar, onde eles não se atreviam a entrar".[24] Entretanto, muitos portugueses eram capturados ao buscar terra firme, pois esses indígenas ficavam horas a fio, de tocaia, atrás dos rochedos ou na mata esperando o inimigo. Escaparam apenas os que partiram de navio.

Não sem razão, eles foram vistos como "o castigo de Deus", que punia os portugueses por tantas atrocidades cometidas contra os indígenas do litoral.

Fonte: SOUSA, Gabriel Soares de. *Tratado descritivo do Brasil em 1587.* São Paulo: Comp. Ed. Nacional, 1987, p. 78-80. (Col. Brasiliana, v. 117)

A vingança dos Caeté de Sergipe

A conquista do Nordeste da Bahia – mais especificamente da região chamada *Cerigipe* ou *Sirigipe*, atual Sergipe –, foi bastante violenta, como ocorreu em muitas partes do Brasil. Após a morte de Mem de Sá, o rei de Portugal constatou a dificuldade em administrar a imensa colônia a partir de uma única sede de governo, a vila de Salvador. Por isso, em 1572, o Brasil foi confiado a dois governadores que passariam a dirigir duas grandes regiões: o Norte, que abrangia um território que ia do Maranhão a Ilhéus, e o Sul, que ia de Porto Seguro, na Bahia, a Paranaguá, no atual Estado do Paraná.

Para a região Norte foi nomeado um membro da nobreza, dom Luís de Brito de Almeida. Empossado em 1573, passou a comandar a colônia com mãos de ferro. Em 1576, a pretexto de vingar a morte do bispo dom Pero Sardinha, ocorrida vinte anos antes, empreendeu uma expedição ao Norte da Bahia, que resultou na morte e escravização de grande número de Tupinambá. Eram os chamados Caeté (que significa mato fechado, mato grosso), numa referência à região em que viviam, coberta pela Mata Atlântica. Na realidade era um sub-grupo Tupinambá.

Passado algum tempo, refeitos dessa guerra, esses indígenas decidiram vingar-se da morte de seus parentes. O movimento de resistência partiu dos que viviam na região do rio Itaim, hoje rio Real, na divisa entre Bahia e Sergipe.

---

[24] *Ibid.*, p. 80.

Buscaram uma estratégia bem arquitetada. Como não conseguiriam enfrentar diretamente os portugueses, mandaram um recado ao governador, através de uns mestiços, de que estavam dispostos a ir para as missões dos jesuítas, aceitando também trabalhar para os portugueses. Dispunham-se, portanto, a ir até a capital para firmar esse acordo, pedindo um destacamento de soldados para acompanhá-los e dar-lhes maior proteção nessa viagem.

Rio São Francisco. Pintura de Frans Post, 1638.

Tal proposta foi vista pelo novo governador Manuel Teles Barreto com bastante reserva, pois não confiava nesse povo. Aos poucos, no entanto, o governador se convenceu de que era uma boa oportunidade para ter mais indígenas nas fazendas do litoral baiano. Assim, em meados de 1586, foi enviado um batalhão de 130 soldados portugueses e mamelucos, auxiliados por indígenas das missões, que serviam de carregadores e de tropa auxiliar.

Durante a viagem, o capitão da tropa mandou um aviso à aldeia desses indígenas para que uma delegação os esperasse às margens do rio Real, para ensinar-lhes o caminho. Conforme o combinado, à margem do rio estava um grupo de nativos que os levou à aldeia mais importante da região.

Foram bem recebidos pelas lideranças, com o choro ritual das mulheres[25] e com farta comida: mandioca, milho, caça e pesca. Para completar a recepção, foram-lhes oferecidas suas filhas e irmãs, que se instalaram em casas comunitárias, especialmente construídas para essa ocasião. Essa cortesia fazia parte do ritual de boas-vindas entre os povos Tupi.

Entusiasmados com tão boa acolhida, aceitaram o convite para visitar outras aldeias, sempre acompanhados de vários guerreiros Caeté. Envolvidos no clima de cortesia, deixaram na aldeia suas armas de fogo. Nem imaginavam que as mulheres, com as quais dormiram, pudessem armar-lhes uma cilada. Entupiram "os arcabuzes com pedras e betume, e tomando-lhe a pólvora dos frascos os encheram de pó de carvão", como relata o cronista frei Vicente do Salvador.

O retorno foi tranquilo, depois de muitas visitas pelas aldeias da região. Ao voltarem, os portugueses foram surpreendidos, de madrugada, com os gritos: "Os inimigos estão aí, os inimigos estão aí!..." Mal despertos, buscaram as armas, que não funcionaram, por estarem entupidas. Logo perceberam que os supostos inimigos anunciados eram os próprios anfitriões.

[25] Segundo a tradição tupi, todo visitante era recebido com um "choro de boas vindas", ato ritual, quando as mulheres faziam referência às dificuldades por que passaram para chegar até lá.

Nessa cilada, poucos sobreviveram, ocorrendo uma verdadeira chacina. Escaparam apenas alguns indígenas cristianizados que, no meio da confusão, conseguiram fugir pelo mato, retornando à capital, onde relataram o fato.

Outra expedição foi preparada pelo governador, para punir esses Tupinambá que desafiaram o poderio português.

Fonte: SALVADOR, Fr. Vicente do. *História do Brasil*, 1500-1627. Belo Horizonte: Itatiaia; São Paulo: Edusp, 1982, p. 249-250.

A longa guerra Potiguara

Os Potiguara, chamados no início da colônia de *Petiguara* ou *Pitaguara*,[26] dominavam uma extensa região do Nordeste brasileiro, ocupando todo o litoral da Paraíba, Rio Grande do Norte e parte do litoral do Ceará. Foram considerados os mais valentes indígenas de todo o Nordeste.

Bem antes da invasão portuguesa, haviam se aliado aos franceses, com os quais comercializavam pau-brasil. Diante dessa aliança, o rei de Portugal determinou a ocupação imediata da região. O titular da capitania de Itamaracá, Pero Lopes de Souza, irmão de Martim Afonso, nunca havia se interessado por aquelas terras. Decidiu arrendá-las a alguns comerciantes, mas sem sucesso, pois os indígenas resistiam valentemente à presença portuguesa.

Somente em 1579, Frutuoso Barbosa, que tinha empreendimentos nas Índias e com boa experiência no comércio de pau-brasil, aceitou essa empreitada.

A primeira tentativa de ocupação não resultou em nenhuma ação concreta, pois em vez de assumir a nova capitania, embarcou para a Índia, que lhe parecia uma terra promissora. A sorte lhe foi adversa: não fez fortuna e perdeu mulher e dois filhos pequenos.

Em 1582, Barbosa dispôs-se assumir esse desafio, desde que contasse com o apoio real. E assim aconteceu, pois o rei temia perder a região.

Arrogante, acreditando que sua experiência no Oriente seria suficiente para a conquista das terras brasílicas, chegou com um galeão e três navios menores, que traziam muitos soldados, artesãos e colonos. Alguns frades franciscanos e beneditinos acompanharam-no, pois esses religiosos aceitavam melhor a maneira de agir desses conquistadores portugueses, que se destacavam pela violência e pela escravização indígena. Barbosa estava confiante naquele poderio militar e nas bênçãos da Igreja.

[26] Embora com frequência se afirme que *Potiguara* signifique comedor de camarão, nos documentos dos séculos XVI e XVII aparecem as variantes *Petiguara* e *Pitaguara*, que pode remeter à palavra *petyn*, fumo. Assim o nome desta etnia poderia ser traduzido por *comedor de camarão* ou por *comedor de fumo*, isto é, *o que come fumaça*. Ainda hoje se encontra no Ceará o etnônimo *Pitaguari*, numa referência ao topônimo rio *Pitaguari*, cuja tradução seria rio dos *Pitaguara*.

Ao chegar à costa brasileira, foi informado de que navios franceses estavam na parte superior do rio Paraíba, preparando um carregamento de pau-brasil. Imediatamente, destacou seu filho e um grupo de 40 soldados para atacá-los. Para sua surpresa, depararam-se com cinco caravelas vazias, pois os franceses e os Potiguara estavam no interior, no corte de pau-brasil. Numa rápida e vitoriosa operação, todos os navios foram queimados. Animados com tal sucesso, os portugueses já acreditavam ser donos daquela terra. De repente, foram surpreendidos pelos indígenas que, numa rápida operação guerreira, os cercaram, matando 40 portugueses, incluindo o filho do capitão.

Ao receber a notícia, Barbosa ficou muito abalado e resolveu afastar-se da foz do rio, indo mais para o Sul, onde aguardaria um reforço militar que havia solicitado em Pernambuco. Após alguns meses de espera, em meados de 1585, chegou a ajuda pernambucana.

Como a região de Cabedelo, onde estava, mostrava-se pouco segura, sua estratégia foi iniciar a construção da vila de *Filipeia de Nossa Senhora das Neves*, mais ao Norte, além da foz do rio Paraíba. Esse nome foi uma homenagem ao rei Filipe II, da Espanha, que assumira o trono de Portugal em 1580. Quando a vila se firmou, os frades tiveram que retornar à Olinda, pois os moradores não tinham como sustentá-los.

A pressão indígena não dava tréguas. Os Potiguara, ainda apoiados pelos franceses, começaram um cerco à vila, que durou várias semanas, deixando os portugueses sem comida e quase sem água. Só não pereceram pela fome, graças a um reforço que chegou com o comandante espanhol Diogo Flores Valdez, que casualmente ali aportara com oito navios, vindos de uma expedição do Sul do continente. Fundamental foi também a participação de Piragiba, o Braço de Peixe, cacique Tobajara,[27] que, com seu grupo, voltou a apoiar os portugueses. Para auxiliar a vila sitiada, foi construída uma pequena fortaleza, onde os 170 soldados poderiam ser uma reforço importante.

Esse forte, de fato, dava-lhes uma sensação de muita segurança. Por isso um grupo de soldados, imaginando que a terra já estava conquistada, partiu em busca de escravos indígenas para suas roças. Após meio dia de caminhada uma aldeia foi atacada, sendo feito muitos prisioneiros. No retorno, caíram numa cilada, morrendo o comandante, 50 portugueses e muitos Tobajara.

Esse ataque abalou o ânimo dos soldados e, amedrontados, retornaram à Olinda numa vergonhosa deserção. Mais uma vez Barbosa se viu abandonado. Juntamente com o comandante do forte, fez novo apelo às autoridades de Pernambuco, solicitando homens e alimentos.

---

[27] Embora se encontre com frequência o nome *Tabajara*, usamos a grafia acima que foi utilizada por Fr. Vicente do Salvador e por alguns cronistas, como Hans Staden. Segundo o grande linguista Pe. Montoya, seu significado é "inimigo, competidor" (MONTOYA, Antonio Ruiz de. Vocabulario y Tesoro de la lengua guaraní (o más bien tupi). *In*: _____. *Arte de la lengua guaraní, o más bien tupi*. Viena: Faesy y Frick; Paris: Maisonneuve, 1876, p. 394).

O pedido foi prontamente atendido, sendo-lhes enviado novo reforço militar. Os portugueses retomaram a região, atacando as aldeias dos caciques Guirapikaba, Pinakama e Tujukupapo, localizadas na populosa região de Copaoba, que contava com mais de 50 aldeias.

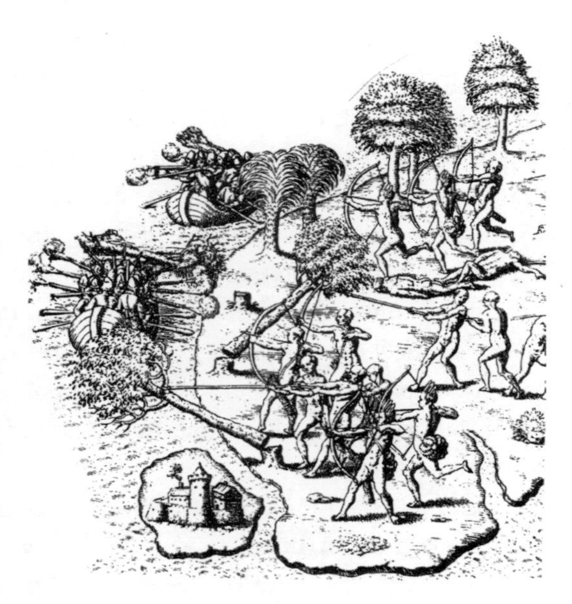

Detalhe de gravura de Theodore de Bry, do livro de Hans Staden

O enfrentamento mais violento ocorreu contra a aldeia de Tujukupapo, e mereceu uma épica descrição na *História da Conquista da Paraíba,* feita por um jesuíta que não deixou registrado seu nome.

A guerra já se arrastava por quinze anos, sem vencedores ou vencidos. Percebendo que não aguentariam por muito tempo, os Potiguara e seus aliados franceses transferiram-se para o Rio Grande do Norte, onde se reorganizaram.

Os portugueses, igualmente abatidos, mudaram de tática e contrataram um mestiço experiente em guerras nativas para dirigir essa nova fase militar. Era Jerônimo de Albuquerque, o moço, filho de Jerônimo Albuquerque, um dos conquistadores de Pernambuco, cuja esposa era a Tobajara Maria Arco Verde.

Com um pequeno exército formado por portugueses e indígenas Tobajara, Jerônimo, em 1587, partiu de Olinda para enfrentar os indígenas no Rio Grande do Norte.

Para sua surpresa, lá se depararam com um novo inimigo, a varíola. A mortandade foi grande dos dois lados, atingindo, sobretudo, os indígenas, pela falta de imunidade a essa nova doença. Segundo frei Vicente do Salvador, houve dias em que morriam de 10 a 12 pessoas num único povoado.

Diante dessa situação, os lusitanos retornaram tanto à vila da Paraíba, como à Olinda, iniciando um período de trégua.[28]

No ano seguinte, refeitos dessa devastadora epidemia, os portugueses retomaram a guerra, optando por construir no atual Rio Grande do Norte a fortaleza dos Reis Magos, ao redor da qual surgiria, mais tarde, a cidade de Natal. De lá, partiriam para a ofensiva.

Os Potiguara, embora fragilizados e com menos apoio dos franceses, que já não conseguiam atracar ali seus navios, prepararam-se para um novo ataque, usando táticas de guerrilha com bons resultados.

[28] SALVADOR, Fr. Vicente do. *Op. cit.*, p. 219-247; *História da conquista da Paraíba* [c. 1585]. Brasília: Ed. Senado Federal, 2010.

Um incidente fez mudar o rumo da guerra: a prisão de Ypaun Assu, grande liderança. Com a fragilidade do momento e, sobretudo, com a ausência dos franceses, os Potiguara aceitaram uma proposta de paz, feita por um jesuíta que acompanhava os portugueses. O cacique seria liberto, com a condição de articular um acordo de paz com seus parentes.

Percorrendo várias aldeias do litoral e do sertão, esse cacique conseguiu a adesão de outros chefes significativos, como Ybiratininga e Zorobabé.[29] Frei Vicente do Salvador conservou o discurso que esse cacique teria feito a seus parentes:

> Vós irmãos, filhos e parentes meus, bem conheceis e sabeis quem eu sou e o conceito que sempre tiveram de mim, assim na paz como na guerra. E isto é o que me obrigou a vir da parte dos brancos a dizer-vos que, se quereis ter vida e sossego e estar em vossas casas e terras, com vossos filhos e mulheres, é necessário sem mais outro conselho irdes logo comigo ao forte dos brancos para falar com Jerônimo de Albuquerque, seu capitão, e com os padres, e fazer com eles as pazes, as quais serão perenes, como foram as que fizeram com Piragiba e com os demais Tobajara, e como costumam fazer em outras partes do Brasil: que aqueles que vão viver na igreja [na missão] não os cativam [não serão escravizados], antes os doutrinem e defendam, o que os maíra [os franceses] nunca fizeram isso conosco, e menos agora o farão, pois que tem o porto impedido com a fortaleza dos portugueses, que não os deixam entrar sem que os matem e lhes metam, com sua artilharia, os navios no fundo do mar.[30]

Após muito debate, os vários caciques decidiram aceitar esse acordo de paz, principalmente por se sentirem também pressionados pelas mulheres. Elas afirmavam que não aguentavam mais por se sentirem "cansadas de andar com os pertences nas costas, fugindo pelos matos, sem poderem gozar de suas casas nem dos alimentos que plantavam, e traziam os maridos ameaçados que se haveriam de ir passar para os brancos", como relatou o mesmo frei Vicente.[31]

Conduzidos a Olinda, as lideranças Potiguara selaram um tratado de paz. No dia 11 de junho de 1599, após 17 anos de guerra, na presença do franciscano frei Bernardino das Neves, foi assinado um acordo de paz entre Poti, líder Potiguara, e o governador Feliciano Coelho de Carvalho, representando o rei de Portugal e Espanha.

O curioso é que as lideranças mais destacadas dessa guerra não apareceram nesse momento, surgindo um representante do grupo Poti, que, mais tarde, terá papel proeminente na guerra contra os holandeses. Teria sido uma liderança cooptada? O que parecia ser uma paz duradoura foi apenas uma trégua de poucos anos.

Fonte: SALVADOR, Fr. Vicente do. *Op. cit.*, p. 219-247; ANÔNIMO, *História da conquista da Paraíba* [c. 1585]. Brasília: Ed. Senado Federal, 2010.

---

[29] Embora o nome tupi devesse ser Sorobabé, a documentação da época registra Zorobabé, aqui adotado.
[30] SALVADOR, Fr. Vicente do. *Op. cit.*, p. 273.
[31] *Ibid.*

A triste trajetória do cacique Zorobabé

Outra figura que surge com destaque nesse momento é o cacique Zorobabé. Esquecendo seu passado de luta contra os portugueses, aceitou totalmente os novos senhores, sendo usado agora nas guerras de conquista.

Foi chamado a lutar contra os Aimoré, que estavam colocando em perigo a população do Sul da Bahia. Em 1602, partiu da Paraíba com um grupo de 1.300 guerreiros, entrando no jogo do dominador, que dividia seus contrários para melhor reinar.

Depois da vitória contra os Aimoré, surgiu entre os Potiguara um boato de que seriam levados como escravos para os engenhos do litoral baiano. Indignado, Zorobabé pede sua volta imediata para a Paraíba. Mas antes resolveu aceitar mais uma empreitada: combater os escravos africanos, refugiados no quilombo dos Palmares, em Alagoas. Receberia parte dos escravos capturados como pagamento. Lutando ao lado de soldados portugueses, conseguiu prender os líderes e capturar muitos africanos. Como acreditava que estes não seriam bem aceitos na sua terra, trocou a maior parte deles por cavalos. Retornou à sua terra com animais e escravos. Vaidoso que era, com cavalos e alguns escravos, fez uma entrada triunfal em sua aldeia.

Guerreiros Tupi. Gravura do livro de Jean de Léry, 1578.

Com seu temperamento altivo e vaidoso, criou muitas inimizades, não só com indígenas, como também com autoridades portuguesas. Temendo que liderasse alguma rebelião, foi denunciado e levado preso a Salvador. Visando eliminá-lo para não ter problemas futuros, o governador permitiu que o envenenassem na cadeia. Ao perceber os sintomas do veneno, Zorobabé bebeu a própria urina, que lhe serviu de antídoto. Foi um santo remédio. Muitos pensaram que era o poder de seus encantados.

Temendo algum feitiço contra os que o cercavam, o governador mandou transferi-lo para uma prisão em Lisboa, onde ficou por um longo tempo. Como a cadeia não parecia segura, e imaginando uma fuga e possível retorno ao Brasil, o rei autorizou outra transferência para o interior, para a prisão de Évora, na fronteira com a Espanha. Lá morreu vítima de maus tratos e, seguramente, de tristeza por perceber que nunca mais voltaria à sua terra.

Zorobabé pagou dessa maneira o abandono da luta de seu povo, podendo ser considerado o primeiro preso político indígena a cumprir pena fora do Brasil.

Fonte: SALVADOR, Fr. Vicente do. *História do Brasil*, 1500-1627. Belo Horizonte: Itatiaia; São Paulo: Edusp, 1982, p. 267-275.

Os Potiguara entre a Bíblia e a espada

O Nordeste do Brasil foi uma região disputada por portugueses, espanhóis, franceses e holandeses, o que levou os indígenas a se dividirem em suas alianças. Foi o que ocorreu por ocasião da invasão holandesa, que se estendeu por quinze anos, de 1630 a 1645.

Antes dessa permanência, os holandeses tentaram ocupar a Bahia, em 1624. Expulsos nesse ano de Salvador, no ano seguinte, dirigiram-se à Paraíba, em busca de apoio dos Potiguara, pois sabiam que, anteriormente, aliaram-se aos franceses.

Tiveram excelente recepção por parte desses indígenas, que desejavam uma nova aliança militar, já que os franceses dificilmente retornariam à região. Nessa ocasião, seis jovens foram levados à Holanda, onde receberam a cultura do país e a religião da Igreja Reformada, de tradição calvinista.[32] Era um investimento para o futuro, pois esperavam, em breve, voltar ao Brasil. Entre eles, estavam Pedro Poty e Antônio Paraupaba que, de fato, retornaram à Pernambuco cinco anos depois, com a armada que conquistaria Olinda.

Em 1630 os holandeses conseguiram ocupar Pernambuco, e esses Potiguara tiveram importante papel, tornando-se intermediários dos novos ocupantes junto a seus parentes de língua tupi. Como escreveu o cronista português frei Manuel Calado, essa aliança indígena, com "os ingratos índios Pitiguares e Tapuias [Janduí], que viviam no sertão, foi a causa e o principal instrumento de os Holandeses se apoderarem de toda a capitania de Pernambuco e de a conservarem tanto tempo".[33]

Carta em tupi de Diogo Camarão, irmão de Felipe Camarão, pedindo para Pedro Poty se aliar aos portugueses. Arquivo de Haia, 1645.

[32] Os calvinistas, hoje, são representados pelos evangélicos presbiterianos.

[33] CALADO, frei Manuel. *O valeroso Lucideno e Triunfo da Liberdade*, [1648]. São Paulo: Ed. Cultura, 1945, v. 1, p. 71.

Recife na época dos holandeses. Gravura de artista holandês desconhecido, 1635.

A presença holandesa mudou o cenário indígena do Nordeste. Os jesuítas foram expulsos dos aldeamentos e substituídos por pastores protestantes, que começaram traduzir a Bíblia e elaborar, em tupi, catecismo com a doutrina reformada. Em 1639, os aldeamentos de cristãos reformados já eram numerosos: quatro em Pernambuco, cinco em Itamaracá (Norte de Pernambuco), sete na Paraíba e cinco no Rio Grande do Norte.

Parte dos Potiguara se manteve fiel aos portugueses, enquanto que os Janduí e outros povos do sertão passaram para o lado holandês.

Alguns avanços sociais foram registrados, como o fim da escravidão indígena e a introdução do trabalho remunerado. Em 1645, foi promulgada a *Lei do Ventre Livre*, que determinava que os filhos de pais africanos e mães indígenas seriam livres.

Apesar dessas vantagens oferecidas pelo novo governo, os portugueses conseguiram manter uma aliança com os Potiguara e com ex-escravos africanos, articulando um movimento de resistência contra os holandeses. Os moradores dividiram-se, também, embora a maioria tenha resistido à ocupação holandesa. Nesse período, ocorreram diversos conflitos violentos, principalmente envolvendo indígenas do sertão.

Vários líderes Potiguara, de ambos os lados, passaram a trocar mensagens em tupi, como a carta que Pedro Poty enviou a seu primo Felipe, conhecido como Filipe Camarão, datada de 31 de outubro de 1645. Recordava, entre outras coisas, que os Potiguara encontravam-se "escravizados pelos perversos Portugueses, e muitos ainda o estariam, se não houvesse [ele] libertado". Lembrava-se do massacre na baía da Traição, "bem fresco na nossa memória", quando vários Potiguara foram presos e ali executados, depois de terem se rendido. Desiludido, escreveu: "Não, Philippe, vós vos deixais iludir; é evidente que o plano dos celerados Portugueses não é outro senão o de se apossarem deste país e então assassinarem ou escravizarem tanto a vós como a nós todos". E terminava a carta:

> Nada conseguiremos por meio de cartas, portanto não me escrevais mais. Não quero receber tais cartas. Em suma, vos queixareis ainda desta guerra e estais iludidos por essa corja de celerados perjuros e perversos, que tanto tem seduzido a vós e a todos os nossos amigos e oprimindo tão tiranicamente os nossos [parentes]. Adeus.[34]

[34] Mantivemos a grafia do texto original. Carta de Pedro Poty, 31 de outubro de 1645. *In:* RIBEIRO, Darcy; MOREIRA NETO, Carlos de A. *Op. cit.*, p. 230.

Os apelos de parte a parte não surtiram efeito. Cada um se manteve do seu lado. Filipe Camarão morreu ao lado dos portugueses, depois da primeira batalha dos Guararapes, em 1648, e Pedro Poty foi preso pelos portugueses no ano seguinte, sendo levado para Olinda.

Antonio Paraupaba narrou o fato, afirmando que Poty, depois de "constantemente açoitado, foi atirado (...) por cadeias de ferro nos pés e mãos a uma enxovia [cela] escura, recebendo por alimento unicamente pão e água, e realizando ali mesmo, durante seis longos meses, as suas necessidades". Algumas vezes, era-lhe permitido sair para tomar sol, mas nesse momento "via-se cercado repentinamente de religiosos [frades], e de alguns dos seus parentes [Potiguara], para (...) continuamente o instigarem a abjurar a religião [da Igreja Reformada] que eles têm por hábito chamar de uma renegada heresia".[35]

Sob pretexto de transferi-lo para a Bahia, foi morto ao sair da prisão, confessando lealdade à religião reformada calvinista e aos Estados Gerais Holandeses. Assim, mais uma vez, os portugueses mostraram seus "suaves métodos" para manter as conquistas.

A volta do controle português do Nordeste não trouxe a prometida autonomia e liberdade para os indígenas, que continuaram lutando através de seus descendentes e inspirando os movimentos libertários da região até os dias atuais.

Fonte: MOREAU, Pierre. *História das últimas lutas no Brasil entre holandeses e portugueses* [1651]. Belo Horizonte: Itatiaia; São Paulo: Edusp, 1979. (Col. Reconquista do Brasil, v. 54); MELLO NETO, José Antônio Gonsalves. *Tempo dos flamengos*. Rio de Janeiro: José Olympio, 1947. (Col. Documentos Brasileiros, v. 54).

Rebelião Tupinikim no século XVIII

Avançando no tempo, estamos agora no chamado *ciclo do ouro*, que na realidade foi uma corrida do ouro para a região que passou a se chamar Minas Gerais. Na metade do século XVIII, a capitania do Espírito Santo sofreu o impacto dessa corrida, pois grande parte da população havia ido para as minas recém-descobertas em busca de riqueza fácil. Vitória, principal vila dessa capitania, na realidade era um vilarejo, com apenas 1.390 casas e uma população aproximada de 7 mil pessoas.

De fato, Vitória vivia em grande penúria. Segundo o historiador capixaba Mário Aristides Freire, em 1746, o ouvidor Mateus Nunes se queixava de que "aqui não há cadeia, nem casa da Câmara [de vereadores], por terem caído de todo, e não cuidarem os meus antecessores na sua reedificação em tempo mais suave; se bem que a falta de meios seria então a causa, pois a Câmara não tem rendimento algum".[36]

[35] *Ibid.*, p. 231.

[36] *Apud* FREIRE, Mário Aristides. *A capitania do Espírito Santo*, 1945. Vitória: Vid Capixaba, p. 108.

Convento e igreja dos jesuítas em Reritiba, atual Anchieta.
Foto de divulgação

Contrastando com a pobreza dos edifícios públicos, os jesuítas tinham boas residências, como demonstra o colégio dos padres, em Vitória, atualmente transformado em Palácio do Governo do Estado. O mesmo se pode dizer da bela igreja e residência da Missão dos Reis Magos, em Nova Almeida.

Os indígenas aldeados sempre foram fonte de renda, não apenas para manter os colégios dos jesuítas nas vilas, como para abastecer as famílias portuguesas. Tornaram-se igualmente os defensores da colônia portuguesa, como escrevia o padre Pero Rodrigues, provincial dos jesuítas do Brasil (1594-1603), no início do século XVII:

> Tem neles [nos indígenas cristãos] os portugueses, fieis e esforçados companheiros na guerra, cuja flecha muitas vezes experimentaram os estrangeiros, que cometeram [ousaram] de entrar com mão armada [em] algumas vilas deste Estado [do Brasil], e confessaram que mais temiam a flecha destes que o nosso arcabuz. (...) Servem mais [também] aos moradores em suas fazendas; e para isso se põem com eles por soldada [por salário], por certos meses, por seu estipêndio [contrato], conforme ao regimento de S.M. [Sua Majestade].[37]

Com o tempo, parte desses indígenas foi se irritando com tal fidelidade, que, na verdade, era uma implacável submissão. Foi o que se observou, num episódio ocorrido em meados do século XVIII, na missão de Reritiba, mesmo local onde o padre José de Anchieta passou o final de sua vida e onde morreu.

Segundo o padre Serafim Leite, no dia 29 de setembro de 1742, durante a procissão em honra de São Miguel, um Tupinikim teria sido repreendido por um estudante jesuíta por um procedimento indevido. Irritado com a reprimenda, o indígena reagiu, e o estudante, descontrolado, agrediu-o com um pau. Inconformado com esse ato, o nativo buscou apoio de outros indígenas para vingar-se de tal humilhação pública. Um tumulto formou-se, pois um grupo se dispôs a espancar o religioso. Chamado às pressas, o superior da missão foi à igreja e, com uma cruz, fez com que os rebelados dissessem de que lado ficariam. Duplo partido se formou e os conflitantes partiram para a luta corporal, que resultou em dois mortos.

Diante desse clima tenso e pela agitação dos descontentes, os padres tomaram um barco rumo à Vitória. Acolhidos no convento local, levaram queixa ao governador, que optou ficar do lado dos indígenas, nomeando novos oficiais para a aldeia.

Esse movimento de rebelião atingiu, também, outros aldeamentos missionários, como o dos Reis Magos e o de São Pedro, em Cabo Frio, próximo ao Rio de Janeiro. Quando a notícia chegou à Lisboa, o rei exigiu que se fizesse uma devassa e punisse os revoltosos, exi-

---

[37] RODRIGUES, Pe. Pero. *Vida do Padre José de Anchieta*, [c.1597]. São Paulo: Loyola, 1978, p. 127.

gindo o retorno dos padres para a missão. O grande medo das autoridades, como registrou o documento real, era "que voltem [esses Tupinikim] a ser gentio bárbaro como antes e surja uma guerra ainda mais arriscada do que foi a dos Palmares, em Pernambuco".[38]

Assim, o governador do Rio de Janeiro determinou imediata devassa e severa punição dos responsáveis, pois considerava essa rebelião muito grave pela dimensão que tomou. Não se pode esquecer que os padres estavam na missão há quase 150 anos e que os indígenas, como afirmava outro documento da época, sempre se haviam mostrado dóceis e "sempre viveram em temor e obediência". A documentação não aponta qual teria sido a punição, mas seguramente o grupo rebelde deve ter sido preso e submetido a severos castigos, como ocorria na época.

Esse fato teve outros desdobramentos. Segundo Freire, os indígenas descontentes abandonaram os citados aldeamentos, formando um novo núcleo em Orobó, que se manteve por vários anos de forma autônoma, sem a presença dos padres.[39]

O clima anticlerical perdurou por muito tempo. Anos mais tarde, quando o vigário geral do Rio de Janeiro esteve na capitania visitando os aldeamentos, esses indígenas recusaram-se a recebê-lo. Treze anos depois os jesuítas foram definitivamente expulsos do Brasil, o que representou uma nova fase na história indígena do Espírito Santo.

Fonte: ARQUIVO HISTÓRICO ULTRAMARINO. Espírito Santo. *In:* MOTT, Luiz, Um tupinambá feiticeiro. *In:* ALMEIDA, Luiz Sávio e outros (org.), *Resistência, Memória, Etnografia.* Maceió: Edufal, 2007, p. 213-228; FREIRE, Mário Aristides. *A capitania do Espírito Santo*, 1945. Vitória: Vida Capichaba.

A guerra santa de Oberá

Foi importante, também, a resistência do povo Guarani. Ela é pouco conhecida, pois esse passado está mais ligado à conquista do Paraguai, embora parte desses territórios hoje esteja incorporado ao Brasil.

Os Guarani dominaram, por vários séculos, a região do médio Paraguai e seus afluentes. Dividiam com outros povos um imenso território que englobava metade do atual Paraguai, o Sul da Bolívia, o Norte da Argentina, o Oeste dos Estados do Rio Grande do Sul, Santa Catarina e Paraná. Eram valentes guerreiros e seu nome pode ter vindo da palavra *guarini*, que significa guerra. A conquista de suas terras não foi pacífica. De 1537 – ano da chegada dos espanhóis – até 1615, houve mais de 25 rebeliões, sendo que algumas delas colocaram em risco a própria presença castelhana.

[38] Referência ao quilombo de Palmares, situado em Alagoas, que na época fazia parte da capitania de Pernambuco. *In:* Arquivo Ultramarino de Portugal, 26.06.1744, *apud* MOTT, Luiz. Um tupinambá feiticeiro... *In:* ALMEIDA e outros. *Resistência, Memória, Etnografia.* Maceió: EdUFAL, 2007, p. 228.

[39] FREIRE, Mário. *Op. cit.*, p. 109.

Esses levantes eram, geralmente, liderados por *karaí,* como eram chamados os pajés itinerantes. Correspondiam aos *karaíba* tupi, líderes religiosos e guerreiros, que pregavam a rebelião contra a escravização espanhola e contra o cristianismo, que os conduzia à perda das antigas tradições.

Entre os vários movimentos de resistência, destaca-se o ocorrido em 1579, liderado por Oberá, famoso *karaí* que atuou na região de Guarambaré, ao Norte de Assunção, capital da província do Paraguai. Ia de aldeia em aldeia incentivando os indígenas a fazer dança e cantos sagrados para receber a força de Deus e o poder para enfrentar os inimigos. Pela influência do cristianismo, dizia-se nascido de uma virgem e que, no seu nascimento, havia surgido um cometa, que com sua luz o protegera e que, no momento oportuno, iria destruir os espanhóis com seu fogo. Não sem razão, seu nome significava *Resplendor.* Na pregação, era auxiliado por seu filho Guyraró, que se apresentava como *pontífice,* numa referência à tradição católica, e por quatro mestiços, um deles filho de um português. Durante suas exortações, exigia que os Guarani catequizados fossem "desbatizados", que recusassem usar os nomes cristãos, retomando os antigos nomes, e que voltassem às aldeias de origem para fugir da escravidão espanhola.[40]

A reação contra esse líder veio de imediato por parte do governador Juan de Garay, que foi ao encontro dos revoltosos em Guarambaré. Os Guarani eram liderados espiritualmente por Oberá e comandados militarmente pelo cacique Tapuí-Guassu.

Imaginando que Oberá tivesse poderes divinos, Tapuí-Guassu mandou dois de seus guerreiros enfrentar o exército espanhol, nus e sem armas. Evidentemente foram massacrados. Isto desmoralizou o poder do *karaí,* levando o cacique a se render e a firmar um tratado de paz com os castelhanos.

A resistência guarani continuou, deslocando-se para a região do Guairá, no Oeste do atual Paraná, para onde Oberá foi com seu grupo. Com um vigoroso discurso, conseguiu reunir cerca de 3 mil guerreiros, que se agruparam numa grande aldeia, protegida por forte paliçada. Lá, aguardariam a ofensiva espanhola.

Confronto entre Guarani e espanhóis do Paraguai. Gravura do livro de Ulrich Schmidel, 1599.

As armas de fogo dos europeus foram mais destruidoras que os tradicionais arco e flecha. Cercados, não resistiram por muito tempo, quando houve uma fuga com centenas de mortos, incluindo Oberá.

Algumas lideranças tentaram retomar a luta. Uma delas, que havia se escondido

[40] LOZANO, Pedro. *Historia de la conquista del Paraguay,* v. III, p. 212, *apud* MELIÀ, Bartomeu. *El Guarani conquistado y reduzido.* Asunción: Biblioteca Paraguaia de Antropologia, 1993, v. 5, p. 36-37.

no oco de uma árvore, ao identificar o capitão espanhol, acertou-o com uma flechada, derrubando-o. Acreditando que estivesse morto, saiu do esconderijo para comemorar a vitória, quando foi atingido mortalmente por um tiro do arcabuz do mesmo capitão. O governador havia apenas caído com o impacto da flechada, mas continuava vivo.

A ofensiva espanhola foi mais dura, matando dezenas de indígenas. Os sobreviventes foram levados como escravos para Assunção. De Oberá nunca mais se teve notícia, mas entrou para a história guarani como um dos maiores líderes da resistência no século XVI.

Fonte: MELIÀ, Bartomeu. *El Guarani conquistado y reduzido.* Asunción: Biblioteca Paraguaia de Antropologia, 1993, v. 5, p. 33-37.

A rebelião dos Guarani do Tape

A presença dos jesuítas no Paraguai foi marcante, fundando muitas missões que receberam o nome de *reduções*. Surgiram de forma mais sistemática a partir de 1610, não só com o objetivo de catequese cristã, como também para fazer frente à ação escravista dos espanhóis.

A atuação desses missionários dividiu as comunidades: parte aceitou a religião dos "novos *karaí*", e parte se manteve fiel às antigas crenças. Foi o que ocorreu com os indígenas da região do Tape, que viviam no Noroeste do atual Rio Grande do Sul.

A tentativa de aldeamento cristão começou em 1628, quando foi fundada a Missão de São Nicolau de Piratini, que fracassou, sobretudo, por falta de recursos materiais e alimentos. Mais tarde, outras duas missões foram implantadas: Nossa Senhora da Assunção, em Ijuí, e Todos os Santos, em Caaró. Ao contrário do que se imaginava, a resistência dos Guarani foi muito grande.

Duas lideranças levantaram-se, mostrando o perigo da presença dos padres: Potyrava e Nheençu. Este último era um *karaí* que habitava a região de Ijuí, e mostrava-se muito tradicional. Sentia-se responsável pela manutenção das crenças e da cultura de seu povo.

Incomodado com o batismo realizado pelos missionários – ritual estranho e perigoso, pois vários indígenas morriam após o batismo –, Nheençu liderou um movimento de resistência religiosa. Procurava "desbatizar" os recém-convertidos ao cristianismo, como registrou um historiador jesuíta:

> Para que vissem a maneira como se apagaria o batismo, chamou umas crianças batizadas, e com uma água que tirava de seu corpo, dizendo que era seu suor ou um líquido que seu organismo vertia, lavou-lhes a cabeça, o peito e as costas e riscou a língua delas, dizendo que era assim que se apagava o batismo.[41]

[41] BLANCO, José Maria. Historia documentada de los mártires del Caaró e Yjuhí, 1929, p. 525, *apud* MELIÀ, Bartomeu. Julgamento e crítica indígena sobre a missão. *In:* ACHA DUARTE, Angel e outros. *Padre Roque Gonzalez, atualidade de um evangelizador.* São Paulo: Loyola, 1978, p. 116.

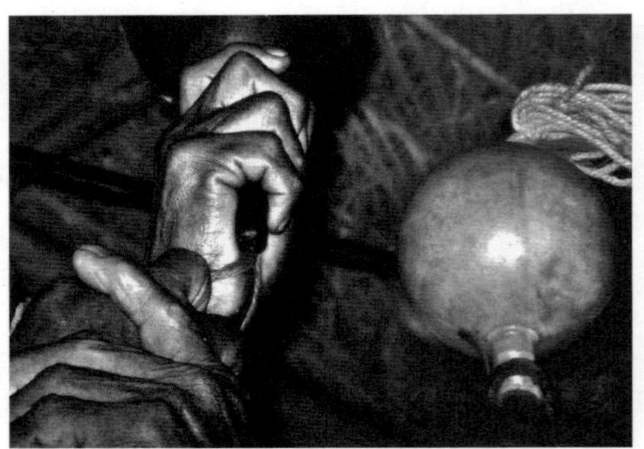

A resistência indígena contra os missionários foi liderada pelos pajés. Maracá ritual em cerimônia dos Guarani Kaiowá. Foto de Egon Heck, acervo do Cimi, 2007.

E, em tom ameaçador, pregava com palavras enérgicas:

> Era Deus, os protegeria [os que o seguissem] e poria trevas muito escuras aos que quisessem defender os padres, e lhes enviaria onças que os comeriam. E se eles não fizessem o que lhes mandava, faria com que as onças os comessem, e enviaria um dilúvio de águas que os afogaria e criaria montanhas sobre suas aldeias [encobrindo-as], e subiria ao céu e poria a terra de cabeça para baixo.[42]

Seguramente, esse discurso deve ter abalado a comunidade, muito atenta e submissa à voz dos pajés.

Surge, então, outra liderança importante, Potyrava. Vivia próximo a Caaró e devia ter tido contato com os missionários, pois sua fala demonstrava conhecimento de práticas cristãs. Desafiava o cacique local, mostrando-lhe o perigo de seguir pessoas "recém-chegadas" e que, enganando a comunidade, poderiam destruir o futuro daquele povo:

> Por que vamos aceitar que nosso exemplo [de aceitação] leve nossos parentes e, o que é pior, os nossos filhos a este dissimulado cativeiro que são as reduções? Será que faltam exemplos no Paraguai daqueles que são espanhóis, dos estragos que têm feito entre nós, engordando-se à nossa custa? (...) Você [cacique] não sente o ultraje de nossa religião, e que estes homens, com uma lei estrangeira e horrível, proíbam o que recebemos de nossos antepassados? E que nos obriguem a abandonar nossos oráculos divinos, em troca dos vazios ritos cristãos e com a adoração de um pedaço de pau substituem as nossas divindades?[43]

Frente à aparente indecisão daquele líder, exigia uma postura mais radical do cacique: "Se não acabar pela morte com estes ousados tiranos, criará, com sua própria tolerância, prisões de ferro".

O desfecho foi a morte do padre Roque Gonzalez e de mais dois jesuítas que estavam com ele, ocorridas em 15 de novembro de 1628.

Anos mais tarde, os Guarani do Tape se reconciliaram com os missionários, ajudando-os a fundar, na região, sete missões, que ficaram conhecidas como *Sete Povos da Banda Oriental* ou simplesmente *Sete Povos das Missões*. Serão elas que desencadearão, no século seguinte, a guerra guaranítica contra os exércitos português e espanhol.

Fonte: MELIÀ, Bartomeu. Julgamento e crítica indígena sobre a missão. *In:* ACHA DUARTE e OUTROS. *Padre Roque Gonzalez, atualidade de um evangelizador.* São Paulo: Loyola, 1978, p. 112-118.

[42] *Ibid.*

[43] *Ibid.*, p. 114.

A conquista do sertão nordestino

A conquista do sertão nordestino tornou-se mais efetiva no começo do século XVII, quando os portugueses tentaram criar um caminho terrestre para o Maranhão, área bastante fértil e de futuro promissor. A presença dos franceses, que começava a ser detectada na região, estimulava a ocupação da área. Essa conquista foi feita através da implantação de fazendas de gado que, com o passar do tempo, se mostraram importantes pontos de apoio nas longas viagens pelo semiárido e despovoado sertão. Assim, dezenas de povos indígenas que ali viviam foram atingidos e muitos deles, exterminados. A ocupação do litoral nordestino pelos holandeses, em 1630, estimulou ainda mais essa invasão, que teve momentos de muita violência, como se verá nas páginas seguintes.

A resistência dos Tobajara da serra de Ibiapaba

Depois da conquista da Paraíba, que culminou, em 1599, com um "tratado de paz", os portugueses decidiram ocupar a região Norte, iniciando pelo Ceará e Maranhão, que começavam a ser controlados pelos franceses. Em maio de 1603, Pero Coelho de Sousa partiu da vila de Olinda com um grupo de 80 homens com a missão de criar um posto avançado no sertão do Ceará e descobrir um caminho terrestre para o Maranhão. Não se pode esquecer que a comunicação por mar, entre Salvador e Maranhão, era muito difícil devido às correntes marítimas. Era mais fácil ir de Salvador a Lisboa e de lá ao Maranhão do que tentar uma viagem direta.

Essa expedição, ao chegar à foz do rio Jaguaribe, no Ceará, recebeu o apoio de 800 guerreiros Potiguara, aliados dos portugueses. Convém lembrar que havia tanto povos aliados, como povos indígenas que resistiam aos portugueses, como foi o caso dos Tobajara do Ceará. Com esse reforço, Pero Coelho planejou alcançar outro objetivo: a submissão dos Tobajara da serra de Ibiapaba, liderados pelo cacique Irapuá.

Os Potiguara sempre foram inimigos desse povo, sendo, por isso, requisitados nos embates guerreiros. Assim o projeto inicial da abertura do caminho terrestre para o Maranhão não se concretizou, e o capitão retornou ao litoral com muitos escravos Tobajara, consolidando a ocupação da *Nova Lusitânia,* antigo nome da capitania de Pernambuco.

Animado pela fertilidade da serra e pelo bom clima, que lembrava os ares europeus, Pero Coelho decidiu retornar para lá com sua família e alguns outros portugueses, visando se instalar na região. Essa nova tentativa resultou num grande fracasso. Melhor equipado com armas francesas, o cacique Irapuá pôde enfrentar esses invasores e vingar a morte e a prisão de seus parentes, impedindo dessa forma a criação do núcleo português.

Sem apoio do governador, que se recusou a socorrê-lo, alegando não ter recursos, o capitão foi obrigado a retornar ao litoral. Nessa jornada de volta, muitos morreram de sede e de fome, inclusive vários de seus filhos pequenos. A sede e fome foram outros adversários desses invasores. Anos mais tarde, em 1607, os jesuítas retomaram a ideia da ligação terrestre para o Maranhão, sonhando fundar uma missão na serra da Ibiapaba. Foram enviados os padres Francisco Pinto e Luís Figueira, esperando de lá irradiar a fé católica e ser importante ponto de apoio nas viagens pelo sertão.

Terra Firme do Peru, do Brasil e do País das Amazonas.
Detalhe do Mapa de Guillaume Del'Isle, Paris, 1703.

Querendo mostrar que tinham apenas uma missão religiosa, os missionários partiram acompanhados somente de um grupo de 60 indígenas, sem nenhum português. No caminho, depararam-se com vários povos, como os Jaguariguara, de língua tupi, que os acolheram como se fossem grandes *karaíba.* Após uma longa viagem, chegaram finalmente à serra de Ibiapaba, onde foram igualmente bem acolhidos pelos Tobajara.

Como o objetivo era alcançar a capitania do Maranhão, ficaram ali pouco mais de um mês, seguindo viagem. Com alguns dias de marcha, alcançaram o território dos Karariju, povo tupi, aliado dos franceses e radicalmente contra a presença portuguesa. Chegando à aldeia principal, foram mal recebidos, sendo impedidos de ali ficar e foram obrigados a construir nas imediações dois ranchos, um para os padres e outro para os acompanhantes indígenas.

O ódio pelos portugueses persistiu e um plano para eliminá-los foi traçado pelas lideranças. Certa manhã, um grupo indígena apareceu repentinamente na cabana dos religiosos, encontrando apenas padre Francisco, pois o padre Luís estava no rancho de Antônio Karaipuku, líder Potiguara que os acompanhava. Sem mostrar resistência, o religioso foi puxado para fora da cabana. Enquanto Karaipuku tentava dissuadir os indígenas do emprego de violência, padre Luís conseguiu esconder-se no mato. Em vão foram suas palavras, sendo Karaipuku morto, juntamente com o padre Francisco. Embora o outro sacerdote tenha sobrevivido e retornado a Pernambuco, essas mortes levaram à interrupção desse projeto missionário. Somente 40 anos depois a missão foi retomada.

Com a ocupação holandesa, os Tabajara da serra, liderados pelo cacique Amyniju, voltaram a dominar a região, fazendo uma importante aliança com esses europeus. Após a expulsão dos holandeses, em 1654, a serra do Ibiapaba, ainda sobre domínio Tobajara, tornou-se um abrigo para muitos estrangeiros que preferiram ficar no Brasil, como os holandeses reformados, franceses calvinistas e judeus. Por essa tal diversidade de crenças, consideradas na época como heréticas – "judeus de Amsterdam, protestantes da Inglaterra, calvinistas de França, Luteranos de Alemanha e Suécia, todas as outras seitas do Norte", como escreveu o padre Antônio Vieira –, a serra de Ibiapaba foi chamada de "Genebra de todos os sertões do Brasil".[1] Era uma referência à cidade que acolheu Calvino, um dos grandes reformadores do século XVII, tornando-se símbolo da heresia.

E, assim, Ibiapaba, por muito tempo, ficou como símbolo da resistência indígena, tendo sido chamada de *Troia Vermelha.*

Fonte: LEITE, padre Serafim. *História da Companhia de Jesus no Brasil.* 2ª ed. São Paulo: Loyola, 2001, vol. III, cap. 2 e 3, p. 447-461.

Nova rebelião Tobajara

A serra do Ibiapaba mostrava-se, de fato, um local estratégico no caminho terrestre entre o sertão nordestino e o Maranhão. Com o clima fresco, era uma espécie de oásis no meio daquela dura caatinga, tornando-se parada obrigatória para os viajantes.

[1] VIEIRA, A. *Obras Várias,* v. 2, p. 61-62, *apud* LEITE, Serafim. *Op. cit.* p. 448.

Indígena do nordeste numa ilustração de Ivan Washt Rodrigues.

Revoltados contra a prática escravista portuguesa, os indígenas da Ibiapaba passaram a atacá-los, tornando-se a serra um baluarte de resistência Tobajara. Se no século anterior os Tobajara haviam se aliado aos lusitanos, com a invasão holandesa fizeram aliança com os novos conquistadores. Possibilitaram dessa forma a construção do Forte Schoonemborch que, por muito tempo, impediu o trânsito de portugueses para o Maranhão.

Mais uma vez os jesuítas foram chamados para, através da catequese, recuperar o território perdido. A finalidade do governador era a reconquista militar, mas os missionários viam, nesse pedido, a retomada da missão e encaravam sua presença como uma nova chance para a conversão e submissão daquele povo.

Em abril de 1662, no início da quaresma, o padre Pedro Pedroso foi enviado para lá devido à sua experiência junto aos indígenas da Bahia. Foi bem recebido pelos líderes Tobajara, como Capiranha e Francisco Xubeba, além de dom Simão Tagaibuna, antigo aliado dos portugueses, como mostra o título de nobreza português que agregara a seu nome. Embora batizados, muitas práticas ancestrais ainda persistiam, como a poligamia e as festas com cauim. Isso desagradou ao missionário que, como penitência quaresmal, exigiu o afastamento imediato das concubinas. O que para os padres parecia uma exigência fundamental da doutrina católica, para os indígenas era uma afronta à tradição e, assim se recusavam a cumprir tal ordem.

Diante dessa postura de insubmissão, o padre ficou indignado e comunicou o fato ao governador da Bahia. A resposta foi igualmente autoritária: prisão aos que desobedecessem e, caso rescindissem, a forca. Por isso, esses três líderes foram levados à prisão da Fortaleza de Nossa Senhora d'Assunção, núcleo primitivo que originou mais tarde a vila de Fortaleza.

Algum tempo depois Tagaibuna foi solto, voltando para a missão da serra de Ibiapaba. Ao chegar, apresentou-se ao padre, dizendo-se arrependido e prometendo seguir as normas cristãs. Era, seguramente, uma estratégia de sobrevivência...

Na semana seguinte, a tranquilidade da missão foi quebrada com a chegada de um comando militar, enviado pelo governador do Maranhão. Tinha como objetivo negociar âmbar com os indígenas, produto muito apreciado na Europa. Junto com o âmbar, outras "negociações" ocorreram, sobretudo com as mulheres, sendo muitas delas violentadas.

Achando que seria o momento para se vingar do que sofrera na prisão, Simão Tagaibuna articulou um ataque juntamente com um grupo Kariri que por ali passava. Na madrugada do dia de Páscoa a missão foi tomada de assalto, sendo presos os missionários e a tropa militar. Entretanto, eles teriam a vida poupada, desde que abandonassem a serra.

A rebelião se alastrou por outras regiões, chegando até a costa cearense, onde recebeu o apoio dos Potiguara de Camucim e de outras comunidades próximas à vila de Fortaleza. Até o Capitão de Índios, Francisco Cariúba, indígena Potiguara, aderiu ao levante, o que lhe valeu a exoneração do cargo. O motim durou até 1664, quando ocorreu uma negociação de paz, que incluía a anistia aos rebelados e a libertação dos dois líderes Tobajara presos.

A "Troia Vermelha" resistiu ainda por mais nove anos. Somente em 1673 a missão foi retomada pelo frei Francisco de Sá, da ordem franciscana, sendo finalmente aberto o caminho para o Maranhão.

Fonte: STUDART FILHO, Carlos. A missão jesuítica da Ibiapaba, *Revista do Instituto do Ceará*, v. 59, 1945, p. 5-68.

Os Janduí e a guerra do Açu

Durante a ocupação holandesa, quando parte dos Potiguara aliou-se aos portugueses, os Janduí optaram ficar do outro lado. A expulsão dos holandeses, ocorrida em 1654, representou-lhes um duro golpe. Esses europeus se mostravam mais tolerantes e ofereciam mais liberdade de ação.

Desamparados e sem as armas de fogo, os Janduí, aos poucos, se rearticularam com outros povos, como os Payaku e Icó. Em 1686, desencadearam uma grande ofensiva contra os portugueses do Rio Grande do Norte, chegando esse levante até o Ceará. Como dizia uma crônica da época, eles iam "nus e descalços e ligeiros como o vento, só com arco e flecha, entre matos e arvoredos fechados", atacando "de noite, por assaltos, povoações, casas, igrejas, lançando fogo, (...) conduzindo gados e criações".[2] Evidentemente, era esse o olhar português, que via os indígenas como bárbaros.

Para enfrentar tais ataques, o governador chamou sertanistas de São Paulo, especializados nas táticas de guerra indígena. Antes de destruir o quilombo de Palmares, em Alagoas, o famoso paulista Domingos Jorge Velho foi até a região conflagrada para combatê-los. Teve sucesso no início, graças ao apoio dado pelos Potiguara das missões. Os métodos eram violentos e elogiados pelas autoridades da época, como se lê na carta que o arcebispo-governador do Brasil, frei Manuel Coutinho escrevera ao capitão paulista. Entre outras coisas, felicitava por "haver degolado 260 Tapuias"![3] Desentendendo-se com

---

[2] Texto anônimo, 1691, Arq. Ajuda, *apud* PUNTONI, Pedro. *A guerra dos Bárbaros.* São Paulo: Edusp/Hucitec, 2002, p. 198-199.

[3] Carta do arcebispo-governador a Domingos Jorge Velho, 27/08/1689, DH, v. 10, p. 373, *apud* HEMMING, John. *Ouro Vermelho.* São Paulo: Edusp, 2007, p. 520.

os moradores de Natal e com as autoridades sobre o pagamento que lhe seria feito em número de escravos, desistiu da empreitada, partindo para Palmares, em Alagoas, onde destruiu o famoso quilombo.

Em 1690, foi contratado outro paulista, Matias Cardoso, que, com mais homens e munições, desencadeou nova ofensiva. Surpreendido em várias emboscadas, Cardoso teve de pedir ajuda em Natal. A falta de armas de fogo fez esses guerreiros perderem terreno, sendo obrigados a recuar até o Ceará. Novos reforços vindos de Pernambuco, enviados pelo governador, fizeram a guerra pender para o lado português.

Desgastados com tal conflito que já durava cinco anos, os indígenas começaram a fraquejar. No final de 1691, numa única batalha, morreram aproximadamente 230 guerreiros, caindo preso também o cacique Canindé.

Sem essa forte liderança, os Janduí sentiram-se sem rumo. No começo do ano seguinte, propuseram um acordo de paz. O governador mostrou-se desconfiado, conforme escreveu à Câmara de Olinda: não "queria acreditar nessa tal amizade", pois "embora tenham um rei, não estão acostumados a manter a palavra".[4] Essa não era a percepção dos holandeses, que sempre reconheceram a fidelidade desses indígenas.

Em 5 de abril de 1692, chegava a Salvador uma embaixada com três chefes indígenas – José de Abreu Vidal, Miguel Pereira e Nhonguge – representando 22 aldeias e cerca de 14 mil pessoas, para negociar um tratado de paz. Na presença do governador Bernardo Vieira Ravasco, irmão do padre Antônio Vieira, foi assinado, no dia 10 de abril, um acordo de paz "entre o muy poderoso El-Rei Nosso Senhor dom Pedro I e Canindé, rei dos Janduí". Embora avançado para a época – pela primeira vez na história do Brasil um cacique foi chamado rei –, esse acordo não deixou de ser uma capitulação frente ao poderio português, como se pode ver nos tópicos desse tratado:

> 1. Reconhecem a dom Pedro por seu rei natural e senhor de todo o Brasil e das terras que as 22 aldeias ocupavam; 2. que o dito rei e que os governadores sejam obrigados a guardar-lhes a liberdade natural em que nasceram; 3. que ele, o rei Canindé, e todos os principais de sua nação e gente de todas as aldeias que dispõem desejam ser batizados e seguir a lei cristã; 4. que sejam obrigados a fazer guerra a todo o gentio [indígena] de qualquer nação a quem os portugueses fizerem guerra e a se tornar amigos das nações a que os portugueses o forem; 5. que sempre fiquem reservadas dez léguas de terra em quadra, ainda que nelas entrem sesmarias que haviam sido dadas antes; 6. que nenhum governador ou capitão-mor não lhes façam violência; 7. que se obriguem à reedificação da fortaleza do Rio Grande enviando alguns índios para esse serviço; 8. que nenhum cabo dos paulistas [bandeirantes] os possa perturbar, inquietar nem fazer guerra; 9. que [as comunidades] disponibilizem cinco mil arcos [guerreiros] a favor [do rei] contra qualquer nação ultramarina ou brasílica [indígena] que invadirem por mar as capitanias do Norte ou pelo sertão.[5]

---

4 Carta do governador Câmara Coutinho, 17/04/1692, *apud* HEMMING, *Id.*, p. 523.

5 *Tratado de paz.* Arquivo Histórico Ultramarino, Pernambuco, cx. 10, *apud* ALVES FILHO, Ivan. *Brasil 500 em documentos.* Rio de Janeiro: Mauad, 1999, p. 83-84.

A partir desse acordo, as terras indígenas começaram a ser demarcadas na colônia, procedimento que ocorre ainda hoje e praticado com muita parcimônia.

A realeza do "rei" Canindé durou pouco, já que, dois anos depois, esse frágil acordo foi rompido e a guerra retomada.

Dança guerreira dos Janduí. Gravura de Albert Eckout, 1640.

Em 1720, o padre Antônio de Souza Leal, do clero diocesano, escrevia ao Conselho Ultramarino, estância máxima para assuntos da Colônia, com fortes queixas:

> Muitos casos de guerras não só injustas, mas aleivosas [enganosas] e muitas mortes e cativeiros feitos debaixo [sob pretexto] de paz e amizade, sendo chamados os índios de propósito e convidados com enganos para esta traição e mortos a sangue frio aqueles que são capazes de tomar as armas para sua defesa, e lhe cativarem as mulheres e filhos.[6]

Assim eram colocados em prática os acordos de paz e, de forma enganosa, continuavam sendo tratados os "fieis servidores de Sua Majestade"...

Fonte: HEMMING, John. *Ouro Vermelho.* São Paulo: Edusp, 2007, p. 507-527; PUNTONI, Pedro. *A guerra dos Bárbaros*, São Paulo: Edusp/Hucitec, 2002.

Mandu Ladino e a resistência indígena no Piauí

Por muito tempo, acreditou-se que, no Piauí, não houvesse comunidades indígenas. Elas existiram e sua história de resistência é antiga e cheia de episódios sangrentos, que vão explicar esse quase vazio populacional nativo.

A implantação de fazendas, nesse processo de ocupação do sertão, foi feita pelo português Domingos Afonso Sertão, que espalhou o gado pelos campos e caatingas piauienses, vindo daí seu apelido. Quando morreu, em 1711, deixou 30 fazendas, com mais de 30 mil cabeças de gado espalhadas ao longo dos rios Gurgueia, Piauí, Canindé e Itaim Açu. A entrada do gado, através dos currais, como eram chamadas as fazendas de criação, significou a expulsão dos povos indígenas de suas terras, transformando muitos desses nativos em vaqueiros e peões, vivendo geralmente em regime de semiescravidão.

Encravado entre as capitanias do Maranhão, Ceará e Bahia, a região do Piauí era uma espécie de "terra de ninguém", onde imperavam a intolerância e a violência.

[6] *Consulta ao Conselho Ultramarino*, 29/10/1720, Arquivo Histórico Ultramarino, Lisboa, Ceará, cx. 1, 93, *apud* PUNTONI, Pedro. *Op. cit.*, p. 283-284.

Guerreiro Tapuia, em gravura de Albert Ekhout, 1640.

Destacava-se na região, por seu terrível gênio, o capitão-mor Antônio da Cunha de Souto Maior. Segundo relatos da época, ele, seu irmão Pedro de Souto Maior e o juiz de direito Luís Pinheiro tinham especial prazer em maltratar os escravos indígenas da nação Anaperu. Entre as diversões que praticava, destacavam-se: obrigava-os a correr a pé, e do seu cavalo espancava-os com chicote; em seguida, após serem degolados, "os abatiam a golpes de foice, como se fossem touros", como registrou um documento da época.[7]

A reação indígena não se fez tardar. Em 1712, estourou uma rebelião liderada por Manoel Ladino, mais conhecido como Mandu Ladino, nome recebido pelo fato de dominar a escrita, pois havia sido educado pelos jesuítas, numa missão de Pernambuco. Sua etnia é controversa, sendo talvez de um povo de língua jê. Por ter se envolvido num levante contra portugueses, precisou fugir de Pernambuco. No caminho, uniu-se a um grupo Kariri que se dirigia para o vale do Longá, no Piauí. Nesse trajeto, foi preso e vendido como escravo para um criador de gado. Por sua habilidade em cuidar do gado e pela sua inteligência, conquistou a confiança do senhor, passando a trabalhar como vaqueiro, o que lhe dava certa liberdade.

Conduzindo boiadas, conheceu a situação de violência a que eram submetidos os indígenas que trabalhavam nos currais. Ao presenciar a cena em que uma indígena foi brutalmente morta por soldados portugueses, resolveu atacar a guarnição militar composta por 20 soldados. O sucesso desse confronto, por ele liderado, fez com que despontasse como nova liderança, conquistando a confiança de outros guerreiros que logo o acompanharam.

Com as 300 armas confiscadas nesse destacamento, passou a atacar e a incendiar sítios e fazendas, junto com outros indígenas, a maioria povos de língua jê. Souto Maior, principal alvo de sua ira, foi assassinado, assim como vários oficiais da região, o que provocou grande medo e insegurança entre os moradores da parte central e Sul do Piauí. Até os Guaianá do Ceará participaram desse levante, que foi duramente reprimido pelos portugueses. Apesar da violência das ações, que se prolongaram por sete anos, os indígenas nunca destruíram igreja ou oratório de fazendas, seguindo as ordens de Mandu, que seguramente lembrava de sua formação cristã.

[7] Relatório de Antônio de Souza Leal, MACC, 2, p. 286, *apud* HEMMING, John. *Op. cit.*, p. 537.

Visando conter a rebelião indígena que se espalhava pelo interior do Maranhão e Ceará, em 1716 partiu da capital do Maranhão uma expedição chefiada por Francisco Cavalcante de Albuquerque. Ao grupo uniu-se Manoel Peres, mestre-de-campo da capitania do Piauí, além de um batalhão Tobajara, da missão da serra de Ibiapaba, tradicionais inimigos dos Tapuia, como eram chamados os povos de língua jê.

Com muita astúcia Mandu Ladino conseguiu escapar desse cerco, embora muitos nativos tenham sido mortos. Essa revolta só foi contida com a morte desse grande líder, que ocorreu quando tentava atravessar a nado o rio Poti, juntamente com mais quatro guerreiros.

Em 1720 a região foi considerada pacificada, embora Portugal tenha gasto mais de 500 mil cruzados, altíssimo valor para a época. Essa pacificação, na realidade, representou quase um extermínio de muitos povos indígenas dessa capitania.

Fonte: PEREIRA DA COSTA, Francisco Augusto. *Cronologia histórica do Estado do Piauí*. Rio de Janeiro: Artenova, 1974, p. 76-87; HEMMING, John. *Ouro vermelho*. São Paulo: Edusp, 2007, p. 537-539.

Pimenteira, os guerreiros do Piauí

Muitos povos foram duramente reprimidos e até exterminados na guerra liderada por Mandu Ladino, mas um deles sobreviveu, mostrando-se altivo e guerreiro: os Pimenteira. Pouco se conhece desse povo, por ter desaparecido ainda no início do século XIX, por ocasião da conquista do alto Piauí. Essa área, de difícil acesso pela aridez da caatinga, tornou-se o refúgio de sobreviventes indígenas, pressionados pelas fazendas de gado, que se instalavam nesse sertão.

No final do século XVIII a capitania do Piauí foi dirigida por um triunvirato, composto pelo ouvidor da comarca de Oeiras, Antônio de Morais Durão; pelo tenente-coronel João do Rego Castelo Branco; e pelo vereador Domingos Bezerra de Macedo. Com intrigas internas, esta junta durou pouco, ficando o governo nas mãos do coronel João do Rego Castelo Branco.

Apesar da idade, João do Rego, juntamente com seus filhos, Félix e Antônio, organizaram uma expedição punitiva contra os Pimenteira, em abril de 1779, acusados de constantes ataques contra os currais. Foi formado um pequeno exército, composto por 40 praças de cavalaria e vários indígenas aliados, das etnias Akroá, Timbira e Gueguê, num total de 134 homens.

A campanha, que parecia promissora, foi um fracasso, pois o grupo não localizou os indígenas procurados, que se adentraram pela caatinga. E muito menos encontraram as minas de ouro, talvez o maior objetivo dessa operação.

Irritados com a presença portuguesa nessa ação de guerra, os Pimenteira passaram a atacar a região do alto Piauí, incendiando fazendas e matando pessoas e gado.

Ação repressiva contra indígenas.
Gravura de Rugendas, 1827.

Reconhecendo o fracasso do conflito direto, quatro anos mais tarde, o governador mudou de estratégia, criando escoltas volantes, apoiadas tática e financeiramente pelos fazendeiros. O resultado não foi alentador. Sete anos de operação militar resultaram na prisão de apenas uma dezena de indígenas que, levados para Oeiras, sede da capitania, não revelaram nada devido à dificuldade de comunicação. Seu idioma era incompreensível aos indígenas aliados dos portugueses.

A resposta guerreira desse povo prosseguia e os currais de gado continuavam sendo atacados.

No final do século XVIII, o governo local pediu à coroa portuguesa autorização e apoio para uma campanha mais agressiva. Mas o governo de dona Maria I, que sucedeu a dom José I, propunha uma política de aproximação com os indígenas através de meios pacíficos e a implantação de aldeamentos missionários, como ocorrera anteriormente. Essa proposta não se concretizou, pois os jesuítas haviam sido expulsos, em 1759, pelo marquês de Pombal, primeiro ministro de dom José I, e quase nenhum sacerdote se dispunha a realizar o trabalho missionário, sobretudo com povos do sertão.

A chegada da família real ao Brasil, em 1808, fez mudar a política "civilizatória" para com os nativos, tornando-a mais agressiva e militarizada. Já em 1807, o governador do Piauí, por sua conta, empreendia novos ataques à região, sob o comando de José Dias Soares, que resultou na prisão de 30 indígenas, incluindo mulheres e crianças.

Depois de um recuo estratégico, quando decidiram se retirar para Pernambuco, os Pimenteira voltaram a atacar a região de Paranaguá, no Sul do Piauí.

Em 1808, uma nova expedição punitiva deslocou-se para lá. Os indígenas foram surpreendidos por várias frentes militares, sofrendo grande repressão. Dos sobreviventes, setenta foram vendidos em Oeiras e nas fazendas da região, terminando, assim, a trajetória guerreira de mais um povo que morreu lutando.

Fonte: CASTRO DIAS, Cid de. *Piauhy, das origens à nova capital.* Teresina: Senac/Fundação Quixote/Hospital de Olhos Francisco Vilar, 2009, p. 153-156.

A conquista da Amazônia

A conquista da Amazônia pelos portugueses iniciou-se com a expulsão dos franceses do Maranhão, em 1615. Com o fracasso da ocupação das Índias, muitos portugueses passaram a disputar com os espanhóis a conquista dessa região. Essa política tomou corpo com a expedição de Pedro Teixeira, em 1637, que subiu o rio Amazonas, chegando a Quito, sede do Vice-Reinado do Peru. Na viagem de volta, foi colocando marcos de pedra, com o brasão do rei português, que preparava o movimento de restauração e separação do reino de Castela. Com essa viagem, a presença portuguesa começou a se consolidar, graças às alianças com alguns povos indígenas do litoral, que os auxiliavam no combate contra outras etnias mais guerreiras. A ação dos missionários foi fundamental na consolidação do domínio português, pois esse reino não tinha homens suficientes para expandir os limites do Tratado de Tordesilhas.

Maurício Hiriarte, que percorreu o rio Solimões na expedição de Pedro Teixeira, escreveu que "se esse rio fosse tomado pelos portugueses poderíamos criar um império e assim dominar todo o Amazonas e outros rios". Portugal voltou a ser um reino independente da Espanha, em 1640, e a conquista da região, iniciada em meados do século XVII, estendeu-se ao longo dos séculos seguintes, levando à escravização e à morte centenas de povos indígenas.

Os Tupinambá do Norte entre dois fogos

Casal Tupinambá. Gravura da obra de Jean de Léry, 1578.

A ocupação portuguesa, no século XVI, representou a destruição de centenas de povos indígenas, especialmente os da grande família tupi-guarani que ocupavam o litoral, vítimas das guerras e, sobretudo, de doenças, que se alastravam em terríveis epidemias.

Entre essas vítimas, aparecem os Tupinambá de Alagoas, chamados também de Caeté. Acusados de terem morto o bispo dom Pero Fernandes Sardinha e as demais pessoas que com ele iam a Portugal, após um naufrágio nas costas alagoanas, em 1556, tornaram-se alvo de grande perseguição do governo da Bahia.

Para escapar dessa pressão, esse povo deixou o litoral e partiu para a região Norte, enfrentando a penosa travessia pelos sertões de Pernambuco, Ceará e Piauí. Após longos meses de sofrimento, o que levou à morte muitos indígenas, finalmente um grupo conseguiu chegar, no final do século XVI, ao litoral maranhense.

Com o tempo, foram se recuperando. No início do século XVII, já havia nessa região 27 aldeias com mais de 12 mil habitantes, sem contar outras comunidades espalhadas pelo interior.

A dependência do ferro e de outros produtos europeus que já conheciam, levou-os a fazer aliança com os franceses, os *maíra*, que naquele final de século frequentavam a costa Norte em busca do pau-brasil, de âmbar e de animais exóticos. Esse comércio facilitou o estabelecimento dos franceses, que visavam criar uma nova colônia. Por sua parte, os indígenas viam nessa aliança, que lhes forneceria as armas de fogo, uma ocasião para se tornar um grupo poderoso, para enfrentar em pé de igualdade seus inimigos, os *peró*, os portugueses. De fato, o título religioso *karaíba* que os Tupinambá haviam dado aos portugueses foi substituído por *peró*, que significa "amargo, ruim".

Os franceses conseguiram se estabelecer, criando na ilha uma vila que deram o nome de São Luís, em homenagem ao rei Luís XIII, então reinante. Graças aos relatos dos missionários que acompanharam os franceses nessa nova colônia, que recebeu o nome de França Equinocial, foi possível conhecer não apenas o cotidiano desse povo, como também as grandes lideranças indígenas, como Japiassu. Conservaram-se várias falas indígenas, como o entusiasmado discurso que este fez, por ocasião da chegada do capitão francês, em 1612:

> Estou muito contente, valente guerreiro, por você ter vindo a esta terra para fazer nossa felicidade e nos defender contra nossos inimigos. (...) Já estávamos decididos a deixar a costa e abandonar a região com medo dos *peró*, nossos mortais inimigos, e

> voltar para a mata, onde nenhum *karaíba*[1] pudesse nos achar. Já estávamos decididos a passar o resto de nossos dias longe dos *maíra*, nossos bons amigos, sem pensarmos em foices, machados, facas e outros instrumentos, conformados em voltar à nossa antiga e miserável vida de nossos pais, que cultivavam a terra e derrubavam as árvores com [machado] de pedra. *Maíra* [nosso pai] teve pena de nós e mandou você para cá, não como seus patrícios de Dieppe,[2] que são uns pobres comerciantes, mas como um grande guerreiro, trazendo também bravos soldados para nos defender, e *paí* [padres], para nos instruir na lei do seu Deus.[3]

Mbomboré-guassu, um ancião bem idoso e bastante ponderado, tivera uma triste experiência com os portugueses de Pernambuco. Após algum tempo de convivência, ficou desconfiado dos novos amigos que prometiam muito. Numa das reuniões de lideranças e na presença do capitão francês, tomou a palavra:

> Vi a chegada dos *peró* em Pernambuco e em Potiy [Paraíba]. Começaram eles como vocês, *maíra*, traficando mercadorias, sem querer morar conosco. Nessa época eles dormiam livremente com nossas filhas, o que nossos parentes achavam muito honroso.
>
> Mais tarde disseram que devíamos colaborar com eles, construindo fortalezas para se defenderem e cidades para morarem conosco. E assim parecia que iríamos construir uma só nação.
>
> Depois começaram a dizer que não podiam dormir com nossas filhas e só se casariam com aquelas que fossem batizadas. Mandaram então vir *paí* [missionários] e esses ergueram cruzes e começaram a nos instruir e batizar.
>
> Mais tarde disseram que nem eles e nem os *paí* podiam viver sem escravos para os servirem. E assim se viram os nossos constrangidos a fornecer-lhes escravos capturados na guerra. Não satisfeitos com esses, quiseram também nossos filhos e acabaram escravizando toda a nação. E com tal tirania e crueldade nos trataram, que os que permaneceram livres, tiveram, como nós, de abandonar a região onde viviam. E pelo visto, o mesmo irá acontecer com vocês.[4]

Não ocorreu o que previa o velho Tupinambá, pois os franceses foram menos truculentos e perceberam a importância estratégica dessa aliança.

A ocupação francesa ultrapassou os limites da ilha do Maranhão. Atingiu outros indígenas, não só da região de Cumá, como os moradores de Caaeté, no Nordeste do Pará. Até povos no baixo Amazonas foram contatados, pois suas expedições buscavam riquezas em todas essas regiões.

A presença dos frades capuchinhos foi de grande importância na colônia, pois o modo simples e pobre como viviam era cativante e ajudou na manutenção dessa aliança.

---

1 *Karaíba* aqui é usado no sentido de "homem branco".

2 Cidade litorânea do Norte da França, de onde partiam muitos navios para o Brasil.

3 D'ABBEVILLE, Claude. *História da Missão dos Padres Capuchinhos na ilha do Maranhão e terras circunvizinhas.* [1618], Belo Horizonte: Itatiaia; São Paulo: Edusp, 1975, p. 59-60. Na presente tradução abandonei a 2ª pessoa, passando a usar a 3ª pessoa, por se mostrar mais coloquial, e mais próximo do estilo indígena.

4 *Ibid.*, p. 115-116.

Frei Yves d'Evreux, superior da missão, relatou o encontro que tivera com o cacique da aldeia de Urubutim,[5] do qual não guardou o nome, cujas palavras foram bastante emblemáticas:

> Eu vim procurá-lo hoje, ó *paí*, por duas razões: uma, para me desculpar e pedir-lhe que não leve em conta o fato de eu não estar presente por ocasião de sua chegada em Urupari, como fizera Japiaçu, Pirajuba, Jaguareté e outros principais da Ilha. E também porque não pude preceder Pacamon e Avatimon, meu grande [parceiro] porque eu contraíra uma grave doença que desde então sempre me afligiu. Mas eu não perdi com essa doença o desejo de ver seu rosto e ouvir, de tua boca, o que meus companheiros de aldeia me contaram sobre o senhor, *paí*. A segunda coisa que me traz aqui é para lhe oferecer meus filhos que eu lhe dou e quero que sejam seus e que faça deles *karaíba*. Desejo também, por favor, que venha o senhor ou um dos *paí* à minha aldeia para construir nela uma casa de Deus, ensinar-nos a mim e a meus companheiros e declarar-nos o que Tupã deseja de nós para sermos lavados [batizados] como vocês fazem aos outros. Eu lhe garanto que não carecerá de víveres [alimento], pois minha terra é boa e abundante em caça.[6]

Depois de quatro meses de permanência na ilha, o comandante voltou à França, em dezembro de 1612, para uma prestação de contas à rainha regente, Maria de Médicis. Esta assumira o trono da França, com a morte do marido, o rei Henrique IV, pois o filho herdeiro tinha apenas 9 anos de idade. Levava com ele frei Claude d'Abbeville e uma delegação indígena, composta por sete pessoas: dois Tobajara, oriundos da serra de Ibiapaba, (Karapirá, de 67 anos, respeitável guerreiro, e Itapuku, de 38 anos, filho de um importante cacique); três jovens Tupinambá (Guaruajó e Japuaí, ambos de 20 anos, e Patuá, de 16 anos, neto do cacique Marakujá-Peró,); dois Tapuia (Maném, de 22 anos, de uma nação não identificada do Amazonas, e Piravavá, adolescente de 12 anos, também de nação não identificada). O último, como era escravo dos Tupinambá, não fazia parte da delegação oficial, indo como pajem.

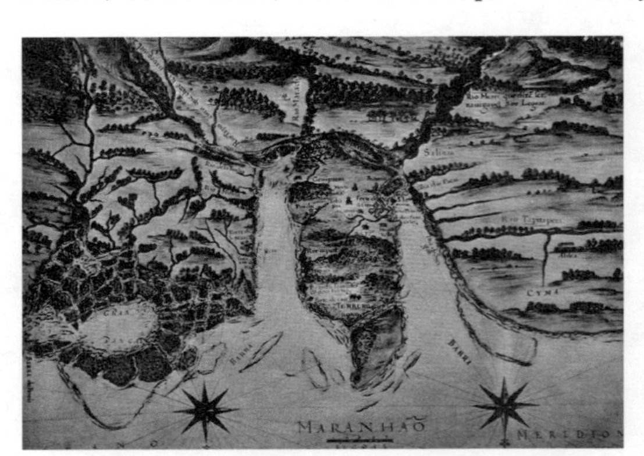

Ilha de São Luís do Maranhão, vista a partir do oceano, indicando a presença francesa e indígena. Mapa de João Teixeira Albernaz, c. 1616, Instituto Histórico Geográfico Brasileiro.

Chegaram somente em março do ano seguinte e foram recebidos pela rainha e por seu filho, Luís XIII, no palácio do Louvre, no dia 13 de abril. A presença dos indígenas na capital francesa causou um grande impacto entre a população, que se dirigiu em peso ao convento dos capuchinhos para conhecê-los, pois eram vistos como pessoas de "outro mundo"...

---

[5] Esse e outros nomes indígenas receberam uma grafia tupi mais correta, sendo abandonada a que foi utilizada na edição francesa.

[6] D'ÉVREUX, Yves. *História das coisas mais memoráveis ocorridas no Maranhão nos anos de 1613 e 1614*. Rio de Janeiro: Fundação Darcy Ribeiro, 2009, p. 457.

O grupo permaneceu ainda alguns meses na França. O final do inverno de Paris foi trágico para eles. Uma semana depois da chegada, três indígenas já haviam caído doentes, morrendo em seguida.

Outros quatro, apesar de sofrerem com o frio, conseguiram sobreviver, sendo batizados e crismados na catedral de Reims, cidade próxima à capital. Como padrinhos, tiveram pessoas da alta nobreza. Voltaram ao Maranhão, vestidos à moda europeia, trazendo esposas francesas. Mas essa experiência europeia dos Tupinambá pouco durou.

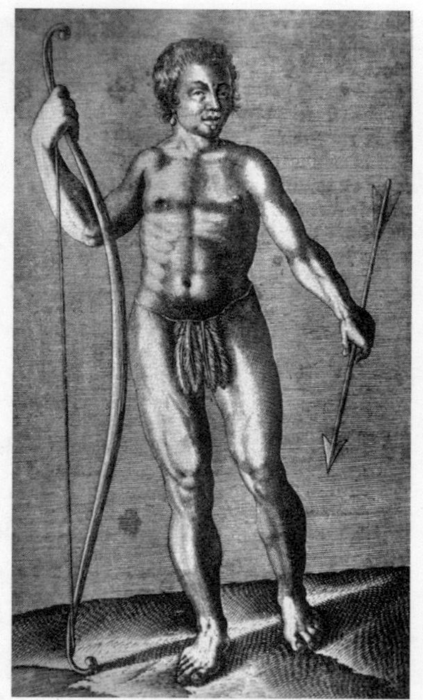

Antonio Manen, jovem Tapuia que participou da delegação indígena que foi recebido pelo rei Luís XIII. Gravura da obra de Claude d'Abbeville, 1617.

Portugal, inconformado com a invasão estrangeira, preparou uma expedição, comandada pelos mamelucos Jerônimo de Albuquerque e Diogo Moreno. O pequeno exército português teve sucesso, graças ao auxílio dos Potiguara e de indígenas tupi que trouxeram de Pernambuco.

Esses mestiços portugueses, adotando táticas indígenas, foram mais eficientes que os nobres franceses, pegos num ataque surpresa.

Vítimas desse fogo cruzado, no final de 1614, os Tupinambá também saíram perdedores. Os comandantes franceses foram presos e enviados para Portugal. Dos ocupantes da ilha, muitos fugiram e outros aceitaram viver sob o domínio português.

Quanto aos indígenas, muitos ainda permaneceram na região, atacando, em 1616, o comandante Pedro Teixeira, que vinha de Belém do Pará solicitar ajuda aos moradores da ilha para a expulsão dos holandeses instalados no baixo Amazonas.

Como era de se esperar, a convivência com os portugueses não foi das melhores e muitos se refugiaram nas matas do interior, sendo o atual povo Kaapor, da região do rio Gurupi, seus remanescentes. Desse passado nada guardaram, embora o grande Maíra continue presente em suas crenças.

Fonte: D'ÉVREUX, Yves. *História das coisas mais memoráveis ocorridas no Maranhão nos anos de 1613 e 1614.* Rio de Janeiro: Fundação Darcy Ribeiro, 2009; D'ABBEVILLE, Claude. *História da Missão dos padres Capuchinhos na ilha do Maranhão e terras circunvizinhas.* [1618]. Belo Horizonte: Itatiaia/ Edusp, 1975. (Col. Reconquista do Brasil, v. 19).

A conquista do baixo Amazonas

A conquista da Amazônia não diferiu das demais áreas do Brasil, sendo marcada por muita violência e engano. Embora a região fosse reivindicada pelos espanhóis, baseados no Tratado de Tordesilhas, os portugueses pouco consideravam não só esses limites, como também os povos nativos que ali viviam. Com as perdas territoriais na Índia e buscando a restauração da monarquia portuguesa, os lusitanos se propuseram a ocupar a região que se mostrava bastante rica. A expulsão dos franceses do Maranhão foi o ponto de partida para essa ocupação.

O domínio do grande rio – *Paraguassu* (o grande *pará*, o grande rio) – povoado por centenas de povos nativos não foi tão simples como imaginavam os lusitanos. Os Tupinambá que ocupavam sua foz, aceitaram inicialmente o domínio português, consolidado a partir da construção do Forte do Presépio, que deu origem à vila de Nossa Senhora de Belém, hoje Belém.

Sem ter pessoas para povoar a nova colônia, o rei determinou que fossem enviados para a região, como degredados, os presos de Portugal, que tivessem penas leves. Mais uma vez o Brasil se tornava uma colônia penal.

O início dessa colonização foi marcado por muitos conflitos e assassinatos. O capitão-mor, Francisco Caldeira de Castelo Branco, por sua postura autoritária e violenta, foi deposto pela população. Percebendo as desavenças entre os colonos, os Tupinambá, sob o comando de Guaimiaba, resolveram também mostrar sua insatisfação. Sitiaram a vila, desfechando um grande ataque no dia 7 de janeiro de 1619. Os moradores resistiram por vários dias, tendo havido muitos mortos de ambos os lados, inclusive o grande cacique.

Diante da pressão indígena e para ter mais controle sobre esse território, nesse mesmo ano, o rei criou uma administração autônoma, o Estado do Maranhão, ligada diretamente a Lisboa, compreendendo as capitanias do Pará, Maranhão e Ceará.

Com a presença portuguesa muita coisa mudou, inclusive o nome do grande rio. Deixou de ser Paraguassu, tornando-se rio das Amazonas. Era a imposição de uma lenda que falava da existência de mulheres guerreiras, que viviam sem homens, como as amazonas gregas. Mas o antigo nome ainda permaneceu na capitania, que passou a se chamar de Grão Pará, tradução literal de *Paraguassu*.

O povo Tapajó

Entre os nativos que resistiram aos portugueses, destacou-se o povo Tapajó temido por suas táticas guerreiras e pelas flechas envenenadas. Vivia ao longo dos rios Tapajós e Curuá Una, onde hoje se localiza a cidade de Santarém (PA).

Diferente da maioria dos povos nativos da região, os Tapajó possuíam uma estrutura social mais complexa, denominada pelos historiadores de *cacicado*, com hierarquia interna, compreendendo nobreza, guerreiros e artesãos. As aldeias, que se espalhavam ao longo do rio Amazonas, eram bem populosas, chegando algumas a ter 10 mil pessoas. Maurício Heriarte, cronista português que percorreu o rio Amazonas nessa época, escreveu que em momento de guerra podiam reunir 60 mil guerreiros. E observava,

> que por ser muita a quantidade de índios Tapajós, são temidos dos demais índios e nações, e assim se tem feito soberanos daquele distrito. São corpulentos e mui grandes e fortes. Suas armas são arcos e flechas, mas as flechas são ervadas e venenosas de modo

> que até agora se lhe não tem achado [um remédio] contra, e é por causa disso que os outros índios os temem.[7]

Possuíam mercados, onde era comercializado o excedente da produção, como animais domesticados (patos e papagaios), além de tartarugas, criadas em tanques.

Mais do que a mandioca, o milho era sua base alimentar. Plantado nas várzeas, os grãos eram guardados em grandes potes enterrados, misturados na cinza para evitar o caruncho. Conheciam o arroz selvagem, cultivado nos brejos, com o qual faziam beiju e cauim, bebida fermentada.

A cerâmica foi a marca dessa cultura. Seus vasos, em forma de taça de gargalo, possuíam bordas decoradas com apliques de figuras humanas e de animais estilizados. Muitas estatuetas mostravam atividades diárias. A sofisticação de detalhes do artesanato revela o grau de habilidade de seus artesãos. Famosos tornaram-se também os muiraquitãs, pequenas figuras esculpidas em pedra nefrita, de tons verde-claro, rosa e preta, em formato de rã, tartaruga e peixe, usados como enfeites. Mais tarde os brasileiros passaram a usá-los como amuletos. Foram também vendidos para a Europa, pois, triturados, eram indicados para a cura de doenças renais.

Não usavam roupa, mas nas cerimônias utilizavam uma espécie de bata de algodão, enfeitada com penas. O corpo dos falecidos era conservado numa cabana especial para uma mumificação, sendo seus ossos posteriormente moídos e misturados numa bebida, que era ingerida em ocasiões especiais. Embora cada aldeia tivesse um chefe, todos se subordinavam a um cacique maior, com ascendência sobre toda a região.

As qualidades desse povo os tornaram alvos da cobiça dos portugueses, que periodicamente vinham em busca de escravos. Tal foi o ataque feito por Bento Maciel Parente, o moço, filho do governador do Pará, que, em 1639, levou para Belém mais de 300 escravos. Diante dessa pressão militar, os Tapajó abandonaram a região, refugiando-se nas cabeceiras desse rio, desaparecendo dos registros históricos. Certamente, seus descendentes devem ter-se misturado com o povo Munduruku, que voltou a assombrar a região, a partir do século XVIII.

O ataque à missão dos padres mercedários

Outras nações tentavam uma convivência pacífica com os portugueses, aceitando até missionários, como ocorreu com uma nação, situada à margem esquerda do Amazonas, próximo ao rio Urubu, onde mais tarde surgiu a vila de Silves. Nesse local, por volta de 1660, os padres mercedários implantaram uma missão para apoiar também a ocupação portuguesa.

---

[7] Descrição do Estado do Maranhão, Pará, Curupá e Rio das Amazonas. *In:* VARNHAGEN, Francisco A. *História Geral do Brasil,* 5ª ed. São Paulo: Melhoramentos, 1956, v. 3, p. 179. O veneno usado foi o curare, de ação paralisante.

Indígenas de missões na Amazônia. Gravura do século XIX.

Essa experiência religiosa pouco durou, certamente devido à repressão cultural dos missionários e à tolerância que tinham com o comércio escravista. Revoltados, os indígenas se rebelaram, destruindo a igreja e matando o sacerdote. Não se conservou o nome desse povo, mas é possível que fosse alguma etnia de língua karib, que se destacava pelas ações guerreiras.

Ao saber dessa notícia, o governador Rui Vaz de Siqueira determinou a ida de uma expedição punitiva, comandada pelo pernambucano Pedro da Costa Favella, famoso por suas ações violentas. Partindo de Belém, em 1664, com uma tropa bem municiada de armas de fogo e até de um canhão, chegou à região depois de algumas semanas de viagem. Realizou uma operação que hoje chamaríamos de "terras arrasadas": 300 aldeias queimadas, 700 indígenas mortos e 400 prisioneiros escravizados. Este foi o "suave domínio português"...

Fonte: HEMMING, John. *Ouro Vermelho*. São Paulo: Edusp, 2007, p. 354; HERIARTE, Maurício de. Descrição do Estado do Maranhão, Pará, Corupá e Rio das Amazonas (c. 1665). *In:* VARNHAGEN, Francisco A. *História Geral do Brasil*, 5ª ed. São Paulo: Melhoramentos, 1956, v. 3, p. 170-190; SAMPAIO, Francisco Xavier Ribeiro de. *Diário da viagem (...) à capitania do Rio Negro no anno de 1774 e 1775*. Lisboa, 1825, p. 2-3.

A rebelião de Ajuricaba

O povo Manao[8] se destaca, também, entre os muitos povos do Médio Amazonas que resistiram à conquista portuguesa. Pouco se sabe sobre esse povo que vivia próximo à foz do rio Negro. Seu nome provavelmente está relacionado aos moradores da legendária cidade do ouro, chamada Manoá, que era o *El Dorado* dos espanhóis. Esses indígenas, de língua aruak, eram grandes guerreiros e foram acusados de antropofagia, embora tal prática nunca tivesse sido comprovada.

Entre os poucos registros que deles se guardam, há um pequeno relato do padre Samuel Fritz, jesuíta alemão que, em 1689, teve contato com eles no médio Solimões. Assim os descreveu:

[8] Aparecem na documentação várias grafias para este povo e optamos por essa que aparece nos documentos oficiais no século XVIII, assim como no único texto nesse idioma, que é um catecismo católico, cuja versão foi feita por um indígena cristão Manao desse mesmo século.

> Enquanto estava em minha choça, veio comerciar com os Jurimaguas, em umas dez canoas, uma tropa de Manaves [Manao], índios gentios [não cristãos]. Eu, à sua chegada, saí para recebê-los... Vieram e, muito contentes, estiveram comigo, chamando-me em sua língua 'Abbá-Abbá', que significa 'padre'. São esses índios Manaves muito valentes e temidos dos gentios vizinhos e fizeram frente, há anos, a uma tropa portuguesa.[9]

Os indígenas da Amazônia resistiram com valentia à invasão portuguesa. Indígena Apiaká, gravura de Hercules Florence, 1829.

Embora a conquista da Amazônia tenha se iniciado após a expulsão dos franceses do Maranhão, em 1615, a grande disputa territorial travava-se com os espanhóis, que ainda se sentiam donos da metade do continente. Essa contenda tomou corpo e causou espanto, quando Pedro Teixeira, em meados de 1637, subiu o rio Amazonas, conseguindo chegar até Quito, no atual Equador, uma das mais importantes cidades do Vice-Reinado do Peru.

A aproximação dos lusitanos com o povo Manao ocorreu bem mais tarde, em 1675. Percebendo a dificuldade na conquista desse imenso território, cortado por inúmeros rios, o sargento Guilherme Valente, comandante da recém-construída fortaleza de São José do Rio Negro, decidiu fazer aliança com esse povo, casando-se com a filha de Kaboquena, importante cacique Manao. Tal união, que parecia ser uma vantagem para esse povo, mostrou-se desastrosa, pois levou não somente a disseminação de doenças, mas, sobretudo, o aumento do tráfico de escravos. Foram presos não somente indígenas inimigos, como também muitos guerreiros Manao, vítimas da prepotência lusitana.

Com a morte de Kaboquena, no início do século XVIII, seu filho mais velho Huiuebene, assumiu a chefia do povo. Manteve a prática escravista do pai, provocando mais descontentamento das lideranças. Até seu próprio filho, Ajuricaba, decidiu retirar-se para o interior com seu grupo familiar.

Percebendo que a pacificação indígena não seria tarefa fácil, o rei de Portugal pediu aos carmelitas estabelecer missões ao longo do rio Negro. Nessa época, foram criadas as missões de Santa Rita da Pedreira, Santo Ângelo de Cumaru, Nossa Senhora da Conceição de Mariuá (futura Barcelos) e Nossa Senhora do Carmo de Caboquena.

[9] Diário, *Revista do Instituto Histórico Geographico Brazileiro,* vol. 81, [1917], p. 381.

Huiuebene não imaginava que poderia ser vítima também do esquema escravista que apoiava. Desentendendo-se com os comerciantes quanto ao preço dos cativos, foi morto por eles. Ao saber da morte do pai, Ajurucaba retornou à aldeia para devolver a antiga altivez a seu povo e para reorganizar a comunidade.

Articulando-se com os Mayapena, habitantes de cachoeiras do alto rio Negro, fez uma frente de resistência, desencadeando, em 1723, uma guerra que duraria quatro anos.

Com um grupo de guerreiros, passou a atacar a fortaleza de São José do Rio Negro e as várias missões da região. Com armas de fogo que lhe passavam os holandeses, e com outras armas obtidas em confronto com os portugueses, os Manao se mostravam cada vez mais afoitos. Como escreveu o governador do Pará, Maia da Gama, além de armas de fogo,

> se fortificaram em paliçadas de tronco e barro, e até com torres para observação e defesa. Por esse motivo nenhuma tropa lhes atacou até agora pelo temor de suas armas e coragem. E por essa dissimulação estão eles transformados em orgulhosos a se arrogarem em cometer todos os excessos e matanças.[10]

O governador do Pará queria uma ação mais radical, a ser realizada por uma expedição punitiva, embora não tivesse certeza de vitória. Essa insegurança possibilitou uma negociação entre as partes, sugerida pelo jesuíta José de Souza, numa tentativa de ganhar tempo e buscar uma saída menos violenta.

Indo à região, o missionário conseguiu selar um tratado de paz: 50 prisioneiros indígenas das missões seriam trocados por 50 guerreiros Manao, que estavam em poder dos portugueses. Ajuricaba se comprometeu também em tirar a bandeira holandesa que tremulava em sua canoa, que para ele não passava de um enfeite sem muito valor.

O tratado de paz durou pouco, pois logo chegou a Belém notícias de que o conflito recomeçara. O governador mandou um pequeno exército equipado com canhão. Depois de um cerco de vários dias, a fortaleza indígena caiu sob o poderio das armas de fogo. Ajuricaba e mais 300 guerreiros foram presos e seriam conduzidos a Belém. Era o ano de 1727.

Na viagem, esse líder e os outros prisioneiros se rebelaram, conforme o registrado numa carta que o governador enviou ao rei de Portugal:

> Quando Ajuricaba estava vindo como prisioneiro para a cidade de Belém, e ainda estava navegando no rio, ele e outros homens levantaram-se na canoa, onde estavam sendo conduzidos, agrilhoados, e tentaram matar os soldados. Estes sacaram suas armas e feriram alguns deles e mataram outros. Então Ajuricaba saltou da canoa para a água, com outro chefe, e jamais apareceu vivo ou morto. Deixando de lado o sentimento pela perdição de sua alma, ele nos fez uma grande gentileza, libertando-nos dos temores de sermos obrigados a guardá-lo.[11]

[10] GAMA, Maia da. Relatório ao rei de Portugal, 1727, *apud* SOUZA, Márcio. Ajuricaba, herói de um povo sem memória? *In: Teatro indígena do Amazonas*. Rio de Janeiro: Codecri, 1979, p. 14.

[11] *Ibid.*, p. 16.

Ajuricaba, atirando-se nas águas do Amazonas, perdeu a vida, mas entrou para a memória de seu povo como o grande libertador, e que voltaria um dia a resgatá-lo do poder dos portugueses.

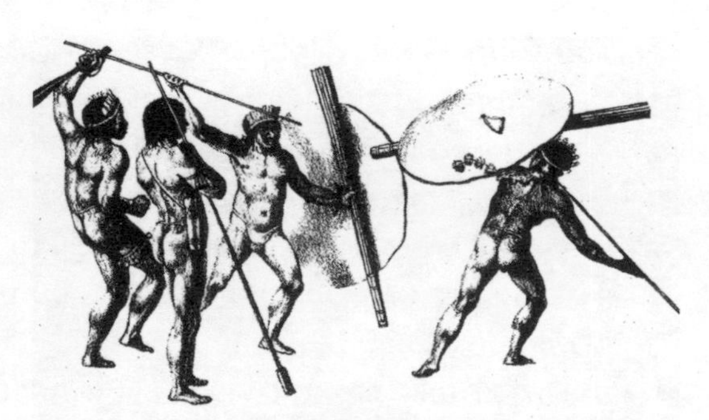
Dança guerreira dos Juris. Gravura da obra de Spix e Martius, 1823.

O ouvidor Francisco Ribeiro de Sampaio, ao visitar o rio Negro no final do século XVIII, ficou surpreso com esse episódio de luta indígena:

> O que é mais célebre na história de Ajuricaba, é que todos os seus vassalos e os da sua nação, que lhe tributavam o mais fiel amor e obediência, (...) parecendo-lhe quase impossível que ele morresse, pelo desejo que conservavam da sua vida, esperavam por ele, como pela vinda de El Rei d. Sebastião esperam os nossos sebastianistas.[12]

Ele não voltou, mas sua figura está presente, até hoje, na história regional como uma das figuras mais importantes da resistência indígena da Amazônia e do Brasil.

Fonte: FRITZ, Samuel. Diário, *Revista do Instituto Histórico Geographico Brazileiro*, vol. 81, [1917], p. 353-397; GAMA, Maia da. Relatório ao rei de Portugal, 1727, *apud* SOUZA, Márcio. *Ajuricaba, herói de um povo sem memória? In: Teatro indígena do Amazonas.* Rio de Janeiro: Codecri, 1979, p. 14.

A resistência dos Aruã

O povo Aruã sempre foi conhecido pela bravura e resistência contra os europeus, sendo um dos que mais combateu a ocupação do baixo Amazonas.

Quando os portugueses conseguiram se instalar na região, no século XVII, os missionários tiveram importante papel na chamada "pacificação", através da catequese e do batismo. Estes meios representavam não apenas a "salvação das almas" dos indígenas, mas tornavam-se um rendoso negócio para as missões, pois os indígenas batizados, ao viver em aldeamentos cristãos garantiam também a presença e o domínio português.

Houve conflitos entre as ordens religiosas que disputavam essa mão de obra, um dos motivos que provocou a intervenção do rei dom Pedro II, de Portugal, em 1693, repartindo a Amazônia entre os missionários. Por serem menos confiáveis, os jesuítas ficaram ao longo dos afluentes da parte Sul do rio Amazonas, distante das fronteiras disputadas. Os capuchinhos da Conceição, os capuchinhos de Santo Antônio do Maranhão, os carmeli-

---

[12] O ouvidor faz referência à lenda que afirma que dom Sebastião, jovem rei português morto numa batalha no Norte da África, em 1580, retornaria em 74 dias para implantar um novo império português, mais poderoso que o anterior. *In:* SAMPAIO, Francisco. *Op. cit.*, p. 112.

Amazônia brasileira. Gravura do século XIX.

tas e os mercedários ficaram na parte Norte. O baixo Amazonas, incluindo a ilha do Marajó e a foz do grande rio, foram assumidos pelos mercedários e pelos capuchinhos de Santo Antônio.

Os Aruã, que viviam no litoral do Amapá, como outros povos da Amazônia, começaram a ser catequizados por volta de 1700. Um grande grupo foi convencido pelo frei José de Santa Maria, capuchinho de Santo Antônio, a se deslocar para três aldeamentos em Belém, alegando que ali teriam mais proteção e alimentação abundante.

Ao contrário do que lhes prometera o frade, os indígenas se viram obrigados pelo governador Fernão Carilho a realizar trabalhos forçados na construção de algumas fortificações de Belém, "com muita dureza" e violência, como se queixaram na época. Isso provocou uma revolta e os levou a uma fuga em massa para as aldeias de origem.

Ao saber do acontecido, o frei decidiu buscá-los, pois sentia-se frustrado com a interrupção do trabalho de catequese. E, ao mesmo tempo, o governador lamentava a falta dessa mão de obra escrava. Acompanhado do jovem frei Martinho, frei José mandou-o à frente, para comunicar aos indígenas que os aguardava na boca do rio e que esperava a maré subir, pois com pouca água seu barco não poderia chegar à aldeia.

A resposta indígena foi clara: "Se frei José quisesse viver com eles, como antes, eles o receberiam com prazer. Mas se falasse na obrigação de voltar para as missões de Belém, eles o matariam e a todos seus companheiros de viagem".

Frei José insistiu para frei Martinho retornar à aldeia numa nova tentativa. Ouviu a mesma recusa. Os Aruã reafirmaram que jamais "voltariam a sofrer sob as lanças dos sargentos de Belém, que os maltratavam com fome, trabalhos forçados e pancadas".

Acreditando no seu poder de persuasão e com a maré alta, frei José e seu companheiro foram até a aldeia. Ao colocar os pés em terra, os dois missionários foram recebidos à flechadas, com morte instantânea. Os remeiros conseguiram fugir em duas canoas e, depois de quinze dias de viagem, chegaram a Belém onde comunicaram ao governador o ocorrido.

A repressão contra os Aruã demorou um pouco. Seis meses depois, uma expedição partiu para a região, sendo presos alguns deles, que negaram o crime. Apenas uma idosa relatou o que teria acontecido, depois de ameaçada. Segundo seu depoimento, logo após a morte desses missionários, outro frei apareceu no local, recolhendo os corpos. Atacado pelos Aruã, as flechas atiradas contra esse religioso retornavam a seus atacantes. Nunca se soube quem era esse frei. A tradição regional o identificou com São Francisco... Talvez não fosse o santo, mas algum indígena que lhes deu uma sepultura.

Depois deste fato, temendo uma represália por parte do governo português, a maior parte dos indígenas dispersou-se pelas ilhas do Amapá e um grande grupo fugiu para a Guiana Francesa.

Frade franciscano celebrando missa entre indígenas do Pará no século XIX. Acervo Cehila, s/d.

No ano seguinte, nova expedição retornou à região, quando foram presos mais de 200 indígenas. Os supostos matadores foram condenados à morte na boca de um canhão. Os demais foram deportados para o Maranhão, sendo distribuídos pelas fazendas.

Poucas informações restaram dos Aruã, exceto a fama de guerreiros e esse episódio pouco conhecido da história oficial.

Fonte: PRAZERES, Fr. Francisco de Nossa Senhora dos. Poranduba Maranhense [1826], *Revista do Instituto Historico e Geographico Brazileiro.* Rio de Janeiro: Tipogr. Laemmert, vol. 54, parte 1, 1891, p. 94-99.

Barbados, o terror do Maranhão

Na segunda década do século XVIII, a ocupação do médio rio Mearim, no Maranhão, por portugueses que buscavam terras férteis para instalar fazendas e criar gado, representou uma tragédia para o povo Barbado, famoso pela valentia e resistência.

O nome destes indígenas, cuja autodenominação é desconhecida, vinha do fato de não arrancarem os pelos do rosto, deixando crescer uma rala barba. Furavam o lábio inferior, colocando um grosso *tembetá* de cristal, que os deixava mais ameaçadores. A vida em mata fechada e o enfeite labial indicam que deviam ser de cultura tupi. Rivalizavam em bravura com outro povo tupi, os Munduruku, que viviam no médio Tapajós. Não por acaso, passaram a ser conhecidos como "o terror do Maranhão".

Para fazer frente a esse povo belicoso, que incendiava fazendas, matava o gado e destruía as plantações, em 1724, o governador Maya da Gama organizou um batalhão com cerca de 400 homens, que foi enviado à região. A operação resultou num fracasso: os Barbados resistiram e quase todo o batalhão foi dizimado.

Sem se dar por vencido, o governador apelou aos jesuítas da missão da serra de Ibiapaba, pedindo-lhes guerreiros Tobajara. Entendia que, para combater indígenas, ninguém melhor do que outros indígenas. Entretanto, os padres não concordaram com esse uso arbitrário de seus missionados e recusaram-se a enviar o reforço pedido.

Em 1726, o jesuíta Gabriel Malagrida, que atuava junto aos Caicázes de forma independente, decidiu ir até os Barbados numa missão de paz. Acreditava que suas palavras cristãs pudessem fazer o que as armas não haviam conseguido.

Indígenas na Amazônia. Gravura de Castelnau, 1853.

Acompanhado de um português e de cinco indígenas, dos quais um Barbado que serviria de intérprete, embrenhou-se pelas matas do rio Mearim. Imaginando ter a mesma boa acolhida que lhe havia sido dispensada pelos Tobajara da serra de Ibiapaba e pelos Caicazes com os quais convivia, o italiano seguia confiante. Além da cruz e do rosário levava muitos anzóis, facas e cunhas, objetos apreciados pelos indígenas.

Apesar de não acreditarem em palavras de paz, tantas vezes rompidas pelos portugueses, os Barbados acolheram o embaixador religioso. Mas o padre não sabia que, além da mensagem cristã, levava uma doença que ceifaria a vida de muitos nativos, sobretudo crianças.

Para oferecer a salvação cristã aos pequenos, vítimas dessa epidemia, o padre decidiu batizá-las. Como muitas morriam, em seguida, os pajés acusaram o missionário de feitiçaria, alegando que as crianças morriam pela "água misteriosa que se lhes vertia na face".[13]

Os indígenas decidiram eliminar o jesuíta e seu companheiro português, acusados de provocarem a doença que se espalhou pela região. Por felicidade, algumas crianças batizadas conseguiram salvar-se e duas delas tornaram-se amigas do padre. Avisados a tempo pelos garotos, o padre pôde escapar, sendo guiados por eles, que optaram por deixar a mata e viver com os portugueses. Depois de dias enfrentando a mata e os rios, o grupo alcançou o rio Mearim e, numa frágil balsa, chegaram a salvo numa fazenda portuguesa.

Anos depois, com nova negociação de paz, este povo aceitou uma rendição, assinando um tratado que permitia abrir seu território a novos moradores. O preço deste acordo foi alto: em poucos anos essa nação desapareceu pelo trabalho escravo e pelas doenças. Foi mais um tratado de paz que significou a destruição de um povo.

Fonte: MURY, Paul. *História de Gabriel Malagrida* [1875], São Paulo: Instituto Italiano de Cultura; Loyola, 1992, p. 68-93.

Munduruku, os guerreiros do médio Tapajós

A conquista pelos portugueses dos povos do Amazonas e de seus afluentes avançava, fazendo sempre mais vítimas. Após o desbaratamento do povo Tapajó, em meados do

[13] MURY, Paul. *História de Gabriel Malagrida [1875]*, São Paulo: Instituto Italiano de Cultura; Loyola, 1992, p. 73.

século XVIII, aparece nos relatos portugueses outra nação guerreira que vivia ao longo desse rio e que espalhava o medo com suas incursões bélicas. Foi chamada *Muturucu*, nome mais tarde mudado para Mundurucu ou Munduruku, podendo ter acolhido os remanescentes Tapajó.

Guerreiro Munduruku. Gravura da obra de Spix e Martius, 1823.

Uma das características desse povo foi a participação de mulheres nos seus ataques, que faz lembrar o relato do espanhol Orellana, no século XVI, que deu origem à lenda das Amazonas. Este fato foi recuperado pelo ouvidor da capitania, Francisco Xavier Ribeiro de Sampaio, ainda no século XVIII, quando percorreu esse rio:

> Os Muturucus (...) trazem consigo as mulheres, as quais na ocasião do conflito lhes subministram [oferecem] as flechas, como se observou no combate. (...) O ofício destas é aproveitar as flechas que os inimigos disparam, e ervam [envenenam] as quais entregam aos seus para novamente lançarem aos inimigos. (...) Eis aqui quanto bastou para que Orellana tivesse fundamento para estabelecer a sua fábula [a lenda das guerreiras Amazonas].[14]

No século XIX, os naturalistas Spix e Martius, ao passarem pela região, comentando sobre esse povo, afirmaram que "para eles, mais que para a maioria das tribos, a guerra é uma ocupação agradável; tudo parece calculado para eles se fazerem valer na guerra", sendo tidos como "os mais bravios do Norte do Brasil".[15]

Povo de língua e cultura tupi, ao contrário de seus parentes Tupinambá que quebravam a cabeça do inimigo para mostrar valentia, esses guerreiros cortavam-nas e mumificavam-nas, exibindo nas guerras como troféus. No tempo de paz, conservavam-nas em suas casas como amuleto.[16] Isso lhes trouxe fama de bárbaros e selvagens.

Embora originários do médio Tapajós, da região do Cururu, com certa frequência desciam até a foz desse rio, principalmente depois que os portugueses construíram a fortaleza do Tapajós, onde hoje se encontra a cidade de Santarém. Era de lá que partiam as expedições escravistas.

Em 1774, o ouvidor Francisco Sampaio relatou que, no ano anterior, essa "belicosíssima nação" atacou esse forte, que teve que resistir-lhes por um longo período com armas de fogo, inclusive com tiros de canhão.

---

[14] SAMPAIO, Francisco X. de. *Op. cit.*, p. 30.

[15] SPIX, Johannes Baptista von; MARTIUS, Carl Friedr. von. *Viagem pelo Brasil (1817-1820)*. Belo Horizonte: Itatiaia; São Paulo: Edusp, 1981, v. 3, p. 276.

[16] *Ibid.*, p. 277.

Com o tempo, esses guerreiros passaram a atacar outros povos indígenas em busca de mulheres e crianças, além de vilas portuguesas que começavam a se instalar na Amazônia, como Borba, no rio Madeira, Portel e Melgaço, no rio Xingu. Povoações mais distantes, como Oeiras, no Piauí, foram também atingidas por essas incursões guerreiras.

Em 1788, o governador do Pará escreveu ao rei de Portugal solicitando reforço militar, já que até a cidade de Belém estava atemorizada com esses guerreiros que haviam chegado às cabeceiras do rio Capim, próximo ao rio Guamá, que cortava a capital da capitania.[17]

Em 1790, o governador Manuel da Gama Lobo D'Almada conseguiu que se rendessem, através de um tratado de paz e com políticas assistenciais.

Como escreveu Robert Murphy, um dos antropólogos que melhor os conheceu na década de 1950, os Munduruku, "nos limites de suas possibilidades, foram inimigos duros e terríveis dos portugueses" até o momento em que se lhes mostraram roupas, facas, machados e outras manufaturas. De fato, as benesses de nossa sociedade foram os elementos que os conquistaram e, como disse um desses indígenas, "com isso nos tornamos amigos dos brancos".[18] O desafio sempre foi o de entrar na cultura ocidental sem perder os valores tradicionais.

Fonte: SAMPAIO, Francisco Xavier R. de. *Diário da viagem de Francisco Xavier Ribeiro de Sampaio, ouvidor e intendente da Capitania do Rio Negro, realizada em 1774-1775.* Lisboa, 1825.; SPIX, Johanes B. von; MARTIUS, Carl F. von. *Viagem pelo Brasil (1817-1820).* Belo Horizonte: Itatiaia; São Paulo: Edusp, 1981, v. 3, p. 271-293.

A resistência dos Tremembé

Se os povos do sertão nordestino se mostraram resistentes, pouco se conhece da resistência dos povos do litoral piauiense e cearense, como os Tremembé ou Taramambé, como foram identificados na colônia.

Tiveram bom relacionamento com os holandeses, com quais negociavam âmbar e madeira de lei. Mas, para os portugueses, eram tidos como "o terror do litoral".

Segundo Bernardo Berredo, governador do Maranhão entre 1718 e 1722 e que escreveu uma importante história dessa capitania, os Tremembé se destacavam por serem grandes nadadores. Vivendo no delta do rio Parnaíba e no litoral Norte, entre o Maranhão e Ceará, foram "os mais insignes [indígenas do Brasil], porque [viviam] sem outra embarcação que a dos seus próprios braços, e quando muito [tinham] um pequeno remo,

[17] SAMPAIO, Francisco X. de. *Diário da viagem de Francisco Xavier Ribeiro de Sampaio, ouvidor e intendente da Capitania do Rio Negro, realizada em 1774-1775. Lisboa, 1825*, p. 31.

[18] MURPHY, Robert. *Headhunter's heritage. Social and economic change among the Mundurucu Indians.* Berkeley & Los Angeles: University of California Press, 1960, p. 76.

além de atravessarem muitas léguas de água, se conservam também debaixo dela por largos espaços, livres de receio".[19]

Indígenas coletores. Gravura de Rugendas, 1835.

Sem ter um poderio militar para enfrentar os portugueses em batalhas abertas, aproveitavam sua habilidade aquática para atacá-los. Quando um navio se aproximava da costa, rumo ao Maranhão, muitas vezes era obrigado a ancorar não longe da praia para não ser atingido pelos baixios da região. Era então que os Tremembé, camuflados pelo negrume da noite, chegavam ao barco e cortavam suas amarras. Alguns deles, desgovernados, naufragavam contra os recifes. A embarcação era então saqueada e os tripulantes mortos. Após um desses ataques, ingenuamente, alguns Tremembé foram a São Luís vender a mercadoria, sendo identificados, presos e executados na boca de um canhão. Esse fato ocorreu no final do século XVII.[20]

Apesar disso, os Tremembé não se intimidaram e seguiram atacando os portugueses ao longo da costa, numa estratégia de guerrilha. Há pouca informação sobre esses conflitos, mas sempre houve repressão violenta por parte dos portugueses. É o que se comprova pela carta do governador do Maranhão, Inácio Coelho da Silva, ao príncipe regente de Portugal, datada de 22 de setembro de 1679:

> Tendo feito marchar de São Luís uma expedição composta de trinta canoas e uma barca grande com 140 soldados e 470 índios [aliados], sob o comando de Vital Maciel Parente, surpreenderam os Taramambezes [Tremembé] descuidados, e foi tal o furor dos assaltantes que não perdoaram o sexo nem a idade. Os índios aliados, travando das crianças pelos pés, matavam-nas cruelmente dando-lhes com as cabecinhas pelos troncos das árvores; e de uma maloca de mais de trezentos só escaparam 37 inocentes [crianças], sendo mortos todos os mais, homens, mulheres e crianças! Depois dessa matança, seguiu a tropa pelo rio Paraguaçu acima, passando de duzentas léguas, voltando depois para São Luís, durando a jornada não menos de quatro meses.[21]

Na *História da Companhia de Jesus no Brasil,* ao relatar esse episódio, o padre Serafim Leite afirma que os jesuítas que acompanhavam a expedição condenaram veementemente essa chacina, conforme se lê na carta transcrita: "Foi incrível a nossa dor pela

[19] *Annaes Historicos do Estado do Maranhão, em que se dá noticias do seu descobrimento... até o anno de 1718.* [1749]. Iquitos: Abya-Yala; CETA; IIAP, 1989, edição fac-símile, p. 578-579.
[20] *Ibid.*, p. 579-580.
[21] *Apud.* PEREIRA DA COSTA, Francisco. *Op. cit.* p. 47.

carnificina dos inocentes, e quando celebramos missa, em longas e gravíssimas palavras, afeamos-lhe [condenamos-lhe] a ação, tanto aos Portugueses como aos Índios". E concluiu o padre, dizendo que os portugueses "prometeram daí em diante não repetirem a façanha".[22]

Depois disso, os Tremembé deixaram o litoral do Parnaíba, indo para a costa cearense, onde se encontram até hoje, lutando pela sobrevivência e mantendo uma cultura própria.

Fonte: PEREIRA DA COSTA, Francisco. Cronologia histórica do Estado do Piauí. Rio de Janeiro: Artenova, 1974, p. 47; LEITE, Serafim. *História da Companhia de Jesus,* 2004, tomo III, livro II, cap. VI, p. 502; BERREDO, Bernardo. *Annaes Historicos do Estado do Maranhão, em que se dá noticias do seu descobrimento... até o anno de 1718.* [1749]. Iquitos: Abya-Yala; CETA; IIAP, 1989, edição fac-símile, p. 578-579.

[22] LEITE, Serafim. *Op. cit.* p. 502.

Enfrentando os bandeirantes

Este ciclo de lutas indígenas contra os paulistas, chamados mais tarde de bandeirantes, constitui um capítulo à parte, pois diversos povos indígenas tiveram de enfrentá-los ao longo de várias décadas, tanto no Sul, quanto no Nordeste e no Centro-Oeste. Especializados na captura de indígenas e na repressão aos levantes nativos, esses mestiços criaram verdadeiras milícias a serviço não só do governo provincial como também de particulares.

As lutas da resistência nativa dessa fase são pouco conhecidas, pois a historiografia oficial privilegia os feitos dos bandeirantes, encobrindo o lado perdedor, redimensionando os fatos, para mostrar os indígenas como violentos e selvagens. Essas expedições repressivas foram seguramente mais nefastas que as missões, pois realizaram um verdadeiro genocídio, contribuindo para o desaparecimento de muitos povos do Leste e Centro-Oeste.

A resistência indígena no sertão dos Goiazes

Ao mesmo tempo em que grupos paulistas partiam para o Sul de Minas e Vale do Paranapanema para escravizar indígenas, outros tentavam a sorte indo para o Centro-Oeste. Ali, na região do cerrado, viviam povos falantes de língua jê.[1] As expedições sucediam-se, apesar das ordens régias, que proibiam essas "entradas", como eram chamadas, sem autorização expressa do governador. Na realidade, as ordens do rei e do governador pouca importância tinham para os moradores da vila de São Paulo. Vivendo distante de Lisboa e da Bahia, estabeleciam suas próprias leis.

Grupos de 30 a 150 pessoas, formados de portugueses e mamelucos, como eram chamados os mestiços paulistas,[2] deixavam periodicamente essa vila. Eram sempre acompanhados de um exército particular indígena, formado majoritariamente pelos Tupi da Piratininga. Foi o que ocorreu em 1613, quando 30 portugueses e mestiços, com seu batalhão indígena, comandado por André Fernandes, deixou o planalto paulista. Essa expedição foi bem documentada, pois parte desses aventureiros chegou a Belém do Pará dois anos depois. Como os rios do Centro-Oeste corriam para o Norte, era possível essa ligação fluvial, inaugurando acesso entre as duas regiões.

Embora nesse ano os portugueses ainda não estivessem ali instalados, os jesuítas do Sudeste demonstraram interesse por essa nova ligação, vislumbrando instalar missões nessa região. A área mostrava-se promissora, pois além de contar com a existência de muitos povos indígenas, propiciava melhor comunicação terrestre em comparação com as viagens marítimas. O nome sertão dos Guaiás ou dos Goiazes foi dado à região que compreende os atuais Estados de Goiás e Tocantins, e referia-se a uma suposta etnia, que seguramente nunca existiu. Na realidade, ali viviam muitos povos de língua jê e que resistiram bravamente à ocupação de seu território. Não sem razão, foram chamados de *muralhas do sertão,* pela dificuldade que ofereceram à expansão lusitana.

Através do rio Tocantins, chamado de *Yabeberi* ou *Yabebyra* (= rio das arraias), a expedição de André Fernandez chegou à confluência com o *Paraupaba* (= rio de lagoas rasas), antigo nome do rio Araguaia, no atual Sul do Pará. Ali deparou-se com sete aldeias do povo Caatinga, indígenas de língua tupi. E ficou bastante surpreso ao encontrar, entre os nativos, produtos franceses, certamente despojos de estrangeiros mortos por eles. Não se pode esquecer que o litoral do Maranhão foi ocupado por esses europeus até 1615.

A partir das informações ali colhidas, tiveram a boa notícia de que estavam a cerca de 60 léguas da foz do Paraguaçu, isto é, do rio Amazonas.

---

1 Assim como o tupi, que possui tronco e famílias linguísticas, os povos de língua jê formam um tronco, com várias famílias linguísticas.

2 Na Espanha, tal nome era dado aos mestiços, filhos de árabe com espanholas, tidos como pessoas altivas e violentas.

A chegada dos aventureiros despertou muita curiosidade, atraindo indígenas das aldeias vizinhas. Com discurso enganador, esses paulistas prometiam fartura de alimentos e muitos instrumentos de ferro. Iludidos, mais de 3 mil indígenas deixaram suas aldeias, acompanhando esses aventureiros numa extraordinária expedição com mais de 300 canoas.

Os indígenas foram as grandes vítimas dos bandeirantes. Desenho de Maurílio Barcellos.

Esse retorno deu-se pelo rio Araguaia que, com as chuvas de final de ano, tornou-se bastante viável para navegação. No meio da viagem, ocorreram desavenças por causa de uma jovem mestiça, filha de francês com uma nativa, e que era uma das esposas de importante cacique.

Houve violento conflito, resultando na morte de 16 portugueses e de alguns indígenas da tropa paulista. Apenas 14 paulistas conseguiram fugir, tomando o caminho de volta para São Paulo. Para compensar tantos dissabores e para "pagar" essa frustrada aventura, os indígenas encontrados pelo caminho foram sendo escravizados.

Novo conflito surgiu entre o grupo, mas dessa vez por causa de partilha de escravos. Sem chegar a um acordo, cinco portugueses separaram-se com uma cota maior de "peças", isto é, de escravos indígenas. Dias depois, foram vítimas de uma emboscada, feita certamente por indígenas hostis que os acompanhavam de forma camuflada. Todos foram mortos, sem deixar nada que pudesse ser recolhido e elencado pelos sobreviventes, como revela o inventário feito em São Paulo, a 22 de fevereiro de 1615.

Um detalhe chama a atenção nesse episódio. O documento relata a presença de um menino de 11 anos, filho de Manoel Rodrigues, um dos membros da expedição morto pelos indígenas. Não há detalhes de como a criança teria escapado. No entanto, a presença de um menor no tráfico de escravos mostra como, desde cedo, ia sendo formada a nova geração paulista, numa escola de roubo e violência.

Fonte: FERREIRA, Manoel Rodrigues. *O mistério do ouro dos Martírios*. São Paulo: Biblos, 1960, p. 229-239.

Os Itatim massacram paulistas

Como outros povos indígenas da época colonial, os Itatim são pouco conhecidos, sobretudo por terem vivido numa região de fronteira, nos limites com o Paraguai.

Segundo os próprios jesuítas espanhóis que com eles viveram, *itatim* significa "pedras pontudas", numa referência à região onde habitavam. Ocupavam um grande território,

Casa tradicional Guarani Kaiowá no Paraguai, que deveria ser parecida com as casas dos Itatim. Foto de Bartomeu Melià.

que ia do rio Miranda à serra de Maracaju, no atual Mato Grosso do Sul, tendo como limite, ao Sul, o rio Paraguai.

Embora tivessem uma cultura de base guarani, foram chamados de Temiminó (= grupo do neto), pois linguisticamente se aproximavam dos povos Tupi. Adotaram elementos de outras nações, como a corrida de tora, típica de povos jê, e o uso de batas listadas de muitas cores, recebidas do povo Guaikuru.

Construíam grandes aldeias, com 100 a 200 famílias, o que demonstra que a comunidade era bem estruturada. A história conservou o nome de um de seus líderes, Nhanduvusu, cacique e pajé, que unia o poder político e o religioso. Segundo o jesuíta Diego Ferrer, ele era considerado "mais que um homem e, há quem diga, que é o maior curandeiro de toda a terra".[3]

No relato de outro jesuíta, os Itatim eram "ferozes, desprezando todos os outros mortais, aceitando apenas os espanhóis". Tinham um espírito conflitivo, vingando as ofensas recebidas. "Quando recebem uma ofensa, dificilmente a esquecem", observava outro missionário.[4] Como os povos Tupi, praticaram a antropofagia ritual, abandonada após o contato com os missionários. Certamente as reduções os levaram a ser mais dóceis, pois o mesmo padre Ferrer escreveu que são "de boa índole e não diferem dos outros Guarani, senão pelos bons tratos e pela civilidade".[5]

No final do século XVI, os relatos tradicionais do povo afirmavam que um padre fora viver com eles numa aldeia, ali permanecendo até sua morte. Teria batizado mais de 2 mil indígenas e, antes de morrer, profetizou que "um dia apareceriam, vindos do Oriente, homens como ele, trazendo cruzes na mão e a palavra de Deus, e que os reuniria em grandes povoados".[6] Esse relato, se não foi histórico, tornou-se a explicação mítica da adesão incondicional desse povo à missão.

A partir de 1621 começaram a ser dominados pelos espanhóis da vila de Xerez, construída dentro de seu território, impondo-lhes o regime de *encomienda,* uma forma de escravidão disfarçada. O *encomendero* espanhol comprometia-se em batizar e catequizar os indígenas, recebendo, em contrapartida, o direito de ter seus serviços, sem remuneração, isto é, em regime de escravidão.

---

3 *Apud* CORTESÃO, Jaime (org.). *Op. cit.* v. II, p. 36.
4 *Monumenta Peruana* IV, p. 593, *apud* MELIÀ, Bartomeu e outros. *Op. cit.*, p. 158.
5 *Apud Ibid.* p. 161.
6 *In:* CORTESÃO, Jaime (org.). *Op. cit.* p. 33-34.

Suas grandes aldeias despertaram também a cobiça dos paulistas, que se especializavam como traficantes de escravos. No início do século XVII, procedente de São Paulo, apareceu um grupo de uns 30 homens, todos "mestiços com más intenções", como registrou uma crônica jesuítica, estando acompanhado de um sacerdote.[7] Na realidade, esse religioso tinha apenas o nome e a vestimenta de padre, pois vivia como os demais aventureiros, preocupado apenas em escravizar indígenas. Era um "lobo com pele de ovelha", como, mais tarde, os jesuítas se referiram aos sacerdotes que acompanhavam as bandeiras paulistas.

Com muitas mentiras, esse padre convenceu um grande grupo a acompanhá-lo até São Paulo, onde, supostamente, viveriam em liberdade e com muita fartura. Na viagem, os indígenas desconfiaram do tal religioso e de suas intenções. Aproveitando a escuridão da noite, atacaram o padre e os paulistas, matando a todos. Os indígenas se dividiram: alguns retornaram à terra natal, e a grande maioria se dispersou, "ficando perdidos no caminho", ou indo, talvez, viver com outros povos.[8] Esse episódio foi o prenúncio do que ocorreria mais tarde.

A partir de 1626, os ataques dos paulistas se intensificaram, atingindo não apenas as missões, como a própria vila de Xerez, que foi totalmente destruída nesse ano.

Fragilizados, os indígenas aceitaram reagrupar-se nas missões jesuíticas. Em 1639, cerca de 500 famílias formaram a missão de Nossa Senhora de Taré, outras 200, a missão de Caaguassu, e um número um pouco menor, a missão de Mboymboy, próxima ao rio Apa. Por um tempo, os paulistas deixaram de frequentar a região, parecendo dar uma trégua... Foi apenas por um curto tempo, retornando oito anos depois, com grande violência.

Fonte: MELIÀ, Bartomeu e outros. Los Pai Tavyterã. *Suplemento Antropológico*. Asunción: Universidad Católica, vol. 11, n. 1 e 2, dez. 1976; CORTESÃO, Jaime. *Manuscritos da Coleção De Angelis*. Rio de Janeiro: Ministério da Educação e Cultura, 1952, v. II, p. 33-36

A destruição das reduções jesuíticas

A adesão dos Guarani às missões fez com que, a partir de 1610, surgissem os primeiros aldeamentos cristãos na região do Guairá, no Oeste do Paraná, que na época era território paraguaio. Por ficarem distantes de Assunção, longe dos castelhanos desejosos de escravos, os jesuítas conseguiram implantar muitas missões. Além do Guairá, muitos aldeamentos surgiram ao longo dos rios Tibagi, Ivaí e Piqueri, numa área chamada genericamente região dos Patos e que ia até o litoral catarinense.

[7] *Ibid.*, p. 36.
[8] *Ibid.*

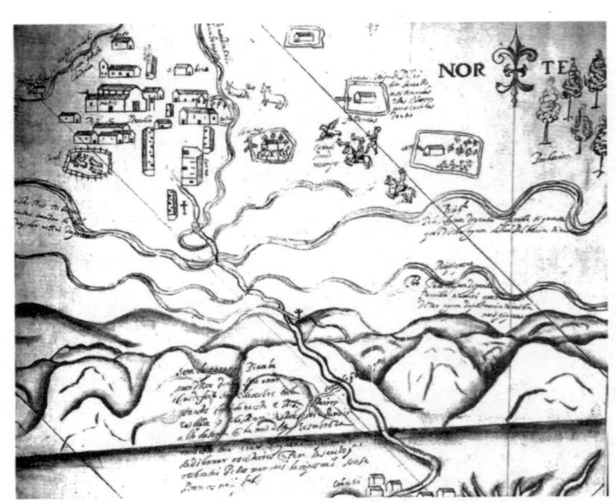

Croquis da vila de São Paulo por volta de 1625, de autor anônimo, provavelmente jesuíta. Acervo da Real Academia de la Historia de Madrid.

Essa adesão em massa desses indígenas foi, na realidade, uma maneira que tiveram para fugir dos ataques dos espanhóis e dos paulistas, que já haviam descoberto esses agrupamentos missionários.[9] Após dez anos de trabalho, já eram 15 as reduções, construídas de maneira simples, bem diferentes das grandes missões que surgiriam mais tarde. Calcula-se terem alcançado, nessa época, uma população de cerca de 70 mil indígenas.

Por falarem uma língua próxima a dos paulistas, que se comunicavam em tupi, por estarem habituados ao trabalho sistemático das missões e por seu temperamento dócil, os Guarani tornaram-se objetos de cobiça dos moradores de São Paulo.

Vários sertanistas destacaram-se pela ousadia e violência, como o português Manoel Preto. Entre 1623 e 1624, seu alvo foram as reduções do Guairá, que lhe renderam muitos escravos. Com esse comércio, comprou terras nos arredores da vila de São Paulo, construindo uma capela dedicada a Nossa Senhora do Ó, origem do atual bairro da Freguesia do Ó. Com esse oratório, talvez quisesse comprar um lugar no céu... o que não deve ter conseguido.

Como esse tráfico tinha grande aceitação, continuou sua ação maléfica, destruindo várias missões. Entre os anos de 1628 e 1629, Manoel Preto associou-se a Raposo Tavares visando atacar as missões de São José, São Francisco Xavier e Encarnação, situadas no rio Tibagi, e a missão de Jesus Maria, no rio Ivaí, todas no Paraná. Em 1630, recebeu sua paga: morreu flechado num confronto com indígenas.[10]

Sem considerar seu passado sombrio, Manuel Preto, assim como outros traficantes de escravos, são homenageados na capital paulista com nome de rua e de escola.

Segundo um historiador jesuíta, no primeiro quartel do século XVII, 31 reduções foram destruídas pelos bandeirantes: 14 no Guairá, 12 no Tape, três no Itatim e duas no rio Uruguai.[11]

Segundo os padres Simón Maceta e Justo Mansilla, que fizeram uma queixa formal junto ao governador da Bahia, os paulistas buscavam os indígenas das missões por serem mais vulneráveis ao ataque:

---

[9] CHARLEVOIX, Pierre François X. de S. J., *apud* LUGON, Clóvis. *A república Guarani*, 2010, p. 30.

[10] FRANCO, Francisco de Assis de Carvalho. *Op. cit.*, p. 318.

[11] *In:* LUGON, Clóvis. *A república Guarani*, p. 46.

> A razão que tiveram [os paulistas] de ir atacar essas aldeias [cristãs] de São Miguel e de Jesus Maria foi que, depois de saqueada a de Santo Antônio, haviam ido duas vezes aos Kaayú,[12] gente brava, onde os padres ainda não tinham trabalho. Como não haviam conseguido nada [frente à resistência indígena], determinaram assaltar nossas missões, dizendo que já tinham experimentado [e] que não lhes custavam muito trabalho prender os índios dos padres, como [do que prender] os índios bravos; e que na aldeia de Santo Antônio haviam prendido mais gente em uma hora do que se tivessem tentado em outra parte durante muitos meses.[13]

Por ocasião da destruição da missão de São Francisco Xavier, no Guairá, em 1629, inconformados com a violência do assalto, esses missionários que ali viviam resolveram seguir o grupo prisioneiro para resgatá-lo. Depois de um dia de caminhada, localizaram os paulistas e seu macabro comboio:

> À vista de seus queridos neófitos,[14] a quem conduziam como uma coluna de condenados às galés, padre Maseta [...] correu para abraçá-los, sem que pudesse ser detido nem pelos mosquetes [armas de fogo] apontados contra ele, nem pelos murros que lhe desferiam cada vez que se acercava dos cativos. [...] Trataram-no como louco e continuaram a repeli-lo, quando o viam aproximar-se demais. Entretanto um oficial consentiu em entregar-lhe alguns que tinham tocado em partilha, mediante um resgate que o padre prometeu pagar. Animado por esse início de êxito, voltou-se para outro lado. [...] Por fim, sua persistência triunfou da dureza do capitão que lhe entregou Guiraverá, um cacique célebre, sua mulher e outros seis prisioneiros que o padre enviou prontamente para [a missão] de Encarnação, com uma escolta. [...] Foi depois juntar-se ao padre Mansilla, e os dois, acompanhados de apenas três índios, continuaram seguindo os prisioneiros a certa distância, vivendo apenas de frutas silvestres que encontravam no mato e só parando para recolher alguns neófitos que seus condutores abandonavam quando já não podiam mais arrastar-se: eram mulheres doentes, a quem seus maridos não tinham permissão de ajudar, e os velhos que reclamavam em vão o apoio de seus filhos e os direitos da natureza [que a natureza lhes confere]. Todos estavam mais mortos que vivos e ficaram assim expostos a serem devorados pelas onças, e talvez muitos o tenham sido em virtude de se arrastarem até às florestas a fim de encontrarem algo de que viver.[15]

Junto com os prisioneiros, esses padres seguiram viagem até São Paulo, para fazer queixa ao capitão-geral. Sem serem ouvidos, partiram para a Bahia para denunciar os comandantes daquele assalto – Braz Leme, Pedro Paes de Barros e Antônio Pedro-

---

[12] Nome dado aos antigos *Kaaiguá* (que significa morador do mato), que viviam arredios. Hoje, seus descendentes são os Guarani dos subgrupos Kaiowá, Nhandeva e Mbyá.

[13] "Relación de los agravios que hicieron los portugueses de San Pablo, saqueando las aldeas que los religiosos de la Compañia de Jesús tenían en la misión de Guairá y campos de Iguazú", Santos, 10 de octubre de 1629. *In:* BLANCO, Ricardo R., *Las "bandeiras", instituciones bélicas americanas.* Brasília: Ed. Unb, 1966, p. 468.

[14] Pessoas que se preparam para o batismo.

[15] CHARLEVOIX, Pierre François de. *Histoire du Paraguay*, 1747, tomo I, p. 377-378. *Apud* LUGON, C. *A república "comunista" cristã dos Guaranis*, 1977, p. 46-47.

Ataque contra indígenas.
Gravura de J. B. Debret, 1834.

so –, relatando também que esses paulistas tinham total apoio da Câmara de São Paulo. Entregavam um longo documento, que relatava toda a violência dos assaltos. No final da denúncia, resumiam a trajetória desses homens: "a vida destes salteadores não é senão ir e voltar do sertão, para trazer presos com tanta crueldade, mortes e latrocínios [os indígenas], para logo vendê-los como se fossem porcos".[16]

Inconformados com a omissão das autoridades da Bahia, os padres recorreram ao rei de Espanha, pois nessa época Espanha e Portugal formavam um único reino.

Por sua vez, o governador da Província do Rio da Prata escreveu ao rei denunciando os ataques:

> Verifiquei que, de 1628 a 1630, os habitantes de São Paulo arrebataram mais de sessenta mil almas [indígenas] das reduções, tanto nessa província [do Guairá] como na do Paraguai; que eles aí exerceram crueldades e desumanidades incríveis, comportando-se de maneira que não era possível crer que fossem cristãos e católicos.[17]

E mais adiante colocavam que viram indígenas Guarani sendo vendidos no Rio de Janeiro, "tão abertamente como se tivessem sido escravizados com a aprovação de Sua Majestade".[18] Nesse cálculo, certamente devem ter sido incluídos os Guarani que viviam em Vila Rica e Ciudad Real, vilas paraguaias situadas no Paraná e que mais tarde foram destruídas pelos paulistas.

Esses números geram questionamentos sobre a história oficial brasileira. Por que esses indivíduos foram exaltados como "heróis", com nome de ruas, praças e rodovias, sendo esquecidas suas vítimas, os indígenas?

São episódios que envergonham nosso passado.

Fonte: LUGON, Clóvis. *A república Guarani.* São Paulo: Expressão Popular, 2010; _____ *A república "comunista" cristã dos Guaranis, 1610-1768.* 3ª ed. Rio de Janeiro: Paz e Terra, 1977; MASETA, Simón; MANCILLA, Justo. Relación de los agravios que hicieron los portugueses de San Pablo, In: BLANCO, Ricardo Román. *Las 'bandeiras'.* Instituciones bélicas americanas. Brasília: Ed. UnB, 1966, p. 461-483.

[16] Relación de los agravios que hicieron los portugueses de San Pablo..., 10/10/1629. *In:* BLANCO, Ricardo Román. *Op. cit.*, p. 478.

[17] CHARLEVOIX, tomo I, p. 379. Apud LUGON, C., 1977, p. 48.

[18] *Ibid.*

Raposo Tavares ataca a missão de Jesus Maria do Tape

Para escapar dos ataques dos paulistas, os Guarani e os jesuítas das missões do Guairá decidiram transferir-se para o Sul. Numa longa viagem pelo rio Paraná, com cerca de 700 canoas, chegaram até Foz do Iguaçu. Ali souberam que os paulistas estavam próximos para um novo ataque. Abandonando as canoas nas cataratas, pela impossibilidade de descer pelo rio, tiveram que fazer pela mata mais de 100 quilômetros a pé, enfrentando muitos perigos e falta de alimentos.

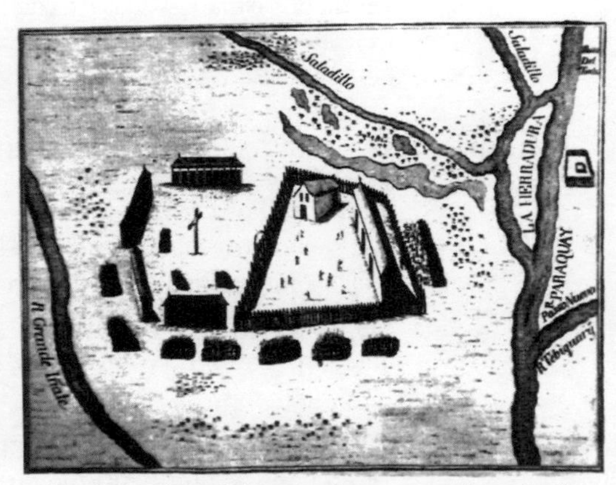

Missão jesuítica do Paraguai com cerca de proteção. Gravura do século XVII, de autor desconhecido.

Dos 70 mil indígenas que havia nas missões do Guairá, somente 10 mil conseguiram chegar ao Tape, no centro do atual Rio Grande do Sul. Depois, deslocaram-se também para Entre-rios, na atual Argentina. Um novo período começou, surgindo outras missões, que alcançaram um total de 15 povoados.

Se o plano era ficar longe dos ataques paulistas, equivocaram-se, pois até naquelas paragens o perigo das expedições escravistas rondava.

Foi o que ocorreu em 1636, com a missão de Jesus Maria, na serra do Tape. Comandado por Antônio Raposo Tavares, um grupo de 140 paulistas e 150 indígenas tomou de assalto a missão, com cenas que causam horror e revolta. O relato com seus detalhes foi escrito pelo padre Antônio Ruiz de Montoya, a partir de depoimentos das vítimas. Optamos por transcrevê-lo quase na íntegra, para melhor desconstruir a figura desse suposto herói, tão exaltado pela história brasileira, e, sobretudo, paulista.

> Com a voz corrente de que os paulistas vinham dar sobre esta redução, os índios deram princípio à construção de um pequeno valo ou cerco, o qual, contudo, não pôde aprontar-se, por causa da pressa com que os inimigos avançavam.
>
> No dia de São Francisco Xavier [2 de dezembro] do ano de 1636, quando se estava celebrando a festa com missa e sermão, 140 portugueses do Brasil, acompanhados de 150 tupis, entraram naquela missão. Vinham todos otimamente armados com escopeta e se achavam vestidos com gibões, que são [coletes com gorro] forrados de algodão, pelo que o soldado está protegido dos pés à cabeça e peleja em segurança contra as flechas. Foi assim, ao som de tambor, bandeira desfraldada e em ordem militar, que esses portugueses entraram pelo povoado, já disparando armas e, sem aguardarem negociação, atacando a igreja com a detonação de seus mosquetes.
>
> Havia se acolhido a ela os moradores da missão, pois sua parede seria também de continuação ao valo ou cerca não terminada.
>
> Acharam-se ali presentes dois sacerdotes e dois irmãos leigos, que se vendo em apuros por causa dos balaços, aplicaram-se esses irmãos, com os índios à defesa justa e, como sacerdotes, a incutir ânimo aos defensores.

> Pelejaram todos durante seis horas, ou seja, das oito da manhã até às duas da tarde. Feriram os portugueses a um dos padres com um balaço na cabeça. Atravessaram o braço de um dos irmãos e ao outro deixaram-no vulnerado, embora de forma 'milagrosa' [não morreu]. Isso, porque descarregando-se a fúria da bala numa medalha pendurada a seu pescoço, não o furou, mas resvalando, foi ferir a mão do religioso.

A fúria desses bandeirantes foi enorme, como prossegue o relato:

> Nossos índios cristãos lutavam com esforço, esperando também no socorro de gente, que se aguardava. As mulheres e os meninos, de sua parte, pediam socorro de joelhos a Deus, mergulhados em lágrimas.
>
> Malferido e cheio de cansaço, protegeu-se um dos religiosos atrás de um tronco de madeira. Viram-no os inimigos, que em alta voz gritaram:
>
> – Matemos aquele cachorro!
>
> Com isso todos apontaram para ele [o missionário]. Contaram-se depois as balas que foram mais de quinhentas, o que deixaram admirados os próprios traidores.

A resistência indígena foi surpreendente, inclusive de algumas mulheres:

> Vista pelos inimigos a valentia dos sitiados e considerando serem muitos os seus próprios mortos, pretenderam abrir uma passagem por meio de uns paus do forte [da cerca de proteção]. Percebeu-o uma índia varonil que, vestindo-se de homem, partiu com uma lança contra um Tupi, que já estava abrindo a passagem aos demais e, atravessando-o, deixou-o morto ali, bem como impedindo a entrada aos outros.

Esses traficantes de escravos não respeitavam nada, nem objetos religiosos e nem as crianças, como continua o relato:

> Resolveram os inimigos queimar a igreja... Confesso a este respeito que os ouvi dizerem que eram cristãos, pois nessa hora estavam com enormes rosários. Não há dúvida que tenham fé em Deus, mas são do diabo as suas obras.
>
> Por três vezes atiraram flechas inflamadas [incandescentes], mas, embora com dificuldade, conseguiu-se apagar o fogo. O fogo [se] fez na quarta tentativa, devido à palha [da cobertura] da igreja. Foi então ali a confusão e vozerio, os prantos de mulheres e a perturbação de todos. O inimigo, muito alegre, estava dando graças a Deus por ver a igreja em chamas.
>
> Sendo pequena a área fortificada, grande o fogo, o sol causticante com seus raios e evidente o perigo do inimigo, julgaram finalmente – os índios e religiosos –, ser racional confiar-se ao adversário igualmente racional – se é que merece tal qualificativo –, pois era preferível entregar-se a eles do que queimar-se naquela fogueira.
>
> Abriram então um portãozinho, pelo qual saíram os índios assim como o faz o rebanho de ovelhas, indo do cercado ao pasto. Com isso acudiram ao mesmo portãozinho, como possessos do demônio aqueles tigres ferozes e começaram com espadas, facões e alfanjes a derrubar cabeças, truncar braços, descamar pernas e atravessar corpos, matando com a maior brutalidade já vista no mundo.
>
> [...] Provavam eles o fio de aço de suas espadas em cortarem os meninos em duas partes, em lhes abrirem as cabeças e despedaçarem os seus membros fracos. Importavam numa confusão horrenda os gritos, o berreiro e os uivos destes lobos, de mistura com as vozes chorosas das mães, que ficavam atravessadas pela espada bárbara e também pela dor de verem despedaçados os seus filhinhos.

> Não mostraram também qualquer compaixão com os feridos, sendo que em vez disso os meteram numa prisão, defendida com boa guarda.
>
> E, lançando-se ao roubo do que o fogo tinha poupado, não pouparam nem sequer as vestes litúrgicas, rasgando-as aos pedaços ou levando-as consigo qual troféu, pois chegaram a mostrá-la sem nenhuma vergonha ou constrangimento em sua terra [São Paulo][19].

Após esse ataque, Raposo Tavares seguiu para o Sul, chegando na semana do Natal às missões de São Cristóvão e Sant'Ana.

O sucesso desse comércio entusiasmava outros paulistas. Em princípios de 1637, saiu de São Paulo mais outra expedição, comandada por Francisco Bueno, que em maio desse mesmo ano destruiu as missões de Santa Teresa, São Carlos, Candelária, também na região do Tape. Em seguida, partiu para a região do atual Uruguai, atacando a missão de Caaró.

Com grade número de prisioneiros, esses dois traficantes de escravos voltaram a São Paulo em janeiro de 1639, sendo recebidos como heróis...

Fonte: MONTOYA, Antonio Ruiz de. *A conquista espiritual feita pelos padres da Companhia de Jesus nas Províncias do Paraguai...* Porto Alegre: Martins Ed., 1985, p. 244-245; FRANCO, Francisco de Assis Carvalho. *Dicionário de bandeirantes e sertanistas do Brasil.* São Paulo: Comissão do IV Centenário, 1954, 405-412.

A derrota dos paulistas no Sul

Durante quase quinze anos, de 1623 a 1639, os Guarani das missões foram alvos desses traficantes de escravos.

Se o rei espanhol não teve uma ação firme contra essa prática destruidora, pelo menos atendeu ao apelo dos missionários, que solicitavam o uso de arma de fogo para se defenderem. As autoridades espanholas e portuguesas nunca haviam permitido que indígenas usassem armas de fogo, temendo possíveis rebeliões.

Assim foram fabricadas em algumas missões mosquetes e primitivos canhões de taquaruçu. O primeiro confronto com essas armas se deu em 1639, quando 1.500 indígenas da redução de Caaró, liderados por Nicolau Nheenguiru, enfrentaram a expedição de Pascoal Paes de Barros, às margens do rio Caazapaguasu, afluente do rio Uruguai, próximo a atual Passo Fundo. Apesar de algumas baixas e da morte de um missionário que os acompanhava, os Guarani tiveram expressiva vitória.

---

[19] MONTOYA, Antonio Ruiz de. *A conquista espiritual feita pelos Padres da Companhia de Jesus nas Províncias do Paraguai...* Porto Alegre: Martins Ed., 1985, p. 244-245.

Bandeirante paulista com gibão almofadado contra flechas. Desenho de Avelino Guedes a partir de ilustração de Paulo Florenzano, 1989.

Vários paulistas foram presos e enviados a Buenos Aires. Para surpresa dos indígenas e dos missionários, não houve grande punição e mais tarde foram repatriados para São Paulo.

As expedições escravistas continuaram. Passados dois anos, em 1641, a recém-criada missão de São Francisco Xavier, localizada agora na região de Acarágua, no rio Uruguai, foi ameaçada pela bandeira de Jerônimo Pedroso de Barros, filho do capitão-mor Pedro Vaz de Barros. Esse grupo desceu o rio Paraná com 130 canoas, levando 400 portugueses, 600 mamelucos e mais de 500 indígenas Tupi.

Os Guarani, já melhor preparados, conseguiram reunir um pequeno exército, na missão, liderado pelos capitães Guarani Inácio Abiaru e Nicolau Nheenguiru. Agora, poderiam se defender em pé de igualdade. Numa estratégia inteligente, esse contingente indígena deslocou-se para o rio Mbororé, escondendo-se nas matas.

Ao atingir a missão, os paulistas encontraram-na vazia, estando ali apenas o padre Cristóvão Altamirano. Afirmou-lhes que os indígenas não queriam luta e, por isso, haviam abandonado a missão. O padre deslocou-se para Mbororé para se encontrar com o grupo indígena. Assim atraídos, os paulistas partiram em canoas para o rio Mbororé, encontrando ali uma verdadeira praça de guerra. Perceberam que haviam caído numa cilada. Destemidamente, Jerônimo de Barros, com 30 homens de elite, abandonaram os barcos, partindo para uma luta corpo a corpo. Pela primeira vez, os paulistas se viram em desvantagem, devido à superioridade do exército indígena. A peleja durou até a noite.

Sentindo-se próximos da derrota, os paulistas pediram uma trégua, enviando um mensageiro a dizer que estavam ali para ter notícias dos paulistas presos no ataque anterior. Queriam, na realidade, ganhar tempo. Os Guarani e os padres não acreditaram nessa história, retomando o confronto. Cercados e com muitos mortos, os paulistas foram obrigados a abandonar a região. É possível

Guarani missioneiro. Desenho de Wasth Rodrigues, 1960.

que Jerônimo de Barros tenha morrido nessa expedição, ou em consequência dela, pois não retornou a São Paulo.

Um ano e meio depois, os sobreviventes dessa frustrada bandeira chegaram à vila de São Paulo. Não passavam de 250 pessoas, na sua maioria, portugueses. Quase todos os mamelucos e indígenas haviam sido mortos.

Essa vitória dos indígenas missioneiros fez com que as expedições paulistas buscassem outras regiões, visando povos mais vulneráveis. E, para surpresa desses traficantes de escravos, em seu caminho apareceu o tão sonhado ouro. Partiram então atrás do "ouro amarelo", pois o "ouro vermelho" já não era tão acessível.

Fonte: LUGON, Clóvis. *A república Guarani*. São Paulo: Expressão Popular: 2010, p. 35-47; FRANCO, Francisco de Assis Carvalho. *Dicionário de bandeirantes e sertanistas do Brasil*. São Paulo: Comissão do IV Centenário, 1954, p. 56-57

Os Itatim e a bandeira de Raposo Tavares

Após as derrotas no Sul, os paulistas pareciam não querer escravos indígenas, e sim riquezas mais seguras, como ouro e prata.

Informado sobre as minas da Bolívia, Antônio Raposo Tavares, deixou sua fazenda de Quitaúna, em São Paulo, e partiu para Portugal em busca de nomeação como capitão-geral das minas. Com a restauração do reino português, em 1640, o país precisava de uma reserva de ouro para se manter. Por isso, dom João IV teria concordado em dar a esse traficante de escravos a incumbência de buscar riquezas em terras castelhanas, ampliando também as fronteiras portuguesas na América.

De São Paulo partiram duas companhias: uma, comandada por Raposo Tavares, com uma tropa de 120 portugueses e mestiços e 600 indígenas Tupi; outra, dirigida por Antônio Pereira de Azevedo, com 60 homens e, provavelmente, igual número de indígenas. O primeiro seguiu por terra o caminho guarani do Peabiru, e o segundo desceu o rio Tietê.

Como a missão jesuítica de Nossa Senhora de Tarés, do povo Itatim, estava na rota para a Bolívia, ela foi alvo da expedição de Raposo Tavares a 8 de setembro de 1647. Pegos de surpresa, cerca de 220 indígenas foram feitos prisioneiros, e a missão, destruída. O estrago só não foi maior, pois parte da comunidade estava nas roças. Ao retornar à missão, esses homens souberam do ocorrido e partiram ao encalço de seus parentes. Após dois dias de caminhada, localizaram os paulistas, que foram cercados, sendo muitos indígenas soltos.

Como a região se mostrava vulnerável a novos ataques, os Itatim e os jesuítas se reagruparam na missão de Mboymboy, no rio Apa. Meses depois, tornaram-se também alvo de novo ataque, agora desencadeado pela bandeira de Azevedo. Muitos indígenas foram presos, inclusive um jesuíta. Mais uma vez a comunidade reagiu. Numa operação bem

Paulistas atacados por indígenas. Ilustração de Avelino Guedes, 1989.

articulada, os Itatim conseguiram alcançar o grupo paulista, libertando o missionário e muitos indígenas.

Diante desses reveses, as duas tropas se encontram e decidiram abandonar a caça ao índio, partindo para as minas de prata. Após um mês de caminhada, foram atacados por indígenas, provavelmente Chiquitanos, que viviam no Chaco boliviano.

Não se tem muitas informações desse momento, mas Raposo Tavares e seus homens se viram obrigados a abandonar esse empreendimento. Mudaram de rota e, em precárias balsas, entraram pelo rio Mamoré, que os levou rumo ao Norte. Depois de enfrentar cachoeiras e corredeiras, chegaram ao rio Madeira, que os levou ao rio Amazonas.

Após três anos de aventura e desventuras, perfazendo mais de 10 mil quilômetros, o grupo alcançou o forte de Gurupá, próximo a Belém, em 1651. Eram apenas 59 portugueses, alguns mamelucos e uns poucos indígenas, sobreviventes das duas bandeiras.

Raposo Tavares é exaltado por esse feito, mas na realidade, antes de ser uma epopeia, foi o final de uma expedição fracassada de um traficante que matou e escravizou milhares de nativos.

Fonte: FRANCO, Francisco de Assis Carvalho. *Dicionário de bandeirantes e sertanistas do Brasil*, São Paulo: Edições do IV Centenário, 1954, p. 405-412. GADELHA, Regina Maria. *As missões jesuíticas do Itatim*. Rio de Janeiro: Paz e Terra, 1980.

Bilreiros do Tocantins resistem

A ganância por escravos indígenas fazia com que portugueses e mamelucos de São Paulo entrassem cada vez mais pelo interior do Brasil, rompendo as fronteiras do Tratado de Tordesilhas.

Houve momentos que a vila ficou quase despovoada, pois a maior parte dos homens havia partido para o sertão. Escrevendo em 1637, um sacerdote do Rio de Janeiro afirmou que nos dez anos anteriores, "entre 70 e 80 mil almas [pessoas] haviam sido levadas da região dos Patos [das missões jesuíticas], embora poucos deles tivessem chegado com vida".[20]

Após as derrotas sofridas na região das missões, os paulistas se voltaram para o sertão dos Goiazes. Depois da malograda missão de André Fernandes, cuja expedição

[20] *Apud* MONTEIRO, John. *Negros da terra.* São Paulo: Companhia das Letras, 1994, p. 68.

fora quase toda exterminada em 1615, algumas décadas depois ali retornaram em busca de escravos.

A mais importante dessas entradas ocorreu em 1671, chefiada por Sebastião Pais de Barros. Chama a atenção o grande número de participantes: 800 pessoas, sendo 200 portugueses, 200 mamelucos e 400 indígenas.

Seguindo o rio Mogi-Guaçu, na capitania de São Paulo, esse batalhão de aventureiros, depois de passar o rio Grande, alcançou o território goiano, caminhando em direção Norte, ao longo do rio Tocantins. Num de seus afluentes, já próximo à sua foz, foi localizado ouro. Imediatamente construiu-se um arraial para facilitar a mineração, de onde partiam expedições para capturar escravos indígenas, pois esse "ouro vermelho" ainda interessava os paulistas.

Expedições paulistas devastaram o sertão em busca de escravos indígenas. Sauvages Goyanas, gravura de J. B. Debret, 1834.

Tais entradas revoltaram a população nativa, que já vinha sofrendo com a presença de portugueses procedentes de Belém. Por isso, um grupo de Aruaqueres, de língua tupi – povo que não dever ser confundido com os Aruaque ou Aruak, de outra língua – foi até Belém denunciar esses desmandos e pedir ajuda ao governador para "baixar [trazer] seus parentes, que ficaram nos matos (...) fugindo dos homens de São Paulo que tinham chegado aos Guarajus".[21] Não há informações sobre esse povo, mas relatos da época indicam que vivia na confluência do Tocantins com o Araguaia, onde se localizavam várias nações de língua tupi, que tinham bom relacionamento com os moradores de Belém.

Ao receber tal notícia, o governador mandou uma expedição, sob o comando do capitão Francisco da Mota Falcão, para exigir dos intrusos a suspensão dos ataques contra os nativos e seu imediato retorno a São Paulo. Ao chegar ao arraial, Falcão encontrou um grande número de Guaraju aprisionados e transmitiu a ordem do governador que exigia imediata desocupação da área, libertação dos cativos e o retorno a São Paulo. Com grande insolência, Pais de Barros ridicularizou o documento, dizendo que eram eles, os emissários, que deveriam se retirar. Como o grupo paraense mostrava-se numericamente inferior, o capitão não quis arriscar um confronto, retornando ao Pará.

---

[21] Ver o verbete *Sebastião Pais de Barros* em FRANCO, Francisco de Assis Carvalho, *op. cit.*, p. 60.

Ao chegar a Belém, comunicou o ocorrido ao governador, que se mostrou muito irritado e decidiu enviar outra expedição mais numerosa para expulsar aqueles invasores. Para sua surpresa, alguns dias depois, chegava de Lisboa o jesuíta Antônio Raposo, com carta do rei, não só autorizando Pais de Barros a continuar as buscas por ouro, como solicitava o envio de amostras desse mineral ao reino, para confirmar a existência de tão sonhada riqueza.

Dessa forma, o governador foi obrigado a preparar nova expedição não para punir Pais de Barros, mas sim para entregar a carta de Sua Majestade. Vê-se, por aí, como esses aventureiros estavam acima dos governos locais, comunicando-se diretamente com o rei.

Ao chegar ao arraial paulista, para surpresa da expedição, foi encontrado não um garimpo em atividade, mas um acampamento destruído pelos Bilreiros, "gente belicosa", como eram vistos na época.

Esse povo vivia no cerrado goiano, chamado então de sertão dos Bilreiros. O nome veio pelo fato de esse grupo usar um cacete, chamado pelos portugueses de *bilro*, pois lembrava o bastão utilizado no jogo da pelota basca. De fácil manuseio, mostrava-se uma arma mortal e, por isso, muito temida. Esses Bilreiros eram, possivelmente, os Gamelas ou Canelas, subgrupo Timbira do Norte do Tocantins, distintos dos outros Bilreiros, identificados como Kayapó Meridionais.

Não há detalhes desse assalto, mas apenas o registro de que a quase totalidade desses aventureiros foi morta, inclusive seu chefe. Os sobreviventes chegaram a São Paulo um ano depois. A pressão sobre os Bilreiros continuou no século seguinte, com o descobrimento efetivo de ouro em Goiás.

Fonte: FRANCO, Francisco de Assis Carvalho. *Sertanistas do Brasil.* São Paulo: Edições do IV Centenário, 1954, p. 60-61.

Os Crixá e a bandeira do Anhanguera

Quando os paulistas finalmente descobriram ouro nas terras da atual Minas Gerais, no final do século XVII, houve uma verdadeira corrida para a região. Muitos portugueses, moradores da Bahia, partiram para aquele território, disputando as novas descobertas. Disso resultou um grande confronto, sendo os paulistas expulsos. Por usarem botas, ao contrário desses últimos que andavam descalços, os baianos foram chamados de *emboabas*.[22] E o conflito entrou para a história como *guerra dos emboabas*.

Sem acesso a esses garimpos, a partir de 1704, os paulistas tiveram que buscar o ouro em outras regiões. Dessa forma, foram descobertas as minas de Cuiabá, no Mato

[22] *Ambuava* ou *Embuava* era o nome tupi dado aos portugueses, por terem as pernas protegidas por botas ou perneiras, semelhante a certas galinhas que tem os pés cobertos de penas.

Os Crixá devem ter sido um subgrupo Xavante. Aldeia Xavante em 1945, foto do Museu do Índio.

Grosso. A busca continuava também nos sertões dos Goiazes, onde estava a mina da serra dos Martírios, supostamente localizada no Norte da província.[23] Foi o sonho desse ouro que lançou na aventura, em 1722, um grupo de portugueses e paulistas.

A 3 de julho daquele ano partiu de São Paulo uma expedição formada por 142 portugueses, seis paulistas, um baiano, dois frades beneditinos, um franciscano e 20 escravos indígenas, acompanhados de 20 cavalos, comandada por Bartolomeu Bueno da Silva, chamado de Anhanguera, o moço. Esse apelido veio-lhe do pai, pelo fato de ter um olho vazado, o que lhe dava estranha aparência, valendo-lhe esse nome tupi, que significa *Anhangá velho* ou *diabo velho*.

Após deixar São Paulo na direção do sertão dos Guaiazes, o grupo alcançou os campos existentes então na região da atual Campinas, seguindo rumo Norte até alcançar o rio Grande. A viagem que se mostrava tranquila, após o rio Parnaíba tornou-se um pesadelo devido ao terreno arenoso. Com pouca água e quase sem comida, houve forte tensão entre os membros da expedição, não só pela postura autoritária do Anhanguera, que detestava portugueses, como também pelo fato de não querer mostrar o roteiro da expedição. Era um suposto mapa, elaborado a partir da expedição que fizera com o pai, quando adolescente. Após três meses de viagem, alguns abandonaram a expedição, propondo-se fazer roça e voltar para São Paulo, como o beneditino frei Antônio e seu sobrinho. A maioria dos indígenas fugiu, buscando possível guarida entre seus parentes do sertão.

Quando o grupo imaginava perecer de fome, eis que se deparou com uma trilha, que foi dar numa aldeia indígena. O Anhanguera queria um encontro amigável para obter comida. Mas esses aventureiros assustavam e foram recebidos a flechadas. Um dos portugueses, que entrou pela aldeia a cavalo, foi derrubado a golpes de borduna, caindo no chão, semimorto.

Essa aldeia era dos Crixá, provável subgrupo Xavante, a partir da descrição deixada. A aldeia, construída em círculo, próxima a um riacho, era formada por 19 casas arredondadas, feitas com folhas de palmeira. Cada uma abrigava cerca de 10 casais, que dormiam em cestos feitos de palha buriti. Havia boas roças de milho e batata doce.

Com esse confronto, os indígenas abandonaram a aldeia, o que possibilitou socorrer o ferido, que já parecia morto. Como o coração pulsava, trataram-no com urina humana

[23] Esse nome veio do relato de Anhanguera, o Velho, sobre a suposta existência de ouro, próximo à foz do rio Tocantins, numa região onde se viam nos rochedos pinturas rupestres que lembravam figuras do "martírio" de Cristo, como a cruz, a escada e o galo. Sobre esse tema ver Manoel Rodrigues Ferreira, *O mistério do ouro dos Martírios*, 1960.

e fumo, únicos remédios que dispunham. Esse rudimentar tratamento se mostrou eficiente, pois no dia seguinte o ferido já dava sinais de vida.

A roça indígena saciou a fome do grupo, mas não os uniu. Obcecado pelas minas dos Martírios, Anhanguera insistia em continuar a expedição, sempre ameaçando eliminar algum *emboaba* que pudesse atrapalhar seus planos. Na realidade, era o ódio pelos portugueses que orientava seus atos. Para salvar a própria vida, José Peixoto Braga e outros três portugueses, acompanhados de quatro indígenas e de um mulato, abandonaram o capitão, seguindo rumo Norte, em direção ao Maranhão. Com vários dias de caminhada, depararam-se com o rio Tocantins, que seguramente os levaria a algum povoado do Norte.

A viagem rio abaixo foi das mais atribuladas, enfrentado indígenas hostis e grandes corredeiras. Perderam quase tudo nos vários acidentes fluviais, inclusive a roupa do corpo. Depois de três meses de viagem, nus, com apenas três armas de fogo, chegaram a uma missão dos jesuítas, no Pará. Confundidos inicialmente com indígenas Mana, que usavam armas de fogo, quase foram mortos. Mas ao dizerem algumas frases em português, foram poupados.

A persistência de Anhanguera e do pequeno grupo que com ele ficou manteve-os no sertão por três anos em busca das tão sonhadas minas. Sem encontrá-las, desiludidos, decidiram voltar a São Paulo. Ao passar pelo rio Vermelho, a beira do qual surgiu depois a cidade de Goiás Velho, descobriram ouro de aluvião.

Se para eles foi a recompensa por tantos sofrimentos, para os indígenas da região foi o começo do fim.

Fonte: Notícia que dá ao padre Diogo Soares o alferes José Peixoto da Silva Braga, Congonhas, 1734. *In:* TAUNAY, Afonso de E. *Relatos sertanistas.* Belo Horizonte: Itatiaia; São Paulo: Edusp, 1981, p. 124-141.

Os Payayá massacram os paulistas na Bahia

Entre os vários episódios ocorridos no século XVII contra os paulistas, destaca-se a luta do povo Payayá, das regiões de Utinga e Jacobina, na parte central da Bahia. Periodicamente, esses indígenas desciam ao litoral, atacando e destruindo fazendas e engenhos, numa forma de responder à invasão de seus territórios.

Os Payayá faziam parte da grande nação Kariri, sendo muito apegados às tradições religiosas, como se lê em alguns relatos jesuíticos. Apresentavam elementos culturais dos povos de língua jê, como a corrida de tora e o endocanibalismo[24] realizado durante o ritual funerário.

[24] Essa prática consistia em incinerar os ossos do falecido, transformando-o em pó, que misturado a uma bebida, era ingerido pelos familiares.

Incapaz de deter os ataques dessa belicosa nação, o governador Francisco Barreto fez um apelo aos paulistas, que melhor do que ninguém sabiam enfrentar as guerras indígenas. Como paga dos serviços, ficavam com os escravos capturados.

Após o ataque às reduções jesuíticas, onde algumas bandeiras foram derrotadas, como a de Domingos Barbosa Calheiros, os paulistas passaram a atuar em outras regiões. Foi precisamente a esse bandeirante que o governador da Bahia, em 1657, pediu ajuda contra os Payayá do sertão. Apesar de sexagenário, aceitou o desafio.

Guerreiro Tapuia, provavelmente Kariri, do sertão nordestino. Pintura de Albert Eckout, 1640.

Em fevereiro do ano seguinte, um batalhão, comandado por Calheiros e por mais dois adjuntos, Fernando de Camargo, o moço, e Bernardo Sanches de Aguiar, seguiu para Salvador, onde foram recrutar pessoas para a expedição, pois não tinham número suficiente para tal operação guerreira. Isso atrasou a partida para o interior da Bahia, que ocorreu em outubro de 1658. Entre os membros da expedição, estavam alguns paulistas conhecidos, como os irmãos Francisco e João Jorge Leite e o capelão, o padre Mateus Nunes de Siqueira, que além de sacerdote, era dono de muitas terras e escravos.

À medida que o grupo ia sertão adentro, o capitão continuava o recrutamento, principalmente de indígenas aliados, como os Tupiães das aldeias de Jaguaripe e de Tocos. De Francisco Dias d'Ávila, grande latifundiário baiano, recebeu importante reforço de jovens Payayá, que, sob o comando de Jaquarique, ofereceram-se para servir de guias. A bandeira planejava exterminar não somente os Payayá, como atacar as aldeias dos Maracaguaçu e dos Tupini, que viviam na região de Orobó. Eram importantes alvos, pois os indígenas dessas últimas aldeias falavam tupi, a mesma língua dos paulistas, e eram vistos como bons trabalhadores.

A expedição, que se mostrava poderosa, começou a ter seus projetos frustrados à medida que penetrava naquele escaldante sertão baiano. Os Payayá que se ofereceram como guias não faziam parte de um grupo dissidente, mas eram guerreiros disfarçados que planejavam exterminar os paulistas.

Na região de Tapuricé, próximo a Jacobina, o batalhão de quase 200 portugueses caiu numa emboscada. A documentação da época não dá detalhes, mas afirma que Domingos Calheiros conseguiu escapar com vida, juntamente com alguns outros, que, com muita dificuldade, sofrendo fome e sede, chegaram a Salvador. Em 1660 esse velho bandeirante já estava em São Paulo. Faleceu no mesmo ano, certamente por causa das agruras dessa

Casa bandeirista do Tatuapé, da antiga propriedade do padre Mateus Nunes de Siqueira.
Foto de Herman H. Graeser, 1955.

jornada. Foi a paga que recebeu dos Payayá do sertão baiano.

O padre Mateus de Siqueira, que estava entre os sobreviventes, morreu bem mais tarde. Mais fazendeiro do que padre, em vez de indígenas, quase encontrou a morte na Bahia. No seu testamento de 1682 – que deixou para seu irmão, responsável da Capela de Nossa Senhora da Penha, na capital paulista – ainda se lê sobre "seis peças [escravos] indígenas" de sua fazenda do Tatuapé. Certamente não eram indígenas da Bahia.

Fonte: ELLIS JR., Alfredo. *O bandeirismo paulista e o recuo do meridiano.* São Paulo, s/d; FRANCO, Francisco de Assis Carvalho. *Dicionário de bandeirantes e sertanistas do Brasil*, São Paulo: Comissão do IV Centenário, 1954, p. 89-90.

O "furacão" Guaikuru

Eles não têm chefe tanto na guerra como na paz, pois seu governo se reduz às assembleias, momento em que os caciques, os velhos e os índios com mais prestígios levam os votos de todos os demais. Nas expedições [guerreiras] contentam-se em obter [apenas] uma só vantagem. Se não fosse assim, não haveria um só espanhol no Paraguai ou um só português em Cuiabá (Félix de Azara).[25]

A frase desse viajante espanhol, que passou pelo Paraguai no final do século XVIII, dá uma ideia do perfil desse povo guerreiro. Os Guaikuru foram os famosos *índios cavaleiros* que enfrentaram espanhóis e portugueses na defesa do Chaco, semeando medo e admiração. Até hoje, no Paraguai, as terríveis formigas negras que invadem as casas em determinadas épocas do ano, ocupando tudo, são chamadas de *guaicurus*.

Organizados em classes sociais – nobres, guerreiros e servos –, este povo defendeu bravamente seu território usando lanças de quatro metros, além de cavalos que se tornaram uma de suas armas mais eficientes. O cavalo, roubado dos espanhóis, passou a ser um importante parceiro, não apenas nas suas andanças, mas, sobretudo, nas guerras, como ocorreu também com os Apaches, na América do Norte.

[25] AZARA, Félix. Viajes por la América Meridional [1809]. Madrid, 1923, v. I, c. 65, *apud* BALDUS, Herbert. "Introdução". *In:* BOGGIANI, Guido. *Os Caduveos*, 1975.

Guerreiros Guaikuru num ataque de cavalaria. Gravura de J. B. Debret, 1834.

Eram mestres em emboscadas, usando assovios como sinais de ataque. Nunca atacavam em pequenos grupos, mas convidavam guerreiros de outras aldeias para que a ação guerreira fosse mais eficiente e destruidora.

Colocavam fogo nas margens do rio por onde passava o grupo a ser atingido para impedir, pela fumaça, a passagem das canoas, empurrando seus ocupantes para a margem oposta, onde outro grupo Guaikuru os esperava. Utilizavam manadas de bois, que eram "estouradas" sobre as tropas inimigas que caminhavam a pé, levando-as a se dispersar, atacando-as em seguida com a cavalaria. Tal estratégia foi registrada por Francisco Rodrigues do Prado, oficial português, que os conheceu no final do século XVIII:

> Com os cavalos se fizeram temíveis aos outros selvagens, e os mesmos Paulistas, que não saíam ao sertão senão com grande levada [contingente de pessoas], receavam encontrá-los em campo limpo, pelo modo com que eram acometidos. Tanto que os Guaicurus os viam, ajuntavam os cavalos e os bois, e cobrindo os lados, os apertavam de sorte que, com violência com que iam, rompiam e atropelavam os inimigos, e eles com a lança matavam quantos encontravam diante. O único remédio que tinham os Paulistas para escapar era meterem-se no mato.[26]

Félix de Azara oferece também detalhada descrição de suas investidas:

> Quando estão resolvidos, saem com os menos valiosos dos seus cavalos e conduzem-nos ajoulados à trela [amarrados a uma corda], e o reservam para a hora do combate. Chegados à vizinhança do adversário, mudam de cavalo e nada omitem para surpreendê-lo. Onde a surpresa não se possa dar, o assaltam igualmente de cara, arranjados de forma de meia lua com o intuito de envolvê-lo [unindo-se ao cavalo]. Se o inimigo se conserva em regra [em fila] às suas fileiras, sem mostrar-se atemorizado, param eles longe do alcance dos fuzis, três ou quatro deles descem dos cavalos e aproximando-se a pé do inimigo, começam a fazer palhaçadas e arrastar e agitar peles de onças para assustar a cavalaria do inimigo, para desordenar-lhes as fileiras ou para induzir-lhes a uma descarga geral. Se os Guaycurus obtêm êxito no último intento, lançam-se, quanto antes sobre os inimigos, com a rapidez de um relâmpago, dos quais ninguém pode se salvar.[27]

Dessa forma, atuaram por ocasião da descoberta do ouro em Cuiabá. Em 1725, desfecharam um primeiro grande ataque à expedição de Diogo de Souza, que partindo de

---

[26] *In:* História dos índios Cavalleiros ou da nação Guiacuru, *Revista do Instituto Historico e Geographico do Brasil,* 1908, T. I, p. 22-23, *apud* BALDUS, Herbert. *Op. cit.*, p. 20.

[27] AZARA, Félix. Viajes por la América Meridional, Madrid, 1923, *apud* BERTELLI, Antonio de Pádua. *Os fatos e os acontecidos com a poderosa e soberana Nação dos índios cavaleiros guaycurus no pantanal do Mato Grosso, entre os anos de 1526 até o ano de 1986.* São Paulo: Uyara, 1987, p. 102.

São Paulo, pelo rio Tietê, tentava alcançar as minas, através dos campos de Camapuã. Era o início das monções, que transformaram o rio Tietê numa importante via de comunicação com o Centro-Oeste. Surpreendidos pelos Guaikuru às margens do rio Cuiabá, os paulistas foram vítimas de violento ataque, quando morreram mais de 200 pessoas, restando apenas dois sobreviventes.

Nos anos seguintes, outros ataques ocorreram, tornando esse povo o pesadelo dos moradores do Pantanal.

Fonte: BALDUS, Herbert. "Introdução". *In:* BOGGIANI, Guido. *Os Caduveo.* Belo Horizonte: Itatiaia; São Paulo: Editora da Universidade de São Paulo, 1975. (Col. Reconquista do Brasil, v. 22); História dos índios Cavalleiros ou da nação Guiacuru, *Revista do Instituto Historico e Geographico do Brasil,* 1908, tomo I.

Payaguá: o terror do Pantanal

Pouco se tem escrito sobre os Payaguá, povo que durante séculos controlou a região do alto Paraguai, hoje Mato Grosso do Sul. Aparentado aos Toba, Mokovi e Abipon, povos do Chaco paraguaio, esta nação tinha também ligações culturais com os Guaikuru.

Excelentes remeiros, os Payaguá superavam por sua habilidade náutica outros povos da região e enfrentaram com enorme altivez os portugueses. Deles se dizia que "navegavam em uma hora o que os brancos faziam em um dia". Nos ataques, pendiam a canoa para um lado, protegendo-se dos agressores, sem parar de remar.

Com a descoberta das minas de ouro em Cuiabá, em 1718, a presença de portugueses e paulistas tornou-se frequente na região, pois havia sido criada uma ligação fluvial entre o Tietê e os rios do Mato Grosso, como Coxim, Taquari, Paraguai e Cuiabá. Com carregamentos de ouro, roupas e objetos metálicos, os paulistas eram constantemente atacados pelos Payaguá, que negociavam as mercadorias com indígenas de outras etnias e até com os paraguaios.

Entre os vários ataques de que se tem notícia, talvez o mais violento tenha sido contra o comboio do ouvidor Antônio Lanhas Peixoto, que partiu de Cuiabá em direção a São Paulo, em maio de 1730, transportando 11 arrobas de ouro, cerca de 160 kg. Com uma expedição de 23 canoas – 19 embarcações de carga e quatro de tripulantes, com cerca de 130 pessoas, incluindo algumas escravas – desceram o rio Paraguai para alcançar o rio Taquari. Após alguns dias de viagem, identificaram sinais desses guerreiros.

Saída de monção de Porto Feliz. Pintura de Almeida Júnior, 1898.

No dia 6 de junho, por volta das 11 horas, o comboio foi atacado por uma flotilha de 50 canoas Payaguá, cada uma com "dez a doze bugres de agigantada estatura, todos pintados e emplumados", como relatou Cabral Camelo, um dos membros dessa expedição.[28] Ao se defrontar com os portugueses, foi desfechada "uma tão espessa nuvem de flechas, que escureceu o sol". O pânico tomou conta dos remadores negros, que se atirando na água, buscavam uma das margens do rio. O ataque foi muito violento, pois os indígenas usavam, além de flechas, lanças e bordunas. Ao cair da noite, com a retirada dos indígenas, um grupo de portugueses conseguiu refugiar-se numa ilhota, que mal podia abrigá-los.

No dia seguinte, ainda se escutavam os indígenas, acampados a pouca distância. Após algumas horas, percebendo que o grupo havia se retirado, os paulistas deslocaram-se até o lugar do ataque para enterrar os mortos e resgatar uma negra, que se fingira de morta. Abatidos, retornaram a Cuiabá, com um saldo de 107 mortos, entre brancos e negros, sendo o ouvidor Lanhas Peixoto uma das vítimas. Reconhecendo como figura de destaque da expedição, não o flecharam, mas tirou-lhe o cacique a roupa, com a qual se vestiu, além de retirar-lhe o hábito de Cristo que o colocou no pescoço, como importante troféu.

Anos depois, o conde de Sarzedas, governador de São Paulo, exigiu que fosse aberto um novo caminho terrestre, passando por Goiás e pelo Triângulo Mineiro. Assim terminou, de forma melancólica, o breve ciclo das monções fluviais.

Em contrapartida, a repressão contra os Payaguá foi dura, tendo sido enviadas de São Paulo várias tropas com o objetivo de exterminá-los. Uma delas foi comandada por Pascoal Moreira Cabral Leme, em 1733. Dez anos mais tarde, em 1743, Manuel Roiz de Carvalho liderou um batalhão, cuja ação foi muito violenta. Mais tarde os sertanistas Serafino Correia Leme, em 1753, e Vicente de Oliveira Leme, em 1770, foram encarregados de novas investidas, com um saldo elevado de mortes. Num levantamento sobre os povos do Mato Grosso, feito em 1848, já não são mais citados, considerados então extintos.[29]

Para lembrar a bravura deste povo e, talvez, para redimir-se do crime de genocídio praticado, o governo de Mato Grosso denominou sua sede de *Palácio Paiaguá.*

Fonte: CAMELO João A. Cabral Depoimento inédito... *In:* TAUNAY, Afonso d'E. *Relatos monçoeiros.* Belo Horizonte: Itatiaia, São Paulo: Edusp, 1981, p. 30-36.

[28] A *Notícia Prática* de João A. Cabral Camelo. Depoimento inédito sobre o destroço da monção do ouvidor Lanhas Peixoto pelos Paiaguás. *In:* TAUNAY, Afonso de E. *Relatos monçoeiros*, 1981, p. 30.

[29] Levantamento feito pelo Director-Geral dos Indios da Provincia do Matto-Grosso, sr. Joaquim Alves Ferreira, ofício 2/12/1848 ao Ministro e Secretário de Estado dos Negócios do Império. *In:* AYALA, S. Cardoso; SIMON, F. *Album Geographico do Estado de Matto-Grosso.* [Hamburgo, 1914]. Edição fac-similar, São Paulo: Imprensa Oficial do Estado de São Paulo, 2006, p. 93.

Do período pombalino à independência

O expansionismo português

A subida de dom José I ao trono de Portugal, em 1750, consolidou o expansionismo português concretizado no Tratado de Madri, que dobrou o território do Brasil e trouxe ambiguidades à política indigenista. Seu primeiro-ministro, o marquês de Pombal, preocupou-se em recuperar as finanças e modernizar Portugal. Para acompanhar de perto a realidade da Amazônia, nomeou seu irmão governador do Pará para informar sobre o poder excessivo das missões, que não pagavam impostos e tinham grande autonomia frente ao Estado português. A queixa dirigia-se, sobretudo, contra os jesuítas, que mantinham em suas missões a língua geral, que era um tupi misturado com palavras portuguesas e de outras línguas indígenas. Se havia queixa contra os missionários, os portugueses e o governo também se beneficiavam dessa mão de obra, repartida equitativamente entre esses três grupos. Em 1756 o rei publicou o Diretório, lei que passava a reger não só a Amazônia, como todo o Brasil. Transformou os indígenas em cidadãos portugueses, mas, em contrapartida os mantinham tutelados ou semiescravizados. Em 1759, visando suas propriedades os jesuítas e várias ordens missionárias foram expulsas do Brasil. Sem apoio interno, a maior parte dos nativos deixou as missões e migrou para o meio urbano, tornando-se o tapuio, isto é, o índio desaldeado. No lugar das missões, surgiram em muitas regiões quartéis militares, onde os nativos viviam submetidos a duros trabalhos. Foi dessa época a guerra guaranítica, que envolveu as missões paraguaias do Sul. O período continuou bastante conflitivo, apesar da vinda da família real ao Brasil, em 1808, fugindo das guerras napoleônicas. A chegada de colonos europeus levou à ocupação de muitas regiões, gerando uma nova política repressiva.

Os Manao: entre a cruz e o canhão

Depois da morte de Ajuricaba, ainda em 1727, os Manao espalharam-se pelos afluentes do médio rio Negro. Muitos foram atraídos para as missões carmelitas, presentes na região Norte. Por causa da mistura de povos que havia nas missões, perderam parcialmente a cultura e o idioma nativo, adotando a língua geral, que era um tupi com palavras portuguesas e de outras etnias que ali viviam.

Com a ascensão do marquês de Pombal, seu irmão, Francisco Xavier de Mendonça Furtado, tornou-se governador da Província do Grão-Pará. Iniciou política ostensiva contra a Igreja por se incomodar com o poder das missões e avaliar que concorriam com os colonos e mantinham os indígenas numa cultura atrasada. Na política de conquista, visava ampliar os territórios, consolidar as fronteiras e diminuir os privilégios dos religiosos. Foi o inspirador do *Diretório,* lei promulgada em 1756 sobre a Amazônia, para consolidar esse projeto. A medida acabou com os aldeamentos missionários, transformando-os em vilas portuguesas; proibiu o uso de línguas nativas e aboliu as práticas tradicionais indígenas. Os indígenas seriam livres, tornando-se cidadãos portugueses, mas eram obrigados, dos 13 aos 60 anos, a fazer roças para vender os produtos nas vilas e para o governo, para a recém-criada Companhia Geral do Comércio. O trabalho, quando remunerado, ficava com o cacique, que repassava apenas um terço do valor recebido. Como cidadãos portugueses, ficaram proibidos de usar a língua nativa, não podiam ter nomes indígenas nem viver da forma tradicional. Os que não aceitavam essa determinação eram presos ou perseguidos, tanto homens como mulheres. Os missionários foram substituídos pelo diretor de índio, que geralmente se beneficiavam dessa mão de obra.

Outra iniciativa de Mendonça Furtado foi dividir a capitania do Pará, criando a capitania de São José do Rio Negro, cuja capital tornou-se a vila de Barcelos, no médio rio Negro. Essa medida garantiria a ocupação mais efetiva dos rios Negro e Branco, que cortavam região Norte, disputadas pelos holandeses. A nova capital só se manteve graças à aliança com os povos da região, como os Baré, Kawaricena, Karajá e algumas famílias Manao. As missões tornaram-se vilas, o que ocorreu com algumas aldeias mais populosas próximas a Barcelos, como foi o caso da vila de Moura.

Como os carmelitas eram mais dóceis ao governo e aceitavam a política escravista, permaneceram nessas vilas, mantendo grande controle sobre os indígenas. Isso provocava constantes reclamações e até violentos protestos. Foi o que aconteceu com Domingos, liderança do povo Manao e morador de Lamalonga, no médio rio Negro. Irritado com a interferência de um missionário, que o obrigara a separar-se de sua concubina, decidiu expulsar o religioso da vila. Articulando-se com outros indígenas cristãos, como João Damasceno, Ambrósio e Manoel, em 1º de junho de 1757 invadiu a vila de Moura, cercando a casa paroquial. Sem encontrar o frade, saquearam a residência. Em seguida, o grupo invadiu a igreja, saqueando ornamentos e objetos do culto, incendiando-a, antes de abandonar a vila.

A rebelião continuou por outros rios. Domingos buscou articular-se também com outras lideranças, principalmente com os aldeados que não estavam sob o controle da missão, como os caciques Uanokasari e Mabé. No dia 24 de setembro desse mesmo ano, a vila de Moreira foi atacada. Apanhados de surpresa, vários portugueses foram mortos, incluindo duas figuras importantes: o carmelita frei Raimundo de Santo Eliseu e o cacique Kaboquena, aliado dos invasores.

Os rios tiveram grande papel na vida da população amazônica. Pintura de Charles Bentley, meados do século XIX.

Dois dias depois, a aldeia Bararoá, que mantinha um destacamento militar de 20 homens, foi igualmente tomada. Houve uma debandada geral, inclusive de seu comandante, o capitão João Teles de Menezes e Mello, que se escondeu nas matas vizinhas. Como nos ataques anteriores, a igreja foi saqueada e a cabeça da imagem de Santa Rosa quebrada e levada como troféu na proa de uma das canoas.

Animados com essas vitórias, os Manao se dispuseram a uma ação mais arrojada: invadir Barcelos, a capital da capitania. Por causas desconhecidas, os preparativos e as alianças para o ataque demoraram a realizar-se, e o governador foi avisado em tempo. De Belém, enviou importante reforço que salvou da destruição a capital e todo o projeto de ocupação do rio Negro.

Como consequência dessa ousadia, os Manao foram exterminados, tanto pela repressão como pela mestiçagem forçada. Deles ficaram o nome da capital do Amazonas e a memória de suas lutas.

Fonte: SAMPAIO, Francisco Xavier R. *Diário da viagem que em visita e correção das povoações da capitania de S. Jozé do Rio Negro fez o ouvidor e intendente geral da mesma, Francisco Xavier Ribeiro de Sampaio no anno de 1774 e 1775.* Lisboa, 1825, p. 111-112.

Mura, os guerrilheiros da Amazônia

Os integrantes do povo Mura, não sem razão, foram chamados de "ciganos aquáticos". Na época das cheias, viviam circulando em suas canoas pelos rios Purus, Madeira e Solimões. Durante a seca, acampavam nas praias, vivendo em simples abrigos.

Com uma população estimada em 70 mil pessoas, no início do século XVII, foi um dos povos que mais resistiu à conquista portuguesa. Determinados, avançavam pela região amazônica, disputando o domínio territorial com os espanhóis.

Com a submissão do povo Manao, que vivia no baixo rio Negro, sentiram-se mais livres para ocupar o médio Amazonas e a Amazônia ocidental. Isso dificultou a comunicação entre o Pará e o Mato Grosso, que se iniciara através do rio Madeira.

Descrição detalhada deste povo guerreiro, foi dada pelo viajante português Alexandre Rodrigues Ferreira, que esteve na Amazônia, entre 1783-1792, a serviço de dona Maria I, rainha de Portugal.

> Quanto aos motivos [das guerras], é certo que um deles costuma ser o da usurpação dos frutos, das caças e dos pescados das terras e dos rios do território alheio. Cada aldeia se julga independente da outra, que confina com ela. (...) É certo que a ideia da propriedade não é o mais frequente, nem ainda mesmo o mais forte de todos os motivos de suas hostilidades. O espírito de vingança é o maior de todos, ou seja, que eles se arroguem [para revidar] os vizinhos de quem tenham recebido alguma injúria e lesão. (...) Arrancam de seus corpos as flechas que os atravessam pela ocasião do conflito, quebram-na aos pés e se podem, com as mesmas flechas fazem tiro ao inimigo. Cortam as cabeças dos mortos que guardam para seus troféus, arrancam-lhes os dentes. (...) Matar e queimar tudo é a sua maior glória militar.[30]

Sua tática guerreira

> Surpreendê-lo e destruí-lo [o inimigo] é todo o seu ponto. Como as caçadas que fazem na paz são os exercícios para a guerra, do mesmo modo que eles rastejam a caça, assim entram a rastejar uns aos outros. Para melhor se ocultarem no mato, [e para] se equivocarem [se disfarçarem] com as folhas e com os troncos de árvores, pintam-se e vestem-se diferentemente, em ordem a não serem pressentidos. (...) No silêncio da noite investem de tropel a aldeia do inimigo, queimam-lhes as suas palhoças e, conforme a ferocidade e o costume dos vencedores, assim matam tudo ou reservam alguns prisioneiros.[31]

Por isso, pouco sucesso tiveram os jesuítas em aldeá-los. Conseguiram criar apenas a missão de Abacaxis, no baixo Madeira. Este empreendimento era vital para os conquistadores, pois, como escreveu, em 1775, o governador Francisco Xavier Sampaio, sem os aldeamentos cristãos, "a [um] nada se reduzirão as colônias, e os estabelecimentos [portugueses] dos rios ou experimentarão o estado de languidez ou a extinção".

Segundo relatório da época, as vilas de Barra (Manaus), Arvelos, Nogueira, Alvarães (Tefé), Fonte Boa, Imaripi e Airão eram constantemente atacadas pelos Mura, que "matavam lavradores brancos e índios pescadores, com destreza e velocidade de um raio", retirando-se em seguida para seus refúgios, nos inúmeros canais espalhados no baixo Purus.[32]

Henrique J. Wilkens, militar-escritor do final do século XVIII, registrou que "sem estabelecimento perdurável [aldeamentos estáveis], eles assolavam e consternavam tudo,

---

[30] FERREIRA, Alexandre R. Viagem filosófica pelas capitanias do Grão Pará, Rio Negro, Mato Grosso e Cuiabá. Memórias. *Antropologia*. Rio de Janeiro: Conselho Federal de Cultura, 1974, p. 61-62.

[31] *Ibid.*, p. 62.

[32] Anônimo, *apud* RODRIGUES, Ivelise. Alguns aspectos da ergologia Mura-Pirahã. *Antropologia* 65, Belém, 1977, p. 3.

porque sua presença se fazia sentir de modo que não se podia plantar, nem caçar e nem pescar".[33] Conclamando os portugueses da região a desencadear uma guerra de extermínio, chegou a escrever, em 1789, um poema, intitulado *Muhraida ou a conversão e reconciliação do gentio Muhra*. O poema era uma exaltação ao genocídio desse povo.

Apesar de ter havido, nessa época, o aldeamento de alguns grupos feito pelos carmelitas, outros continuavam a resistir, conforme relatórios do início do século XIX, que descrevem novos massacres. Continuaram na luta, reaparecendo com vigor na guerra da Cabanagem, que ocorreu a partir de 1834.

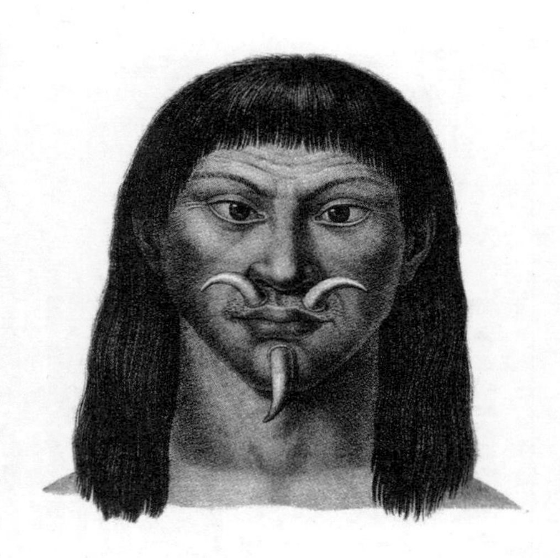

Guerreiro Mura. Gravura Spix e Martius, 1831.

Fonte: FERREIRA, Alexandre R. *Viagem filosófica pelas capitanias do Grão Pará, Rio Negro, Mato Grosso e Cuiabá*. Memórias. Antropologia. Rio de Janeiro: Conselho Federal de Cultura, 1974, p. 60-76; KROEMER, Gunter. *Cuxiuara, o Purus dos indígenas*, São Paulo: Loyola, 1985.

Os Guarani das missões e a guerra guaranítica

A partir de 1641, com a derrota e expulsão dos paulistas, os jesuítas mudaram de estratégia e começaram a estabelecer um modelo de missão mais estruturada e melhor fortificada. Grandes igrejas e casas sólidas substituíram as construções de taipa, cobertas de sapé. Seguiam os padrões urbanísticos da Espanha, com casas erguidas ao redor de uma praça central. Apesar da imposição do catolicismo e da proibição em manter a cultura e religião tradicional, os Guarani aceitaram as novas missões, transferindo-se para elas em massa, pois viam nesse projeto uma garantia de mais alimentação e mais segurança.

Assumiram de tal forma esse estilo de vida que passaram a ter orgulho dos povoados e igrejas em que viviam, considerando-se superiores às demais comunidades indígenas. É o que se lê na carta que lideranças Guarani escreveram ao rei, em 1757:

> Olhai, Senhor: há mais de 100 anos trabalhamos nós mesmos, os nossos pais, os nossos avós para edificá-lo [esse povoado] no estado em que se encontra hoje, tendo todos suportado com incessante esforço incríveis fadigas até derramar nosso sangue para concluí-lo e aperfeiçoá-lo.[34]

---

[33] Manuscrito de 1785, *apud* KROEMER, Gunter. *Cuxiuara, o Purus dos indígenas*. São Paulo: Loyola, 1985, p. 39.

[34] *Apud* MELIÀ, Bartomeu. Escritos guarani como fontes documentais da história rio-platense. SUESS, Paulo e outros. *A conversão dos cativos*. Povos Indígenas e missão jesuítica. São Bernardo do Campo: Nhanduti, 2009, p. 135.

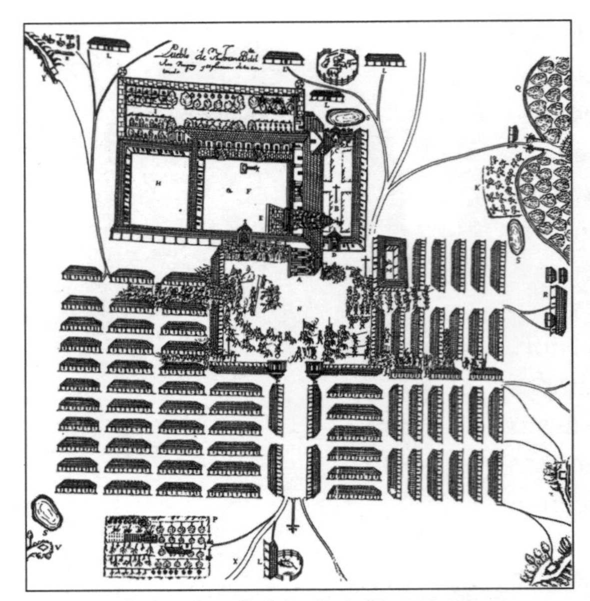

Missão de São João Batista, destruída durante a guerra guaranítica. Gravura mostrando uma festa religiosa. Arquivo Geral de Simancas, Espanha.

O modelo social implantado na missão garantia abundância de produtos agrícolas e muito gado, cujo excedente era vendido em Buenos Aires e em outras vilas da Argentina. Foram construídas gráficas, oficinas para fundição de sinos e confecção de instrumentos musicais, além de muitos teares, que produziam tecidos para todos os moradores. As rendas *nhanduti*, feitas pelas mulheres, tornaram-se famosas, vendidas não só no Paraguai e Argentina como também na Europa.

Para enfrentar possíveis ataques vindos dos paulistas e de outras etnias que não aceitavam os missionários, como os Charrua e Minuano, foi criado um exército indígena, que chegou a ter 4 mil homens. Quando enfrentavam os portugueses, em troca, o rei da Espanha os isentava dos impostos reais.

A prosperidade das missões atraiu a cobiça de Portugal, cujas finanças estavam combalidas pelos gastos excessivos do rei dom João V e pelo terremoto que destruiu Lisboa. Quando seu filho, dom José I, assumiu o trono, em 1750, seu primeiro-ministro, o marquês de Pombal, voltou os olhos para as missões da Amazônia e para as reduções guaraníticas.

A indefinição das fronteiras causava desconforto e conflitos entre os dois reinos, pois Portugal, para garantir a ocupação, construía fortalezas nas fronteiras amazônicas. Na região Sul, havia sido levantado um fortim na Colônia de Sacramento, que ficava à margem esquerda do rio da Prata, bem em frente a Buenos Aires.

Nesse mesmo ano fôra assinado o Tratado de Madrid entre representantes dos dois reinos, abolindo o antigo Tratado de Tordesilhas. O território do Brasil seria ampliado tanto ao Norte, na Amazônia, quanto ao Sul, envolvendo as terras que hoje formam os Estados do Rio Grande do Sul, Santa Catarina e Paraná, incluindo sete missões localizadas à margem esquerda do rio Uruguai. Foi uma grande jogada diplomática, imposta por Portugal a partir da doutrina do "direito de posse". As terras passavam a ser de quem as estavam ocupando.

Uma das metas do marquês de Pombal foi expulsar os missionários e confiscar seus bens. Além das missões da Amazônia, a transferência de sete missões sulistas respondia bem a esse objetivo, pois se imaginava que os padres eram detentores de grandes riquezas. Essa mudança forçada para o domínio português revoltou os Guarani que ali viviam, sobretudo, os moradores de três missões: São Miguel, São Nicolau e Santo Ângelo. Além delas, passariam para os portugueses as fazendas de criação de gado, as *estâncias*, localizadas ao Sul do atual Rio Grande do Sul.

Dominando a escrita, os Guarani mandavam mensagens e cartas para as várias missões, incitando seus moradores a rechaçar essa barganha. Parte de uma carta, encontrada no bolso de Sepé Tiaraju, líder da Missão de São Miguel, na ocasião de sua morte, reproduz um texto endereçado a José Andonaegui, governador de Buenos Aires, escrita em 1753.

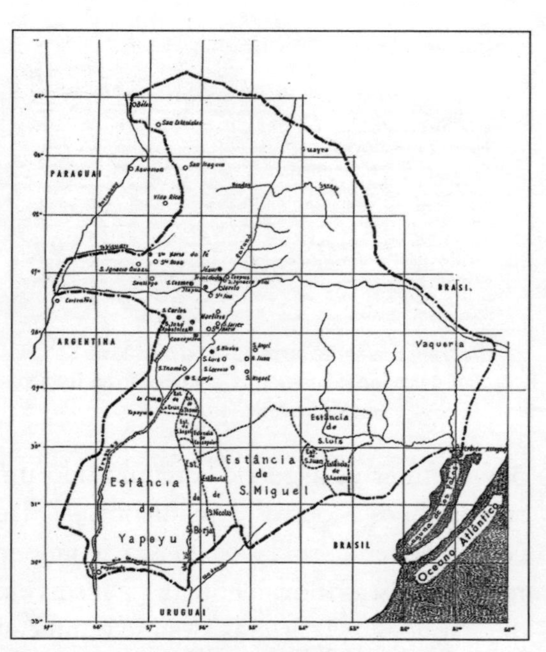

Mapa com as reduções e estâncias das Missões, da obra de C. Lugon, *A república "comunista" cristã dos Guaranis*, 1977.

> Não queremos a vinda de Gomes Freire [representante do rei de Portugal], porque ele e os seus são os que por obra do demônio nos têm dado tanto aborrecimento. Esse Gomes Freire o autor de tantos distúrbios e é aquele que age com tanta maldade, enganando seu rei, e por esse motivo não o queremos receber. Deus Nosso Senhor foi quem nos deu estas terras. [...] Nós em nada temos faltado ao serviço do nosso bom rei [da Espanha], sempre temos ocupado [com nossas tarefas], e, com toda a vontade, temos cumprido suas ordens. E quando nosso bom rei nos necessitou no Paraguai fomos lá e fomos em grande quantidade. (...)
>
> E com tudo isso nos dizeis que deixemos as nossas terras, nossos ervais, nossas fazendas, enfim todo o nosso território. Essa ordem não é de Deus, senão do demônio; nosso Deus sempre anda pelo caminho de Deus e não do demônio. (...) Nunca o nosso bom rei quis tiranizar-nos, nem prejudicar-nos, atendendo sempre aos nossos pedidos. E assim não o cremos nunca, quando dizeis vós – 'índios, dai vossas terras e o quanto tendes aos portugueses'. Não o cremos nunca e não há de ser assim. Só se por acaso quiserem comprá-las com o sangue: nós, todos os índios, as havemos de comprar [com nosso sangue].
>
> Vinte aldeias nos juntamos para sair-lhes ao encontro e com muita alegria nos entregaremos [pela morte], antes de entregar nossas terras. Por que esse nosso superior maior [o rei] não dá aos portugueses Buenos Aires, Santa Fé, Corrientes e o Paraguai e só há de cair essa ordem sobre os pobres índios, a quem manda que deixem suas casas, suas igrejas e, enfim, tudo quanto nos tem dado Deus?[35]

Buscando acatar as ordens reais, o superior geral dos jesuítas mandou um visitador para convencer os missionários e os indígenas a entregarem as sete missões que eram ne-

[35] A presente tradução portuguesa foi feita a partir da versão espanhola, que por sua vez é tradução do texto guarani, tendo havido alguma adaptação para a linguagem de hoje. *In:* GOLIN, Tau. *Sepé Tiaraju.* Porto Alegre: Tchê, 1985, p. 87-88.

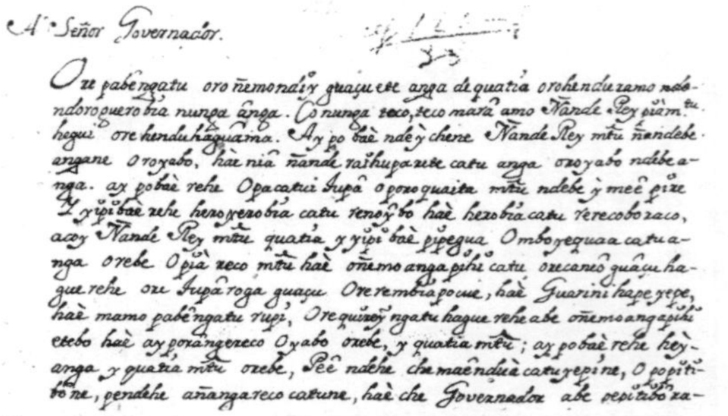

Carta em guarani do corregedor da missão de São Nicolau, defendendo suas terras, por ocasião do Tratado de Madri. AHN, leg. 120.

gociadas. Não conseguiu a adesão pretendida e assim desencadeou-se a *guerra guaranítica*, que durou dois anos e meio, do início de 1754 a maio de 1756, com um ano de trégua.

Sem a adesão das sete reduções, importante ajuda veio das missões situadas à margem direita do rio Paraná, sob a liderança de Nicolau Nheenguiru, corregedor da Missão de Concepción. Com esse apoio, foi formado um contingente de cerca de 2 mil guerreiros.

O poder colonial engajou-se, de fato, para ganhar essa guerra, organizando um verdadeiro exército com cavalaria, infantaria, canhões e outros armamentos. O lado português era formado por 1.633 pessoas, compreendendo soldados do Rio de Janeiro, de Santos e do Rio Grande, além de aventureiros paulistas (novamente os paulistas em cena!), mercenários de Laguna, 186 escravos, dez canhões, 60 carretas e quase 6 mil cavalos. O lado espanhol contava com 1.500 soldados, 170 dragões de infantaria, 500 vaqueanos ou peões, 200 carretas e 7 mil cavalos.

Sem poder atacar de frente essa enorme força militar, a guerrilha foi a tática usada pelos indígenas para desgastar o inimigo, articulada principalmente por Sepé Tiaraju.

Definida a data do combate, as forças coloniais montaram um ataque conjunto: os espanhóis pressionariam pelo Sudeste e os portugueses pelo Sudoeste.

Dois dias antes do confronto, numa das muitas rondas de inspeção que Sepé fazia a cavalo com outros guerreiros, defrontou-se com uma patrulha luso-espanhola que passava próximo ao local. Houve um enfrentamento: Sepé foi atingido por uma lança portuguesa, recebendo logo depois o tiro do governador de Montevidéu, dom José Joaquim de Viana, que lhe foi fatal. Com ele morreram mais oito Guarani. Era o entardecer de 7 de fevereiro de 1756. Coberto de sangue e da luz alaranjada do pôr do sol, morria o grande guerreiro, numa emblemática referência a seu nome, Tiaraju.[36]

Segundo o relato do comandante português que fez a crônica dessa fase final da guerra, "pelas cartas que se lhe acharam e um livrinho de orações, como também por conhecê-lo um dos vaqueanos [peões] espanhóis, chamado Mariano, se confirmou ser [esse] o chefe dos índios, chamado Sepêe. (...) O índio Sepeê, que ficou morto, era entre os seus de grande valor e astúcia, e, por isso, comandava aos [de]mais. As cartas que se lhe acharam eram cheias de exortações para continuar em nos fazer dano. E lhe davam parabéns de ter já morto alguns espanhóis".[37]

---

[36] *Tiaraju* significa "amarelo como fruta madura" (MONTOYA, *Arte de la lengua guarani,* 1876), e que pode ser também o amarelo do entardecer. O *ju*, em guarani, sempre tem uma conotação de espiritual e divino.

[37] *In:* "Ordens que deu o senhor general, no Campo dos Milhos, em 6 de fevereiro", *apud* GOLIN, Tau. *A guerra Guaranítica,* Passo Fundo: UPF; Porto Alegre: UFRGS, 1999, p. 417-419.

Com a morte do líder, Nicolau Nheenguiru assumiu o comando das forças indígenas. Mesmo abalados com esse insucesso, três dias depois, a 10 de fevereiro, os guerreiros Guarani enfrentaram os dois exércitos nos campos de Cayboaté, perto da atual São Gabriel.

Missão de São Miguel vendo em primeiro plano, sino ali fabricado. Foto de divulgação.

Embora batalhas de confronto direto não fossem de sua tradição, os Guarani enfrentaram o desafio. Esperavam uma ajuda celeste, confiando na oração dos padres e das mulheres. São Miguel não poderia desampará-los. Mas o milagre não veio. O combate provocou um grande massacre: mais de 800 indígenas mortos, incluindo o capitão Nheenguiru. Outros 154 foram feitos prisioneiros.

Apesar dessa tragédia, os Guarani resistiram por vários meses. A missão de São Miguel foi tomada somente no dia 16 de maio, encontrando os portugueses apenas uma povoação deserta e edifícios em chamas. A última missão a cair foi São Nicolau, no final de dezembro de 1756, havendo ainda um confronto armado, quando morreram um capitão e vários soldados portugueses.

Dos 13 jesuítas, que viviam nessas missões, 11 continuaram com os Guarani até o fim. Por isso o governador de Buenos Aires, ao relatar essa batalha, comentou: "Em lugar da doutrina cristã, os padres teriam ensinado [aos Guarani] a arte militar".

Essa guerra saiu cara para Portugal: 26 milhões de cruzados, o equivalente ao ouro que o Brasil enviava anualmente ao reino.

A tragédia guarani continuou. Os jesuítas foram perdendo força, sendo definitivamente expulsos do Paraguai em 1768. Sem os padres, os indígenas partiram em massa para as vilas, levando com eles a língua, suas habilidades e o saber profissional. Por isso, hoje, o guarani é a segunda língua do Paraguai.

Sepé entrou para nossa história como um dos grandes líderes nacionais, o único indígena reverenciado no Panteão da Pátria, em Brasília, tendo sido inscrito no *Livro dos Heróis da Pátria*, pela lei 12.032 (*Diário Oficial da União*, 21/09/2009). No Rio Grande do Sul, foi proclamado *Herói Guarani Missioneiro Rio-grandense*, através da lei 12.366 (*Diário Oficial do Estado*, 4/11/2005). E pelo povo, foi proclamado santo: São Sepé.

Fonte: GOLIN, Tau. *Sepé Tiaraju*. Porto Alegre: Tchê, 1985; ______. *A guerra Guaranítica*, Passo Fundo: Univ. Passo Fundo; Porto Alegre: Univ. Federal do Rio Grande do Sul, 1999; LUGON, Clovis. *A República Guarani*. São Paulo: Expressão Popular, 2010.

Os Kayapó Meridionais em pé de guerra

Pouco se conhece sobre os Kayapó Meridionais, dados como extintos até há pouco tempo. Foram confundidos com os Kayapó do Norte, que vivem atualmente no Sul do Pará. Sabe-se, hoje, que são antepassados dos atuais Panará, chamados também de Krenakarore.

Falantes de uma língua da família jê, ficaram conhecidos no século XVI como *Ybirajara* (que significa senhor do bastão, da borduna). Mais tarde, foram chamados de *Caceteiros,* pois utilizavam um pequeno cacete nos seus ataques. Entretanto, o nome que se firmou foi o de *Bilreiros,* embora sejam diferentes dos Bilreiros do Tocantins, identificados com os Timbira.

O vasto território desse povo compreendia o Nordeste do Mato Grosso do Sul, o Triângulo Mineiro e o Sudoeste de Minas, alcançando os contrafortes da serra da Mantiqueira. Raramente atravessavam o rio Grande, que divide São Paulo e Minas Gerais, embora tenha havido, em meados do século XVII, um ataque a Jundiaí, vila próxima a São Paulo. No final desse século, passaram a ocupar o Sul de Goiás.

No Mato Grosso do Sul, tiveram que disputar o território com outros povos, como os Payaguá e Bororo. A descoberta de ouro em Cuiabá, em 1718, rompeu esse equilíbrio, pois as monções cortavam suas terras. Esses confrontos com os paulistas fizeram com que se deslocassem para o Sul de Goiás, estabelecendo-se próximo à capital dessa futura província.

A nova região já era conhecida dos bandeirantes, que iam buscar indígenas ao longo do rio Tocantins. Esses povos jês não eram dados à lavoura, mas mostravam-se bons carregadores e valentes guerreiros, sendo, por isso, valorizados pelos paulistas.

A desastrada bandeira de Anhanguera, o moço, embora tumultuada, resultou na descoberta de ouro no rio Vermelho, o que provocou uma nova corrida de aventureiros para a região. Em torno dos garimpos que se multiplicavam surgiram vários arraiais que mais tarde se tornaram vilas.

Para escapar dos Payaguá, que atacavam as embarcações com ouro trazido de Cuiabá, o governador de São Paulo decidiu abrir um novo caminho terrestre, passando pelo Sul de Goiás. Ali, se depararam com o grupo guerreiro Kayapó. A Companhia de Soldados do Mato, criada pelo governador para dar proteção aos garimpeiros, não conseguiu conter o grupo, que se mostrava cada vez mais ousado. Atacavam portugueses e demais indígenas que a eles se aliavam, como os Araxá.

Alguns anos depois, em 1741, foi criada a capitania de Goiás para conter os Kayapó, quando o governador dessa província pediu socorro aos paulistas, já afamados como "caçadores de índios". Para lá se deslocou Antônio Pires de Campos, o moço, experiente sertanista, cujo pai, com o mesmo nome, havia se destacado quando da descoberta de ouro em Cuiabá. Nessa época, encontrava-se refugiado numa aldeia Bororo, por um crime cometido. O governador sabia que tal guerra seria vencida somente com a participação

Os Kayapó Meridionais resistiram bravamente à invasão de seu território. Aldeia dos atuais Paraná, descendentes dos antigos Kayapó. Foto do Museu do Índio, 1962.

de outros indígenas, pois esses eram "acostumados ao mato, e a sustentar-se de caça, pesca e uso do mel". Acarretariam também pouco gasto ao reino, por não utilizarem armas de fogo, mas "armamento idêntico ao de seu inimigo", isto é, arco e flecha, como escrevera anos depois ao rei.[38]

Por isso, Pires de Campos, com um batalhão de 500 Bororo, dispôs-se a enfrentar não apenas os Kayapó, mas também os Akroá e Xakriabá. As ações repressivas fizeram esses dois povos aceitar aldeamentos próximos à Vila Boa, antigo nome da capital de Goiás, controlando os levantes na região.

Em 1748, os Kayapó retomaram os ataques, atingindo também a capital, colocando-a em sobressalto. Novamente, Pires de Campos foi convocado com seus aliados Bororo para garantir a proteção. Para esse novo confronto, o governador convocou os mestiços ali residentes, igualmente práticos nas táticas indígenas, formando a Companhia de Bastardos.

A ação foi violenta e três meses de confronto resultou em "mais de mil prisioneiros, num raio de 150 léguas [novecentos quilômetros]", como relata a carta do governador ao rei, escrita em maio de 1752.[39]

Nesse confronto, Campos teve sua paga: uma flecha envenenada perfurou-lhe o braço. O ferimento nunca cicatrizou, provocando infecção generalizada, que o levou à morte no começo daquele ano.[40]

Somente em 1780 os Kayapó aceitaram a capitulação, sendo levados para o aldeamento dona Maria I, próximo à capital goiana, onde ficaram até 1813, quando fugiram em massa. Alguns se espalharam pelo Triângulo Mineiro, miscigenando-se e desaparecendo como etnia. Outros se refugiaram no Norte do Mato Grosso, na região do rio Peixoto de Azevedo, sendo localizados em 1967, com o nome de Krenkarore. Devido à altura de alguns deles, ficaram conhecidos como "*índios gigantes*". Hoje, são identificados como Panará, sua autodenominação.

Devido à construção da rodovia Cuiabá-Santarém, que cortou suas terras, foram removidos para o Parque do Xingu. Após alguns anos e sem se adaptar a essa nova terra, pediram à Funai para voltar ao antigo território, muito degradado pelo desmatamento e garimpo.

---

[38] NORONHA, dom Marcos de. Carta para a Corte, 16/12/1750, manuscrito SDEGO, L. 192, p. 44, *apud* CHAIM, Marivone. *Aldeamentos indígenas* (Goiás 1749-1811). São Paulo: Nobel, 1983, p. 80.

[39] *Apud* CHAIM, *id.* p. 81.

[40] FRANCO, Francisco de Assis Carvalho. *Op. cit.*, p. 98.

Dessa vez, fizeram uma inovação ao processar o Estado brasileiro, com uma Ação de Reparação de Danos pelas mortes e pela destruição cultural do povo. Em 22 de outubro de 1997, um juiz de Brasília lhes deu ganho de causa. Era a primeira vez, em 500 anos, que os indígenas tinham uma vitória contra o Estado brasileiro.[41] Era apenas a etapa inicial de um processo de recuperação física, cultural e territorial que dura até hoje.

Fonte: CHAIM, Marivone. *Aldeamentos indígenas (Goiás 1749-1811)*. São Paulo: Nobel/INL, 1983.

Os Guaikuru atacam o Forte Coimbra

No século XVII, os Guaikuru já se mostravam como os grandes guerreiros não só da região do médio Paraguai como também do Pantanal, conquistando outros povos que ali viviam. Tornaram-se mais temidos e conquistadores depois de adotarem o cavalo, pressionando, sobretudo, os espanhóis do país vizinho, até meados do século XVIII. Os ataques foram tão frequentes que o naturalista espanhol Félix de Azara, que esteve na região no final daquele século para a demarcação dos limites territoriais espanhóis, chegou a escrever que "faltou bem pouco para [os Guaikuru] exterminar todos os espanhóis do Paraguai".[42]

A definição das fronteiras entre as coroas espanhola e portuguesa, a partir do Tratado de Madri, em 1750, cortou o território Guaikuru, desagradando esse povo, que se colocou em guerra. Os conflitos entre espanhóis – já considerados paraguaios –, portugueses e indígenas eram frequentes, o que levou o rei de Portugal a exigir que se construísse uma fortaleza, no médio rio Paraguai, para garantir as novas fronteiras que surgiam desse tratado.

Em 1775 o governador do Mato Grosso determinou a construção de um forte, chamado também de presídio. No ano seguinte, já estava construído o Presídio de Nova Coimbra, ficando conhecido depois como Forte Coimbra.

Os soldados dessa fortaleza sempre viram esses indígenas como inimigos, e assim os tratavam. Havia constantes violências, não só contra os homens, valentes guerreiros, como também contra as mulheres nativas, que se destacavam pela beleza. Cansados da violência, resolveram dar o troco. No dia 20 de novembro de 1778, um grupo Guaikuru chegou ao forte, dizendo em espanhol, através de um intérprete, que desejava fazer um tratado de paz.

Sem acreditar muito nessa proposta, o comandante recebeu-os fora do recinto militar, presenteando-os com alguns utensílios do agrado dos indígenas. Esse breve encontro terminou com a retirada dos indígenas, que asseguraram voltar um mês depois.

[41] ARNT, Ricardo; PINTO, Lúcio Flávio e PINTO, Raimundo. *Panará, a volta dos índios gigantes*. São Paulo: Instituto Socioambiental-ISA, 1998, p. 125.

[42] AZARA, Félix. *Viajes por la América Meridional [1809]*. Madrid, 1923, p. 58, *apud*: BOGGIANI, Guido. *Os Caduveos*, Belo Horizonte: Itatiaia; São Paulo: Edusp, 1975, p. 20.

De fato, na manhã do dia 6 de janeiro de 1779, um grupo retornou, em companhia de mulheres e com um carregamento de muitos produtos, como peles de veados, carneiros e objetos de interesse dos portugueses. A presença feminina era uma garantia da boa intenção dos visitantes.

Forte Coimbra. Foto de divulgação.

O comandante português mostrava-se cético com essa comitiva e ordenou que fossem recebidos a uma distância de 300 metros da fortaleza, onde ocorreria essa troca.

O capitão Guaikuru tinha um plano mais ousado. Com a ajuda de um intérprete, que era escravo do forte, pediu para ser conduzido à presença do comandante, pois desejava acertar detalhes do acordo de paz.

Atraídos pelas mulheres indígenas, os soldados foram aos poucos deixando a fortaleza, entregando-se a elas nas proximidades. No final da manhã, entretidos com as carícias amorosas das indígenas os soldados baixaram a guarda, e o cacique, com um assovio, deu o sinal do ataque.

Os guerreiros Guaikuru que estavam nas imediações saíram do mato, iniciando a chacina. Foram degolados o comandante e 54 soldados.

Sem nenhum guerreiro morto, os Guaikuru retornaram triunfantes para suas aldeias com as fardas portuguesas, troféus desse ataque. Com medo de represálias, abandonaram a região, voltando ao Forte Coimbra somente em 1789, onze anos depois, quando começou a ser arquitetado um novo tratado de paz.

Fonte: BERTELLI, Antônio de Pádua. *Os fatos acontecidos com a poderosa e soberana nação Guaycurús no Pantanal do Mato Grosso, entre os anos de 1526 até o ano de 1986*, São Paulo: Uyara, 1987, p. 119-120. Ver também o filme de Lúcia Murat, *Brava gente brasileira*, que retrata esse episódio.

Os Xavante libertam negros nas minas de Goiás

A animosidade entre indígenas e negros, no início da colônia, foi estimulada pelos portugueses no Leste e Nordeste do Brasil – quanto mais divididos o inimigo, mais fácil é a dominação. Mas, a partir do século XVIII, surgem, em algumas partes do Brasil, uma surpreendente colaboração entre esses dois grupos excluídos.

Após a descoberta de ouro, em 1725 em Vila Boa de Goiás, o Centro-Oeste foi devassado por muitos aventureiros. Em toda a província, não apenas o solo pedregoso à beira dos rios era rasgado à procura de ouro, como também eram invadidas muitas áreas, territórios tradicionais dos Kayapó, Akroá, Xakriabá e Xavante. Isso acontecia com o apoio do governador, que queria descobrir sempre mais garimpos.

E a resposta indígena se mostrava à altura, com muitas ações guerreiras. É o que se lê nas diversas cartas do governador João Manoel de Mello a dom José I, relatando que, a partir de 1762, a situação se mostrava muito difícil nos povoados de Crixás, Tesouras e Morrinhos, situados no Norte de Goiás, hoje Estado do Tocantins.

Crixás era um importante garimpo com mais de 300 escravos africanos, tendo sido alvo dos Xavante por duas vezes. Na primeira investida os moradores conseguiram enfrentar o ataque, mas, na segunda vez, tiveram de fugir, pois grande era o número de indígenas que traziam até armas de fogo. Temendo perder seus escravos africanos, os portugueses fugiram com eles, abandonando o arraial, que foi saqueado e incendiado.

Para evitar novos confrontos, o governador autorizou uma bandeira formada por 500 homens, que destruiu as aldeias da região, matando e escravizando indígenas, com a abertura de novos garimpos.

Apesar da violência, a pressão nativa continuava. Dois anos mais tarde, outra bandeira, formada por 200 homens, partiu de Pilar para enfrentar os Xavante que resistiam. Atacados, recuavam, retornando para novos confrontos.

Um fato inusitado ocorreu em 1765. Em nova expedição guerreira, perto de Pilar, os indígenas se defrontaram com um grupo de africanos que trabalhavam nas roças. Em vez de matá-los, como costumavam fazer com os portugueses, foram levados para a aldeia, onde, no dizer do governador, os indígenas "lhes fizeram muitos afagos e os casaram com as gentias [mulheres indígenas], garantindo que todo preto que quisesse passar para eles acharia nas suas Aldeias o mesmo bom tratamento".[43]

Esse fato assustou as autoridades, pois os negros podiam agora fugir tanto para os quilombos, que surgiam na região, como para as aldeias indígenas, "seguros de perigo, senhores de sua liberdade e com mulheres próprias".[44]

Para enfrentar essa nova ousadia, outra bandeira se formou naquele ano com moradores da região. O ataque da aldeia aconteceu de madrugada. Pegos de surpresa e ainda dormindo, muitos Xavante foram mortos, embora alguns tenham conseguido fugir. Pela descrição do relato, não devia se tratar da mesma aldeia onde viviam os negros resgatados, sendo uma pura represália.

Quatro anos mais tarde, o governador ainda se queixava ao rei de que o arraial de Tesouras estava quase despovoado pelos constantes assaltos indígenas. No final de 1769, foi autorizada outra expedição, dessa vez organizada pelo padre Pôsso, da vila de Pilar. Mais negociante do que sacerdote, vendeu o que possuía, e, com esse capital, reuniu homens para uma nova expedição, esperando capturar muitos escravos e abrir novos garimpos.

---

[43] Carta do governador ao secretário de Estado, Francisco Xavier de Mendonça Furtado, irmão do marquês de Pombal, 30/03/1765, *apud* RAVAGNANI, Oswaldo Martins. *A experiência Xavante com o mundo dos brancos*. Araraquara: Universidade Estadual Paulista, 1991, p. 16-17.

[44] *Id.*, p. 17.

Escravos africanos trabalhando em garimpo no início do século XIX. Detalhe da gravura de Rugendas, 1835.

Após atacar algumas aldeias Xavante, esse grupo alcançou a Ilha do Bananal, entrando no território dos Araés. Atingido por febres, o padre morreu à beira do Araguaia. Seus comandados retornaram, trazendo cada um "algum fruto", isto é, alguns escravos, mas aquém do esperado, como relatou um cronista da época.

Esse fracasso fez o governador abandonar essa guerra de extermínio e buscar uma política de aproximação com os Xavante. Isso ocorreu em 1788. Acreditando nas promessas do governador, um grupo de 2.200 indígenas aceitou ser levado para o aldeamento Pedro III, que, na realidade, era um quartel. Sem liberdade e sem o que lhes fora prometido, alguns anos depois fugiram, indo para as cabeceiras do rio das Mortes, no Mato Grosso, onde resistiram até 1946.

Fonte: Carta do governador ao secretário de Estado, Francisco Xavier de Mendonça Furtado, irmão do marquês de Pombal, 30/03/1765, *apud* RAVAGNANI, Oswaldo Martins. *A experiência Xavante com o mundo dos brancos*. Araraquara: Universidade Estadual Paulista, 1991, p. 16-17.

Os Karajá enfrentam a invasão luso-brasileira

O território entre o Araguaia e o Tocantins foi, tradicionalmente, um corredor de passagem ligando o Sudeste ao Norte do Brasil. A busca de escravos e, posteriormente, de ouro, levou muitos luso-brasileiros para essa região, procedentes tanto de Belém do Pará, como de São Paulo. O ouro das supostas minas dos Martírios, situadas no baixo Araguaia, atraiu muitos paulistas, de onde retiravam mais o "ouro vermelho" do que o ouro amarelo.

Para consolidar a presença portuguesa na região no final do século XVIII, a rainha dona Maria I mandou construir não mais missões religiosas, pois os missionários haviam sido expulsos pelo marquês de Pombal, mas presídios, em torno dos quais viveriam os indígenas aldeados. Apesar do nome, esses locais não eram cadeias, mas quartéis militares. Surgiram na região os presídios de São Pedro do Sul, na ilha de Sant'Ana, atual ilha do Bananal, o de Santa Maria, na ponta Norte da mesma ilha e o presídio de São João das Duas Barras, no baixo Araguaia. Isso só foi possível graças à boa acolhida que tiveram por parte dos Karajá, que viviam e ainda vivem às margens desse rio.

Ocupavam o médio e baixo Araguaia subgrupos Karajá, como os Karajaí, Karajaúna, Karajápitanga e Xambioá. Tradicionalmente pacíficos, tornaram-se aguerridos e

Mascarados Karajá na dança do Aruanã.
Foto: Arquivo do Museu do Índio, Funai, 1960.

belicosos com a prática escravista portuguesa. Foi o que ocorreu em 1775, quando o paulista Antônio Pires de Campos iludiu um grupo que vivia em Nova Beira, na ilha do Bananal, prometendo amizade e presentes. Dias depois, "matou vários destes, aprisionou muitos, que foram conduzidos em correntes, e pelas fazendas que passava, trocava-os com os moradores por gado", como relatou o Capitão de Goiás, José Pinto da Fonseca, em carta ao governador.[45] A notícia dessas atrocidades correu pela região, assustando muitas comunidades indígenas.

Alguns anos depois, em 1780, acreditando em novas promessas do governador e recebendo presentes, um número considerável de indígenas, sobretudo Kayapó e Karajá, foi levado para o aldeamento de São José de Mossâmedes, próximo à vila de Goiás. Sem verem cumpridas as palavras do governador e, sentindo que esse aldeamento era uma espécie de prisão, os Karajá abandonaram o local, voltando para suas aldeias, ao longo do rio Araguaia.

Por serem excelentes remeiros e bons conhecedores dos rios, os Karajá continuavam requisitados pelos portugueses e, sobretudo, por traficantes de escravos, apoiados por soldados desses quartéis.

Irritados com esse comércio de escravos, os Karajá fizeram um apelo aos guerreiros Xavante e Xerente, que viviam não muito distantes do Araguaia, para ajudá-los num ataque. Essa aliança chama a atenção, pois, tradicionalmente, não tinham bom relacionamento. No dia 11 de fevereiro de 1813, desfecharam um ataque contra o presídio de Santa Maria, situado ao Norte da ilha.

Como o quartel era pequeno, com 12 soldados, foi alvo fácil. Havia também algumas famílias indígenas e mestiças que viviam no seu entorno, num total de 38 pessoas, incluindo crianças. Não há detalhes dessa ação, mas as construções devem ter sido destruídas.

A maior parte dos moradores conseguiu fugir em canoas, descendo o rio Araguaia. O atropelo da fuga provocou vários naufrágios, deixando muitos mortos. Os sobreviventes conseguiram chegar por terra até o presídio de São João das Duas Barras, que ficava a várias léguas de distância.

Bem depois, no século XX, a partir do trabalho do Serviço de Proteção aos Índios (SPI), os Karajá voltaram a colaborar com os brasileiros.

---

[45] Carta de 4/8/1775. Revista do Instituto Historico e Geographico Brazileiro, v. 84, p. 116, *apud* CHAIM, Marivone M. *Aldeamentos Indígenas* (Goiás 1749-1811). São Paulo: Nobel/INL, 1983, p. 121-122.

Fonte: SILVA, Coleman Natale. História de Goiás, Rio de Janeiro s/d., vol. 2, p. 107, *apud* SOUZA, Lincoln. *Os Xavantes e a civilização*. Rio de Janeiro: IBGE, 1953, p. 9-10.

Os Guaikuru entre os afagos e a guerra

Após o ataque ao Forte Coimbra, os Guaikuru desapareceram da região, temendo uma represália. Mas continuavam a atacar os brasileiros e paraguaios que ousassem invadir seu território.

Um acordo de paz era o anseio do governador Luiz de Albuquerque de Mello Pereira e Cáceres, mas não foi concretizado, pois a estrutura social guaikuru, dividida em clãs e com aldeias autônomas, dificultava as negociações. Deixando o governo da província, no final de 1789, seu irmão, João de Albuquerque, que o substituiu, colocou esse desafio como uma das metas de sua gestão. Logo que assumiu o governo, buscou uma estratégia para alcançá-la, pois era melhor tê-los como amigos do que como inimigos.

Do lado indígena, a aproximação veio com o cacique Kaimá, que vivia a muitas léguas do Forte Coimbra, rio abaixo. Os militares do forte mandavam constantes sinais de amizade, até que um dia ocorreu uma primeira visita do cacique com alguns guerreiros. Onze anos haviam se passado depois do massacre do forte. Embora receosos, os indígenas foram bem recebidos.

Com a retomada do diálogo, o governador pediu que o capelão do forte, padre João José Gomes da Costa, fosse à aldeia de Kaimá numa embaixada de paz. No início de 1790, com uma escolta de 45 soldados, após uma viagem por rio e por terra, o encontro se deu, com troca de presentes e desarmamento dos espíritos.

As negociações de paz foram reforçadas com a participação de outro cacique, Amavidi Chané, provavelmente de origem Terena, como seu nome indica. Dessa forma, articulou-se uma ida desses Guaikuru, com suas famílias, à Vila Bela, capital da província, onde chegaram no final de julho de 1791. Recebidos com roupas, afagos e muita comida, dispuseram-se a ser súditos da rainha de Portugal, dona Maria I. Receberam título de capitão e nomes portugueses: Kaimá tornou-se João Queima de Albuquerque e Amavidi Chané, Paulo Joaquim José Ferreira. No documento oficial assinado pelo governador, lê-se: (...) "em nome de sua nação [esses caciques] se sujeitarão e protestarão uma cega obediência às leis de Sua Majestade para serem de hoje em diante reconhecidos como vassalos da mesma Senhora [a rainha]".[46]

No texto, não se fala de delimitação de território, pois não havia interesse por parte do reino português em demarcar terras indígenas. Desejava-se apenas uma aliança mili-

[46] Carta de Paz, 30 de julho de 1791. Arquivo da Câmara de Cuiabá, *apud* BERTELLI, Antônio de Pádua. *Op. cit.* p. 120-121.

Guerreiro Guaikuru. Ilustração de Guido Boggiani, 1892.

tar, que os transformasse em "guerreiros de Sua Majestade", como aconteceu mais tarde, na Guerra do Paraguai.

O território tradicional era bastante grande por causa da vida seminômade que esse povo levava. Mas, cada vez mais, suas terras eram invadidas por fazendeiros, que iniciavam a criação de gado. No início do século XX, a área estimada era de mais de 6 mil km^2, compreendendo a ilha fluvial de Nabileque, com 5.700 km^2, e 800 km^2 de áreas adjacentes, como calculou o agrimensor francês Rivasseau, que por lá passou em 1907.[47]

Naquela época, competia às províncias legislar sobre terras indígenas. Mas o Mato Grosso vivia um período conturbado, sacudido por movimentos revolucionários, e os povos indígenas continuavam à parte, vendo suas terras invadidas.

Esse acordo de paz pouco representou para os Guaikuru e, por isso, outros caciques continuavam sua tradição andarilha, vagando pela região, negociando cavalos e carneiros. Algumas vezes, quando necessitavam de armas, atacavam algum destacamento militar.

Foi o que ocorreu algumas décadas antes, com o assalto ao forte San Salvador, construído pelo governo paraguaio, à margem esquerda do rio Paraguai, um pouco abaixo da foz do rio Apa, hoje território brasileiro. Por volta de 1860, um grupo liderado pelo cacique Nauvilla atacou a fortaleza, matando vários soldados. Em seguida, dirigiu-se a uma povoação, situada à beira do forte, em busca de alimentos. Avisadas em tempo, as mulheres fugiram, exceto uma delas, capturada com um bebê de apenas 1 ano e meio de idade. Juancito, como era chamado, foi criado na aldeia pela própria mãe até os 5 anos, quando esta faleceu. Mais tarde, ao contar sua historia, o jovem afirmou que não sabia quem era o pai, mas é possível que fosse indígena. Adotado por uma família nobre, Joãozinho assumia cada vez mais a cultura Guaikuru, destacando-se entre os jovens da aldeia. Já crescido, recebeu o título de Capitãozinho, entrando para a categoria do "capitão de favor", por ser um elemento não Guaikuru. Com o tempo, por sua lealdade e bom senso, tornou-se o braço direito do grande cacique Guasu Ãkã, com direito à sucessão.

Teve várias esposas, sendo uma delas, Jivajhãá, que irá se destacar pela bravura e pelo amor que lhe devotava, como se verá mais à frente.

[47] RIVASSEAU, Emilio. *A vida dos índios Guaycurús*. São Paulo: Comp. Editora Nacional, 1936, p. 182.

Fonte: BERTELLI, Antonio de Pádua. *Os fatos acontecidos com a poderosa e soberana nação dos índios Cavaleiros Guaycurus...* São Paulo: Uyara, 1987.

Os Xavante: da paz traída à guerra

A invasão do território Awen-Xavante, na região central de Goiás, por aventureiros paulistas em busca de ouro e escravos, no início do século XVIII, fez com que esses guerreiros se tornassem muito belicosos. Os confrontos eram constantes, com mortes de ambos os lados.

Com a promulgação do Diretório Pombalino e com o fim da mineração, a estratégia oficial passou a ser a de negociação da paz. O governador de Goiás, Tristão da Cunha, propôs um tratado que, na verdade, seria uma rendição e um confinamento nas aldeias oficiais. Dessa forma, a região se livraria dos Xavante e suas terras seriam liberadas para as plantações e a criação de gado. Sem os jesuítas, expulsos em 1759, os aldeamentos passaram a ser administrados por militares, vindo daí a denominação "presídio".

Em busca desse povo, em 1784, foi enviado um destacamento militar para o sertão de Amaro Leite, na região central da província. No entanto, antes de sua partida da capital Vila Boa, chegou ao governador a notícia de que mais um ataque dos Xavante contra o arraial de Crixá tinha ocorrido, deixando 12 mortes. Numa espécie de operação de guerra, um batalhão de 98 soldados foi enviado à região, apoiados por Kayapó recém-convertidos ao cristianismo, que viviam na aldeia de São José de Mossâmedes.[48]

Depois de um longo percurso, finalmente foi localizada uma aldeia Xavante. Pelo passado conflituoso com os portugueses, seus líderes mantiveram-se arredios. Temendo uma possível reação desses guerreiros, o comandante pediu aos Kayapó para negociarem um acordo amistoso. Entretanto, em vez de uma negociação de paz, e por serem inimigos desse povo, os Kayapó usaram uma tática tradicional, capturando um guerreiro, quatro mulheres e algumas crianças, que foram levados ao governador.

Em Vila Boa, as mulheres e crianças foram soltas e o guerreiro passou a conviver com o governador, recebendo roupa e farta comida. E, para surpresa de muitos, recebeu também o nome dele, Tristão da Cunha. Deixava, então, de ser um guerreiro Awen e tornava-se o mais novo colaborador do governo.

Após alguns meses de convívio na capital, Tristão da Cunha Xavante, fardado, retornou à sua terra, em meados de 1785, acompanhado de militares e guerreiros Kayapó, com a missão de convencer seus parentes a aceitarem a paz dos portugueses e mudarem-se para um aldeamento.

[48] Refere-se o texto aos Kayapó Meridionais, hoje conhecidos como Panará.

Jovens Xavante em ritual no cerrado. Foto de Bartolomeu Giacaria, década de 1950.

Depois de ouvirem a proposta apresentada por Tristão, os Xavante disseram que necessitavam de um tempo para conversar com a comunidade, antes de uma resposta. Após um período, o aguardado grupo de Xavante retornou pouco animado, pois não acreditavam nos "brancos". Percebendo que a negociação poderia fracassar, o capitão português pediu que o chefe Kayapó interferisse. Em tom ameaçador, ele afirmou que, se o grupo não se rendesse e fosse para o aldeamento como os Akroá, Xakriabá, Karajá e Javaé tinham feito, eles "seriam todos mortos a ferro e fogo", ali mesmo. Intimidados, os Xavante aceitaram se entregar.

Assim, 80 famílias desse povo foram levadas para o recém-criado aldeamento Pedro III, na região do rio Carretão, no centro da província de Goiás.

Os contatos e negociações continuaram e, dois anos depois, em janeiro de 1788, outro grupo de 3 mil Xavante, comandados pelo cacique Arientomô-Iaxê-Ki, chegou ao Carretão. Em meio a festas, eles aceitaram "ser vassalos fiéis da rainha de Portugal, Maria I".

Por causa da limitação financeira da província, a ajuda alimentar aos indígenas foi logo interrompida. Sem terra para garantir a própria subsistência e sem a liberdade de viver no cerrado, esse suposto "paraíso" tornou-se uma prisão. Muitos indígenas foram levados para trabalhar nas roças, num regime de semiescravidão, além de serem explorados pelos soldados da guarnição, que exigiam a metade do milho moído. O confinamento facilitou também o surgimento de doenças, como o sarampo, que matou várias dezenas de Xavante.

Zoroastro Artiaga, pesquisador goiano, relata um suposto envenenamento da água que abastecia a aldeia com cianureto de potássio e que causou "só em uma noite 500 mortes".[49] Embora esse fato não tenha sido comprovado, nada de benéfico havia que favorecesse a permanência no local.

Articulados, os Xavante começaram a abandonar o Carretão. Atravessaram o rio Araguaia, embrenharam-se no Mato Grosso, na região do rio das Mortes, e seguiram depois para o Norte da Província, para a região de São Félix. Como escreveu Emanuel Pohl, que passou pelo Carretão, em 1819, "estes homens maltratados

[49] ARTIAGA, Z. *Dos índios do Brasil Central*, Goiaz: Departamento Estadual de Cultura, s/d [1949], p. 123.

transformaram-se, de aliados, nos mais perigosos e figadais inimigos".[50]

A partir desse momento, declararam guerra a todos os não índios. Uma guerra que durou mais de um século e meio. A trégua só ocorreu em 1946, quando esse povo aceitou uma nova e definitiva aproximação pacífica, realizada por funcionários do Serviço de Proteção ao Índio (SPI).

Aldeia Xavante no rio das Mortes, MT, em 1945. Foto do Museu do Índio.

Fonte: ARTIAGA, Zoroastro, Dos índios do Brasil Central, Goiaz: Departamento Estadual de Cultura, s/d [1949]; SOUZA, Lincoln. *Os Xavantes e a civilização.* Rio de Janeiro, IBGE, 1953.

Os Xakriabá na luta por suas terras em Goiás

Pouco se conhece das lutas do povo Xakriabá quando vivia no Tocantins, então antiga capitania de Goiás. Aparentado aos Akroá, que no Maranhão foram chamados de Gamelas,[51] era uma das etnias mais guerreiras da região, impedindo a exploração de ouro nos garimpos que iam surgindo.[52] Essa informação do século XVIII sugere uma ligação desse povo com a família Timbira, como os Krahô que vivem no Tocantins, e como os Canelas, do Sul do Maranhão.

Em 1743, o governador de São Paulo foi comunicado de ataques ocorridos contra os povoados de Natividade, Carmo, Chapada, Taboca e Almas. Mais uma vez, foi pedido socorro ao paulista Antônio Pires de Campos, que, com seu batalhão de indígenas Bororo, conseguia conter aqueles povos. Desta vez esse grupo se recusou a tal empresa, por ser em região muito distante e temendo não mais voltar. Foram, então, convocados aventureiros para patrulhar os caminhos e reprimir com violência as investidas indígenas.

Tal medida não deve ter surtido efeito, pois, em 1751, decorridos oito anos, a presença desses indígenas era sentida de forma contundente, como escrevia o governador dom Marcos Noronha a dom José I, rei de Portugal:

---

[50] *Viagem ao interior do Brasil* [1820], 1976, p. 237, *apud* MOURA, Marlene, *Os Tapuios do Carretão.* Goiânia: Ed. UCG, 2008, p. 95.

[51] *In:* MURY, Paul. *História de Gabriel Malagrida,* [1875]. São Paulo: Instituto Italiano de Cultura; Loyola, 1992, p. 87. Segundo esse autor, o nome Gamela, que depois se transformou em Canela, deveu-se ao fato de usarem um botoque (chamado de gamela) no lábio inferior e na orelha.

[52] MELLO, João Manuel de. Carta para a corte em 1750. RIHGB, v. 84, p. 72, *apud* CHAIM, Marivone. *Aldeamentos Indígenas* (Goiás 1749-1811). São Paulo: Nobel, 1983, p. 59.

Os antigos Xakriabá deveriam fazer parte da família Timbira tendo a mesma cultura.
Casa tradicional Krahô em Pedra Furada, Tocantins, 1988. Foto de Benedito Prezia.

> Esta nação [Akroá-Xakriabá] é a mais cruel de todas as que circulam neste sertão, sumamente numerosa e em grande extremo infiel, porque com a mesma facilidade com que se mete em paz, igualmente falta à palavras e torna para o mato a fazer suas hostilidades; pouco ou nenhuma firmeza se pode fazer nas suas promessas porque costumam ser de mui pouco subsistência [perseverança] e só o benefício do tempo e repetidas diligências se poderá conseguir deles algum melhoramento.[53]

Curiosa linguagem, pois os portugueses sempre fizeram o mesmo em relação aos tratados de paz.

Talvez por causa da repressão violenta que sofreram, no final desse mesmo ano, os Xakriabá aceitaram o aldeamento no quartel-aldeamento de São José do Duro, à beira do rio Formiga. Os Akroá foram aldeados a cerca de 10 quilômetros de distância, em Francisco Xavier do Duro, atual Dianópolis. A pedido do governador, os jesuítas assumiram os trabalhos de catequese, que duraram poucos anos, pois em 1759 foram expulsos do Brasil.

Em 1757, um pouco antes da expulsão desses missionários, houve uma saída em massa, ocorrendo novos ataques contra povoados da região, como Natividade, Terras Novas e Remédios. Os estragos eram maiores, pois agora os indígenas já sabiam manejar armas de fogo.

As expedições repressivas, formadas por moradores da região, continuaram. Os que se renderam foram transferidos para o aldeamento de São José de Mossâmedes, a cerca de 50 quilômetros da capital da província, Vila Boa de Goiás, onde passaram a conviver com os Kayapó, Xavante e Akroá.

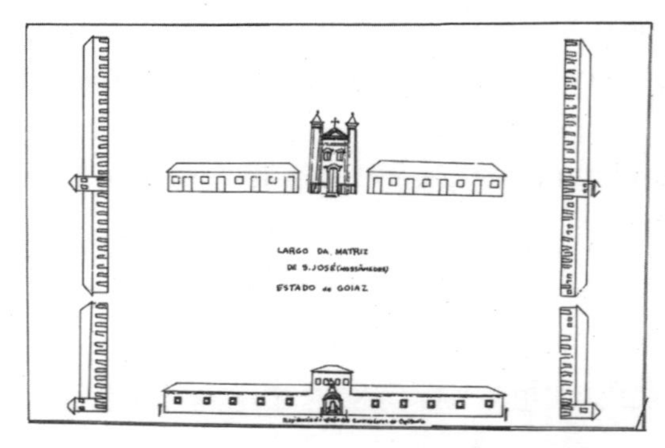

Croquis do aldeamento de Mossâmedes, SDEGO

Como os garimpos estavam entrando em decadência, o rei de Portugal mudou de tática, pois o futuro da região estava na criação de gado e na implantação de lavouras. Por isso, o marquês de Pombal exigia que o contato fosse agora amistoso e não violento.

Dessa forma, entrou-se em um novo período de convivência pacífica. Embora aldeados, os Xakriabá não se sentiam seguros junto com seus inimigos tradicionais, os Kayapó. Assim, em 1775, foram transferidos

[53] Carta para a Corte, Manuscrito do Serviço de Documentação do Estado de Goiás (colônia) – SDEGO, l. 1129, p. 136, *apud* CHAIM, *op. cit.*.

para o aldeamento do rio das Velhas, no Triângulo Mineiro, para combater os Kayapó arredios, que realizavam constantes assaltos no chamado Caminho do Anhanguera, que ligava Goiás à capitania de São Paulo. Essa transferência foi o início da desestruturação desse povo. Mais tarde, talvez na primeira década do século XIX, o grupo foi levado para São João das Missões, no Norte de Minas Gerais, numa espécie de exílio. Ali enfrentarão muitos desafios.

Fonte: CHAIM, Marivone. *Aldeamentos Indígenas* (Goiás 1749-1811). São Paulo: Nobel, 1983.

Os Kaingang de Guarapuava entre a resistência e a colaboração

Assim como em outras regiões, a conquista luso-brasileira, na região central do Paraná, dividiu o povo Kaingang que ali vivia. Organizado em subgrupos, como Kamé, Kayneru, Votôro e Dorin, muitas vezes eles se confrontavam, o que levava a grandes conflitos internos.

Descobrindo essa fragilidade étnica, os luso-brasileiros faziam alianças sempre com algum deles, ou cooptavam líderes ou indígenas que se destacavam no contato, para, depois, fazerem o papel de negociador, em busca da conquista do território.

Foi o que ocorreu com o comandante Diogo Pinto, em junho de 1810, quando chegou com cerca de 200 soldados no Centro-Oeste do Paraná, onde mais tarde surgiria Guarapuava. Sua primeira ação foi construir um pequeno forte militar, que recebeu o nome de Atalaia, e que seria a ponta de lança para a conquista do Oeste paranaense.

Ao seu redor surgiu um acampamento para abrigar as famílias dos oficiais e dos soldados, além de uma rústica capela para os ofícios religiosos, que ficava sob os cuidados do capelão padre Francisco das Chagas Lima.

Uma das coisas que mais atraía os indígenas da região eram os instrumentos de ferro, que revolucionavam a vida daquele povo que tinha apenas lascas de quartzo como facas e pedras polidas no lugar de machados.

Com essa inusitada movimentação em território indígena, não tardou aparecer um grupo de 30 Kaingang para ver esses forasteiros e negociar instrumentos de ferro. Desejavam um encontro amistoso, pois tinham interesse nessas permutas e em comida. Ao se aproximarem, deixaram as armas, recebendo, em contrapartida, roupas e alimentos. Isso fez com que se dispusessem a voltar algum tempo depois, o que de fato aconteceu. Retornaram com suas mulheres e filhas, numa forma de partilhar o que tinham de mais precioso. Essa era a cortesia existente entre muitos povos indígenas: oferecer as filhas aos visitantes.

Para surpresa das lideranças, apenas um soldado aceitou essa amável oferta, pois a maioria seguiu as ordens do capelão, que esbravejava, dizendo que aquilo era contra as normas da Igreja e de Deus. Irritados, sem entender tal recusa, os Kaingang voltaram no dia seguinte, desfechando um violento ataque, surpreendendo os moradores de Atalaia.

Mulher Kaingang do Paraná. Gravura de Thomas Bigg-Wither, 1878.

Resistiram como puderam e, graças às armas de fogo, sobretudo aos morteiros, rechaçaram aquele ataque, deixando vários indígenas mortos.

Um deles, Pahy, avaliando essa investida, que mostrou superioridade dos estrangeiros, mudou de lado, dispondo-se a viver no acampamento. Como prova de sua adesão, aceitou receber o batismo, passando a se chamar Antônio José Pahy.

Foi através dele que, a partir de 1812, os indígenas do subgrupo Kamé fizeram um acordo de paz, passando a viver na aldeia que se formou ao lado do forte. Como sempre, o contato com europeus, portadores de novas doenças, provocou uma epidemia que, por nove meses, ceifou muitas vidas indígenas. As mortes foram tantas que, em maio do ano seguinte, os sobreviventes resolveram voltar para o mato, permanecendo apenas Pahy com sua família.

No ano seguinte, atacados pelos Votôro, aqueles Kamé retornaram à Atalaia, procurando a proteção dos soldados. Assim o acampamento indígena foi reativado. A vida naquele aldeamento foi bem diferente do imaginado, pois passaram a ser explorados pelos soldados e pelo autoritarismo de Pahy, que se julgava "capitão branco", e agia como tal. Indignados, alguns indígenas juraram vingança. Numa das incursões que Pahy fazia pelos campos, em busca de escravos indígenas, foi surpreendido numa cilada e morto.

Temendo uma possível vingança, os Kamé fugiram, retornando à vida tradicional. A região enfrentava penúria e, lembrando-se da alimentação das roças de Atalaia, tanto os Kamé como alguns Votôro decidiram retornar à Atalaia. Na ocasião, a convivência entre esses dois grupos foi mais tranquila, passando, inclusive, a viúva de Pahy a viver com um Votôro, Vitorino Fuok-xó.

Mas a vida livre dos campos tinha forte apelo. E, assim, ocorreu uma nova saída: Vitorino Fuok-xó e sua mulher, juntamente com o grupo Votôro, abandonaram Atalaia, levando dois Kamé. Era a volta à liberdade que tanto prezavam. Mas essa liberdade do sertão durou poucos anos, pois o Oeste do Paraná seria ocupado definitivamente naquele final de século.

Fonte: História de Antonio Pahy. *In:* MOTA, Lúcio Tadeu. *As guerras dos índios Kaingang (1769-1924).* Maringá: Ed. Universidade Estadual de Maringá, 1994, p. 208-212.

Tandó: uma saga Kaingang na conquista de Guarapuava

Desse período da conquista, um importante registro sobre a resistência Kaingang foi recolhido pelo sertanista Telêmaco Borba, em 1886. O relato destaca uma história narrada por Arâkchó, neto de Tandó e bisneto do cacique Combró.

O fato deve ter ocorrido em 1813. Foi para obter ferramentas, tão cobiçadas, que o grupo de Combró assaltou o Forte Atalaia, construído na atual região de Guarapuava, como se viu atrás. Enquanto ocorria esse ataque, outro grupo rival aproveitou para assaltar sua aldeia, em busca de mulheres. E, entre as prisioneiras, estava uma das esposas de Combró. Ao saber do ocorrido, esse cacique partiu com seus guerreiros para resgatar a companheira.

Nesse ínterim, sua aldeia foi novamente atacada, mas, desta vez, por brasileiros que, ajudados pelos "índios mansos" que viviam em Atalaia, queriam revidar o ataque anterior. A aldeia Kaingang foi incendiada, morrendo alguns idosos, sendo escravizadas mulheres e crianças, entre as quais o pequeno Tandó, um de seus filhos.

Desesperado, o cacique partiu em busca da criança. Depois de alguns dias de caminhada, localizou a expedição assaltante, conseguindo ouvir o choro do filho que era castigado por fazer barulho. Enfurecido, Combró, sem buscar uma estratégia adequada, atirou-se sobre o acampamento, sendo rechaçado à bala. Recuou taticamente e, no dia seguinte, enquanto os sertanejos almoçavam, desfechou um novo ataque, sendo atingido mortalmente por uma bala na cabeça.

Sem o cacique, o grupo Kaingang afastou-se dos campos de Guarapuava, onde estava nascendo um povoado brasileiro em torno de Atalaia.

Os anos se passaram, Tandó cresceu, tornando-se um robusto rapaz. Apesar do convívio com os brasileiros, não se deixou envolver por aquela cultura, como outros Kaingang. Aos 18 anos, fugiu para junto de sua família, reencontrando sua mãe e irmãos, inclusive seu irmão Cohy, que se tornara importante liderança.

A mãe ainda chorava a morte do marido e dizia que os filhos deviam vingá-lo. Depois de muita conversação, os jovens decidiram atacar Atalaia. Além dos brasileiros, ali havia um grupo de "índios mansos", que aceitara tornar-se aliado dos invasores. Ninguém melhor que os indígenas para resistir aos ataques de outros indígenas. Era a estratégia da divisão, sempre usada pelos conquistadores.

Kaingang do Toldo da Formiga em 1896. Foto da expedição do Gal. José Cândido da Silva Muricy.

O novo povoado já estava bem consolidado, com casas de madeira e cercado por uma paliçada. Não longe, ficava o acampamento indígena, como sentinela de proteção.

Ao chegar ao local, Tandó viu que um ataque seria difícil e sugeriu que o grupo desistisse. Segundo a tradição Kaingang, as bordunas foram deixadas próximas ao povoado, em sinal de trégua. Isto teve a desaprovação de seu irmão Cohy, que afirmou que o grupo não devia se acovardar diante do inimigo.

Ao se afastarem, houve uma discussão entre ambos e, para não ser envergonhado por Cohy, ao voltar para a aldeia, Tandó conclamou a todos aqueles que "não quisessem viver como pedras que não morrem", que o seguissem. Naquela mesma noite, atacaram o acampamento dos "índios mansos", numa forma de atingir Atalaia. Nessa peleja, morreram indígenas de ambos os lados.

Dos sobreviventes daquele acampamento, ficou apenas seu líder Duhy, que resistira dentro de sua casa. Tandó queria vingar nele a morte do pai. Merecia morrer aquele Kaingang traidor que escolhera viver com os brasileiros. Colocou fogo na casa, e esperou o inimigo sair. Frente a frente, desafiou Duhy para uma luta. Sem se deixar intimidar, este saltou para fora com uma faca em cada mão. Com um golpe certeiro, Tandó tomou uma das facas e os dois caíram, rolando por terra, numa luta corpo a corpo, indo parar ambos no fundo de uma vala. Aproveitando uma falha de Tandó, Duhy conseguiu cravar-lhe a faca no corpo, mas sem atingir nenhum órgão vital. Mais rápido que uma onça, mesmo ferido, Tandó, com outro golpe certeiro, cravou a faca no coração do adversário, matando-o na hora.

Sem forças para levantar-se, gritou a seu irmão, que veio a seu auxílio, desenterrando a faca que ainda estava no seu corpo. Numa padiola foi transportado até a aldeia. Em pouco tempo, recuperou-se.

Dois anos depois, acreditando nas promessas dos brasileiros e esperando, sobretudo, retomar a mulher que havia sido raptada, aceitou uma trégua. Fez um acordo de paz, mas que durou pouco. Divididos, os Kaingang se desentenderam e Tandó morreu vítima de novo conflito.

Fonte: BORBA, Telêmaco. *Actualidade Indígena.* Curitiba: Impressora Paranaense, 1908, p. 28-33.

Os Borun resistem em Minas

A população indígena da região central de Minas Gerais foi quase toda escravizada e eliminada pelos paulistas no século XVII. Mas, no Leste e no Nordeste dessa província, a resistência à ocupação portuguesa continuava. A região era área tradicional de vários povos coletores, como os Malali, Panhame, Copoxó, Makoni, Maxakali, Pataxó e Monoxó, que viviam dispersos nas matas dos rios Araçuaí, Suaçuí e Doce. Disputavam o mesmo território com os subgrupos Borun, conhecidos também como Botocudo, com os Aranã, Xonin, Enguerek-Mung, Nak-Nhepe, Panhame, Poté e outros. Esses últimos eram os mesmos guerreiros Aimoré que, nos séculos XVI e XVII, aterrorizavam os portugueses do Sul na Bahia.

A chegada da família real ao Brasil, em 1808, estimulou uma estratégia de ocupação mais agressiva, visando a construção de caminhos sobretudo entre as cidades do litoral e as vilas do interior. Para unir o Rio de Janeiro, capital do reino, à cidade da Bahia, importante centro comercial, dom João VI não hesitou em promulgar uma carta régia, que declarava guerra contra essa população:

> Deveis considerar como principiada contra esses índios antropófagos uma guerra ofensiva que continuareis sempre em todos os anos nas estações secas e que não terá fim, senão quando tiverdes a felicidade de os senhorar de suas habitações e de os capacitar da superioridade das minhas armas de maneira tal, que movidos de justo terror das mesmas, peçam a paz e sujeitando-se ao doce jugo das leis e prometendo em viver em sociedade possam vir a ser vassalos uteis...[54]

Ataque dos Botocudo/Borun em Minas Gerais. Pintura de Caetano da Fonseca Vasconcelos, 1790.

Tal legislação levou à implantação de muitos quartéis, que iriam garantir a presença dos novos povoadores na região, controlando e exterminando os guerreiros Borun. Estes quartéis nada mais eram que pequenos aglomerados de casas de pau a pique, com um oficial, que liderava alguns soldados, recrutados entre aventureiros e ex-presidiários. Muitas vezes os soldados ficavam até dois anos sem receber, o que estimulava o comércio de escravos indígenas, principalmente de crianças, como forma de sustento.

Os quartéis, espalhados ao longo dos rios Doce, Suaçuí e Jequitinhonha eram em torno de 35, e igual número havia na Província do Espírito Santo. Os confrontos tornavam-se quase inevitáveis, sendo, muitas vezes, decorrentes de "guerras preventivas", estimuladas pelos soldados.

Próximo aos quartéis surgiam pequenas vilas ou aldeamentos de indígenas aliados. Foi o caso do Porto de Santa Cruz, à beira do rio Suaçuí, não longe da atual Peçanha, formado majoritariamente por indígenas Malali.

---

[54] D. JOÃO VI, Carta Régia de 13 de maio de 1808 ao governador de Minas Geraes Pedro Maria X. de Athaide e Mello, *apud* SOARES, Geralda Chaves. *Na trilha guerreira dos Borun*. Belo Horizonte: Centro Universitário Metodista, 2010, p. 54-55.

Apesar de os moradores contarem com mais segurança, esses aglomerados indígenas eram alvos de doenças europeias. Foi o caso de uma epidemia, provavelmente de malária, que atingiu o vilarejo, em 1814. Segundo o naturalista francês Augusto de Saint Hilaire, neste surto apenas dois moradores não foram contaminados, numa população de mais de 300 pessoas. Sem saber a causa, os sobreviventes indígenas fugiram para o mato, ficando apenas o comandante e alguns soldados. No dia em que deixaram o quartel, um grupo Borun invadiu de noite a vila, incendiando as casas e cravando na área central do povoado uma grande flecha. A destruição pelo fogo era a maneira tradicional de combater doenças desconhecidas e a flecha na praça da vila foi uma forma de mostrar o descontentamento contra os invasores que levavam a morte.[55]

A ofensiva dos Borun continuou num esquema de guerra de guerrilha. Para combatê-los surgiram milícias volantes, que buscavam seus acampamentos, desfechando ataques noturnos, pois estes indígenas evitavam guerrear à noite. Surpreendidos dormindo, os homens foram mortos e as mulheres e crianças levadas como escravas para as vilas. Os indígenas de outras etnias, como os Malali e Maxakali, foram usados como guias nessas expedições repressivas.

Além do confronto armado, houve outras formas de extermínio, como a narrada pelo Barão Von Eschwege e citado pelo príncipe Maximiliano Wied-Neuwied, também alemão, que esteve no Brasil no início do século XIX. Conta que o conde de Linhares, ministro da Guerra de dom João VI e idealizador da guerra contra os Botocudos, estimulava a entrega de roupas contaminadas com varíola, o que levou à morte muitos grupos nativos.[56] Os luso-brasileiros anteciparam em mais de 150 anos a guerra bacteriológica que tantas vítimas têm causado em guerras atuais.

Em São Mateus (ES), em meados do século XIX, um comandante de um dos quartéis da região desencadeou um ataque que resultou na morte de mais de 150 nativos, em resposta a uma ofensiva Borun. Como prova de sua "façanha", levou para a vila um saco com mais de 300 orelhas, como denunciou Teófilo Otoni, político do Partido Liberal mineiro, num importante relatório.[57]

Esse foi um dos crimes de genocídio, praticado pelo Estado brasileiro, ocultado pela história oficial.

Fonte: WIED-NEUWIED, Príncipe Maximiliano. *Viagem ao Brasil [1820]*. Belo Horizonte: Itatiaia; São Paulo: Edusp, 1989, v. 156, p. 322-323; OTONI, Teófilo. *Notícia sobre os selvagens do Mucuri*. Belo Horizonte: Ed. Univ. Federal de Minas Gerais, 2002.

---

[55] SAINT-HILAIRE, Auguste de. *Viagem pelas Províncias do Rio de Janeiro e Minas Gerais* [1830]. Belo Horizonte: Itatiaia; São Paulo: Edusp, 1975, p. 177.

[56] WIED-NEUWIED, Príncipe Maximiliano. *Viagem ao Brasil* [1820]. Belo Horizonte: Itatiaia; São Paulo: Edusp, 1989, v. 156, p. 322-323.

[57] OTONI, Teófilo. *Notícia sobre os selvagens do Mucuri*. Belo Horizonte: Ed. Univ. Federal de Minas Gerais, 2002, p. 48.

As lutas dos Puri no Espírito Santo

Os povos indígenas, na região das minas de ouro, chamada depois Minas Gerais, foram vítimas dos luso-brasileiros em dois momentos distintos. Primeiramente na fase escravista, no século XVII, quando se tornaram alvo das bandeiras paulistas e houve uma verdadeira sangria humana na região. Depois, durante a descoberta do ouro, ocorrida no século seguinte, quando aventureiros de diversas regiões do Brasil (São Paulo, Bahia e Espírito Santo) e de Portugal ocuparam a área desordenadamente, entrando em confronto com os povos que ali viviam.

Essa última invasão fez com que muitos indígenas se deslocassem para regiões de difícil acesso, como o Vale do Jequitinhonha, que se tornou um verdadeiro refúgio. Outros tentaram resistir em regiões menos distantes, mas que depois se tornaram vias de acesso para as minas, como o vale do rio Doce e a Zona da Mata. Além dos Borun, viviam outros povos coletores, como os Puri, Coropó e Coroado.

Pouco conhecida é a resistência dos Puri. Por serem coletores, deslocavam-se muito, ocupando um vasto território que ia do vale do Paraíba (Leste do Estado de São Paulo e Sudoeste do Rio de Janeiro) ao Sul do Espírito Santo, incluindo a Zona da Mata mineira.

Eram de baixa estatura, embora alguns fossem robustos e musculosos, provavelmente pelo uso de rijos arcos. Foram descritos como dóceis e pacíficos no contato com os brasileiros, mas, diante da agressão dos portugueses, algumas vezes tornaram-se violentos.

A "corrida do ouro" levou muita gente para Minas Gerais e também para territórios com possibilidade de mineração, como era o Sudoeste do Espírito Santo. Cumprindo determinação régia, o capitão-mor dessa capitania, em meados do século XVIII, proibiu a ida de pessoas para essa região fronteiriça, como forma de controlar o contrabando.

Tal medida estimulou a prospecção mineral e a instalação de garimpo no Espírito Santo, como o vale do rio Itapemirim. Confirmando a expectativa de muitos, o ouro foi ali localizado, atraindo muitos capixabas. Com o desenvolvimento do garimpo, os aventureiros de várias procedências começaram a se instalar de forma estável no médio rio Itapemirim, criando a povoação de Castelo. Ninguém se importou com o fato de que aquela região era área de ocupação tradicional dos Puri. E a resposta indígena não tardou.

No início de 1771, a população local foi atingida por um ataque surpresa. Não há muitos dados sobre o conflito, mas uma breve referência, deixada pelo historiador Mário Freire, indica que as mulheres e as crianças conseguiram escapar, enquanto os homens tentavam resistir aos indígenas. Apesar das armas de fogo, as flechas puris se mostraram mais poderosas. A destruição foi grande, sendo tudo arrasado: casas, ranchos e até uma ponte foi incendiada. Depois dessa tragédia, os moradores buscaram um local mais seguro, instalando-se na foz desse rio. Lá ergueram novo povoado, com uma igreja sob a

Família Puri na mata. Gravura do livro de Maximiliano Wied-Neuwied, 1820.

invocação de Nossa Senhora do Patrocínio. Nesses momentos difíceis, só mesmo invocando a proteção do céu...[58]

A partir desse episódio, os Puri, antes vistos como dóceis e amigáveis, tornaram-se alvos de violenta repressão.

Houve, também, outro tipo de violência da sociedade colonial, que se poderia chamar de "dissimulada". Foi a que ocorreu em 1811, quando 200 Puri foram levados para Vila Rica, capital de Minas Gerais, com presentes e com a promessa de um aldeamento bem assistido. A realidade foi outra, conforme relata o Barão Von Eschwege, importante industrial de Minas. Segundo seu relato,

> lá chegando, foram distribuídos como rebanho entre aqueles que os queriam como escravos, não escapando mesmo as crianças, que foram separadas de seus pais. (...) É bom observar que, ao fim de um ano, dos duzentos índios, só restava apenas algumas crianças, tendo os outros morrido, quase sempre em consequência dos maus tratos.[59]

Mais tarde, entre 1814 e 1815, duas expedições punitivas foram realizadas contra os Puri na Zona da Mata. A primeira, composta por portugueses e indígenas Coroado, pouco dano causou. Encontrou apenas um grupo Puri, deixando um morto. A segunda foi mais violenta. Segundo o capitão Guido Marlière, comandante do destacamento militar da região, foi morto Ingir, cacique Puri, e muitos outros, que tiveram as orelhas decepadas como prova do "serviço cumprido". Assim foi a maneira, exigida pelos regionais, para atestar essa bárbara tarefa, bem distante da tão decantada cordialidade mineira.

Fonte: FREIRE, Mário Aristides. *A capitania do Espírito Santo.* Crônica da vida capixaba no tempo dos capitães-mores (1535-1822). Vitória: Vida Capichaba, 1945, p. 121-122; ESCHWEGE, Wilhein L. Von, *Pluto Brasiliensis.* Brasília: Ed. Senado Federal, 2011, v. 140, p. 572.

Vuitir, o Mongo Véio Puri

No século XVI, os Puri ocupavam um vasto território que se estendia pelos atuais Estados de São Paulo, Rio de Janeiro e parte do Espírito Santo. Repartidos em pequenos grupos, instalavam-se em acampamentos provisórios, deslocando-se constantemente em busca de alimento, como pinhão, sapucaia, mel e caça. Eram pacíficos, embora arredios.

[58] FREIRE, Mário A. *Op. cit.* p. 121-122.

[59] ESCHWEGE, Wilhein L. Von, *Pluto Brasiliensis.* Brasília: Ed. Senado Federal, 2011, v. 140, p. 572.

Escravos africanos numa fazenda do Rio de Janeiro. Gravura de Rugendas, 1835.

Quando o vale do Paraíba começou a ser ocupado pelos luso-brasileiros no século XVII, os Puri deslocaram-se para o interior, cruzando a serra da Mantiqueira, espalhando-se, sobretudo, pelo Sudeste de Minas Gerais. Além de enfrentar os paulistas, que buscavam escravos para os garimpos, tiveram de fazer face a outros povos indígenas que lhes eram hostis, como os Coroados e os Borun.

Diante dessas pressões, parte do grupo retornou ao território tradicional, no médio Paraíba, indo viver em Minhocal, próximo a um dos afluentes do rio Preto, já no atual Estado do Rio de Janeiro.

Em 1780, com a escassez de alimentos, esses indígenas começaram a invadir fazendas. Como havia constantes reclamações dos moradores, o vice-rei autorizou a formação de uma milícia repressiva, constituída por soldados e pessoas da região, comandada pelo sargento-mor Joaquim Xavier Curado. Os ataques ocorriam tanto em confrontos diretos quanto em emboscadas.

Nesse conflito, mais uma vez utilizaram o que poderíamos chamar de "armas bacteriológicas", isto é, roupas contaminadas, abandonadas em aldeias indígenas. Essa ação foi também repetida contra os Borun. As mortes foram tantas, que, no dizer de Joaquim Norberto Souza e Silva, "as torrentes caudalosas [do rio Paraíba] arrastavam cotidianamente os hediondos cadáveres das míseras vítimas [Puri]".[60]

Anos depois, o governo decidiu mudar de estratégia. Em vez de guerra de extermínio, propôs criar aldeamentos com indígenas "pacificados". Assim, Mariquita, indígena Puri, tornou-se intermediária na fundação do aldeamento São Luís Beltrão, em 1785, criado no lugar da antiga aldeia do Minhocal, na Província do Rio de Janeiro.[61] Sem apoio do governo, o aldeamento entrou em decadência e muitos indígenas morreram ou voltaram para as matas. Em 1821, havia apenas 63 indígenas: 40 mulheres e 23 homens.

Em 1800, surgiu um líder Puri, Vuitir, que ajudou na fundação do aldeamento de São João de Queluz, na Província de São Paulo. Batizado com o nome cristão de João Batista, Vuitir mostrava grande ascendência sobre seu povo, além de ter bom relacionamento com os brasileiros. Por isso, conseguiu levar 80 famílias para esse aldeamento, com

[60] SILVA, Joaquim Norberto de Sousa. Memória Histórica documentada das Aldeias de Índios da Província do Rio de Janeiro, 1894, p. 89, *apud* REIS, Paulo Pereira dos. *O indígena do Vale do Paraíba*, São Paulo: Gov. Estado de São Paulo, 1979, p. 103.

[61] *Ibid.*

a promessa de que teriam bom tratamento, não seriam escravizadas e que haveria um padre para ensinar-lhes a doutrina cristã.[62]

Como bom andarilho, Vuitir partiu para outras localidades, percorrendo toda a região. Ao voltar para o aldeamento, no ano seguinte, para sua surpresa, encontrou escravos africanos trazidos pelo diretor de índios, Januário Nunes da Silva. Trabalhavam exclusivamente nas roças do diretor, sendo vítimas de constantes castigos. Chocado com isso, Vuitir queixou-se ao capelão, padre Boucinhas, que nada fez. Sua reclamação continuava: "Tire ferro cabeça homem negro, deixe negro vortá! Mande embora feitô mau!"[63]

Percebeu que pouca autoridade tinha sobre aquela situação, pois a escravidão de africanos era aceita por todos. Mas sua conduta fez com que os negros o vissem de outra forma, passando a chamá-lo de *Mongo,* que em banto significa deus, protetor.

Desiludido e impotente diante da situação, Vuitir optou por retornar ao mato, acompanhado de um grupo Puri. Com o tempo, os que ficaram ou foram morrendo, vítimas de doenças ou, simplesmente, integraram-se à população local. Abandonada, Queluz tornou-se *Tabauna,* isto é, vila de negros, ou melhor, vila brasileira, com uma grande quantidade de escravos.

De Vuitir nunca mais se teve notícias, mas se tornou um personagem mítico para os escravos, que o invocavam nos seus cantos, ao serem ameaçados pelo feitor:

> Foge feitô, Mongo véio vai vortá!
> Foge feitô, tarumã, tarumá!

Sua figura persistiu no imaginário regional por muito tempo. Em meados de 1940, o escritor J. B. Mello de Souza, ainda adolescente, numa festa de 13 de maio, que comemorava a libertação dos escravos na fazendo de sua avó materna, em Jataí, ouviu o Choro do Mongo Véio. Era um jongo que recordava Vuitir Puri, o "véio protetor".

A figura desse personagem foi descrita num de seus livros, ao relembrar esse ritual lúdico-religioso:

> Curiosa cerimônia! Impôs-se rígido silêncio. Fez-se enorme roda. Em dado momento, ouviram-se matracas e tambores. Uns quantos negros, dispostos em ferraduras no centro da roda, puseram-se a gemer, contorcendo-se, curvados como se sustentassem enorme peso. Outro, mais corpulento, manobrava em torno deles, simulando bater-lhes com um imaginário chicote. O canto iniciou-se, então, por três gritos lamentosos, em escala descendente, seguindo-se o coro:
> Foge feitô, Mongo véio vai vortá!
> Foge feitô, tarumã, tarumá!

E continua o autor:

[62] MELLO E SOUZA, J. B. de. *Histórias do rio Paraíba.* São Paulo: Saraiva, 1969, v. 1, p. 34.
[63] *Id.*, p. 39.

Tenho pena de só haver conservado de memória esta estrofe:

Passei córgo, passei rio, subi morro e passei mato,
vi a cruz de Passa Quatro, vi cabôco frechadô.
Andei perdido no sertão, lá do Embaú,
fui mordido de urutu... Mongo véio não vortô!...

E dezena de vozes repetiam, numa toada plangente de melopeia do Congo:

Foge feitô, Mongo véio vai vortá!
Foge feitô, tarumã, tarumã![64]

Fonte: MELLO E SOUZA, J. B. *Histórias do rio Paraíba.* São Paulo: Saraiva, 1969, v. 1 (Col. Saraiva, v. 251); REIS, Paulo Perereira dos. *O indígena do Vale do Paraíba.* São Paulo: Gov. Estado de São Paulo, 1979. (Col. Paulística, v. XVI)..

Os Bororeno na defesa de suas terras em Santa Catarina

Por viver no Rio de Janeiro, a nobreza tinha pouca ideia da realidade nativa do Brasil, mais próxima dos africanos escravizados, que ocupavam não só os centros urbanos como a zona rural. No entanto, grande interesse suscitou uma notícia, publicada na revista da corte imperial, em 1813, que relatava a existência de águas termais nas serras próximas a Florianópolis. Eram as famosas Caldas de Cubatão, semelhantes às requisitadas águas termais de Portugal.

Poucos estavam cientes que, nessa região próxima à atual capital catarinense, viviam os Bororeno, que, há tempos, recusavam o contato com os luso-brasileiros. Essa comunidade se manteria alijada da história regional, se não tivesse lutado pela preservação de suas terras. Por causa dessa presença "incômoda", que poderia atrapalhar o usufruto dessas fontes, o governador da Província de São Paulo determinou, em 1814, a instalação de dois regimentos militares para proteger as termas.

Uma das características do povo indígena que ali vivia era o biótipo africano, provavelmente resultante da miscigenação de indígenas com escravos fugidos de fazendas da região ou sobreviventes de algum navio negreiro, naufragado nas cercanias. Refugiando-se nas montanhas, mantinham costumes indígenas e práticas guerreiras. Além do arco, flecha e borduna, utilizavam, taticamente, galhos secos de pinheiros nos ataques. Envolvidos em fibras de embira e tucum, esses galhos se tornavam perigosas tochas incendiárias, quando arremessados contra as precárias moradias do interior, sempre cobertas com folhas de palmeiras.

[64] MELLO E SOUZA, J. B. *Op. cit.*, p. 24 e 25.

Bororeno em expedição guerreira. Desenho de J. B. Debret, 1834.

Para melhor usufruto dos banhos quentes, banheiras foram instaladas no local. Incomodados com o aumento de visitantes, os Bororeno passaram a repelir os intrusos. Graças ao relato do pintor Jean Baptiste Debret, que por lá passou alguns anos depois, soube-se de detalhes desse confronto. O ataque foi noturno, durante a lua crescente, com menos tempo de claridade. A operação foi bem planejada, com a obstrução dos caminhos com tronco de pinheiros, para impedir possíveis fugas. Quando a lua se escondeu, sob intenso breu, os nativos partiram para o ataque, surpreendendo os soldados em pleno sono.

Diante da surpresa, mal puderam escapar de sua guarnição, tomada pelas chamas dos galhos incendiários. Os que conseguiam se livrar do fogo e da fumaça, caíam abatidos pelas bordunas dos guerreiros que cercaram o acampamento.

Após o ataque, durante um bom tempo os moradores de Florianópolis deixaram de frequentar a região. Voltaram anos depois, quando o governo imperial instituiu uma política de extermínio indígena. A violência contra os nativos foi grande e essas fontes receberam o pomposo nome de Caldas da Rainha. No local, esse episódio foi lembrado por uma placa com os seguintes dizeres: "À memória dos milicianos D'el Rey de Portugal aqui mortos pelos silvícolas em 31 de outubro de 1814, quando em guarda a estas já afamadas thermas".[65]

Dos massacres contra os Bororeno, a história nada registra. É possível que os sobreviventes desse povo tenham se internado na região das nascentes do rio Itajaí, no município de José Boiteux, próximo a Ibirama, formando uma comunidade tradicional. Seus membros são, até a atualidade, chamados de *Cafusos,* isto é, mestiços de indígenas e negros.

Esses fatos teriam caído no esquecimento se não fosse o registro de Jean Baptiste Debret, da Missão Artística Francesa que, em 1816, veio ao Brasil a convite de dom João VI, para criar um polo de arte no Rio de Janeiro. Após a independência do Brasil, o artista teve mais autonomia e, em 1829, realizou uma importante viagem pelas províncias do Paraná e de Santa Catarina, registrando paisagens e cenas com os nativos. Uma de suas gravuras registra essa importante aliança entre negros e indígenas, que se repetiu mais tarde no Nordeste.

Fonte: DEBRET, Jean Baptiste. *Viagem pitoresca e histórica ao Brasil.* [1834]. Belo Horizonte: Itatiaia; São Paulo: Edusp, 1989, v. 1, p. 50-51. (Col. Reconquista do Brasil, 3ª série, v. 10-12).

[65] *Apud* SANTOS, Sílvio Coelho dos. *Índios e brancos no Sul do Brasil.* Florianópolis, Edeme, 1973, p. 61.

Do império à primeira República

E a repressão continua...

A repressão contra os indígenas prosseguiu após a proclamação da independência e a instalação do Império no Brasil, apesar do olhar mais humanista de José Bonifácio, o articulador desse novo regime. Infelizmente, as propostas pensadas e encaminhadas visavam sempre a "civilização do índio", isto é, sua integração à sociedade nacional. Os debates liberais da independência dos Estados Unidos e da Revolução Francesa não chegavam aqui. O que se verificou, nesse período, foi o surgimento da temática indígena no romantismo literário, com as obras de José de Alencar e Gonçalves Dias, ou na música erudita, com a ópera *O Guarani*, de Carlos Gomes. Esse indígena que aparecia nos palcos e nos saraus literários estava muito distante do indígena real. A chegada de imigrantes europeus, que vieram substituir a mão de obra escrava, em vez de mudar o panorama, acirrou mais ainda a disputa das áreas tradicionalmente ocupada pelos nativos. Os frades capuchinhos que substituíram os jesuítas, expulsos por Pombal, não estavam preparados para realizar o trabalho de catequese que respeitasse e valorizasse esses povos. Assim, os conflitos continuaram e, no início do século XX, o Brasil foi denunciado na Áustria, durante um congresso de americanistas pela violação dos direitos dessas populações. Em 1910, com a pressão de alguns expoentes republicanos, foi criado o Serviço de Proteção ao Índio (SPI), entregue ao coronel Cândido Mariano Rondon. Foi a primeira tentativa governamental de criar um órgão específico que pudesse atender às populações nativas. Infelizmente, os resultados não foram os esperados e as lutas e conflitos continuaram.

Os Borun do Mucuri: entre a espingarda e a cruz

As crianças Borun que sobreviviam aos conflitos eram vendidas ou trocadas. Foto de Walter Garbe, 1909.

Como em outras regiões do Brasil, os Borun tiveram a história marcada com sangue e lágrimas. Por terem uma vida de perambulação, sem aldeias fixas, seu território era extenso, indo do Sul da Bahia ao vale do rio Doce, em Minas Gerais, o que impedia a ligação, por terra, entre o Rio de Janeiro, atual capital da colônia, e Salvador, a antiga capital. Isto levou dom João VI, ao chegar ao Brasil, em 1808, a publicar um decreto que declarava, na prática, uma guerra aos Botocudos.

No Espírito Santo e em Minas Gerais, foram criados batalhões, formados por militares e particulares, que levaram uma guerra de extermínio a muitos grupos.

Nesta última região, as ações foram bastante violentas. Para maior eficiência, alguns desses batalhões contratavam outros indígenas que se tornavam tão sanguinários quanto seus chefes. Houve regiões em que, para comprovar as ações repressivas, os soldados traziam as orelhas das vítimas.[1] As crianças – *kruk* ou *kuruka* – tornaram-se mercadorias cobiçadas, sendo educadas nas famílias brasileiras, tornando-se, depois, trabalhadores servis. Por isso, chegavam a ser vendidas por até 100 mil réis ou trocadas por uma espingarda, arma muito apreciada.[2]

Esses roubos e negociatas podiam terminar em tragédia, como ocorreu com o cacique Jiropok, em 1846, que se desesperou após o sequestro de dois de seus filhos. Como os irmãos Viola, colonos mineiros, se recusassem a devolver as crianças, o cacique invadiu a fazenda, resgatando os filhos, deixando também um saldo de oito mortos. Evidentemente, a repressão contra esse grupo foi igualmente violenta. Pegos numa emboscada, o cacique e seu grupo foram mortos por um tal de Salles. Tempos depois, 16 crânios, seguramente desses indígenas, foram vendidos a um francês que dizia representar o Museu de Paris.[3]

---

1 OTONI, Teófilo. *Notícia sobre os selvagens do Mucuri.* Belo Horizonte: Ed. Univ. Federal de Minas Gerais, 2002, p. 48.

2 *Ibid.*, p. 49-50.

3 *Ibid.*, p. 51.

Borun na região do Rio Doce, Minas Gerais. Foto de Walter Garbe, 1909.

Além da morte por armas de fogo, esses batalhões não hesitavam em entregar roupa contaminada com sarampo, que se tornava arma mortal, como se viu atrás.[4]

Sem alcançar a colonização da região, o governo imperial mudou de estratégia. Decidiu trazer imigrantes europeus e implementar, a partir de 1852, a Companhia de Comércio e Navegação do Rio Mucuri, dada em concessão ao mineiro Teófilo Otoni. O projeto de navegação não surtiu o efeito esperado, mas levou ao surgimento de alguns núcleos populacionais, destacando-se Filadélfia, atual Teófilo Otoni, em pleno território dos Borun. Vários subgrupos, como os Krakatã, Mokurin, Nhanhã, Katolé, Poton, Poté, Nakrehé e Pojichá sentiram-se atingidos. Mas o habilidoso Teófilo Otoni conseguiu a confiança de alguns líderes, como o capitão Timóteo, da nação Nak-Nanuk, que se tornou seu grande aliado. Por isso, em sua homenagem uma das vilas da região recebeu o nome de Nanuque.

Outros Borun mostraram-se resistentes, como os caciques Inhome, Jukirana, Imá e Ninkate. Este chegou a dizer ao "capitão branco", Teófilo Otoni, que "os portugueses deviam se contentar com as terras que já tinham tomado", sem invadir mais áreas.

Para este empreendimento de colonização foram contratados operários alemães, belgas, suíços, portugueses e até chineses, auxiliados por negros escravizados, que trabalhavam não apenas no transporte fluvial, como também na abertura de estradas.

Incomodados com aquela invasão, os Borun passaram a atacar as moradias que surgiam à beira dos novos caminhos, como ocorreu, em 1853, quando uma família foi morta pelos Pojichá, em Jucupemba. Outros confrontos, desfechados pelo grupo do cacique Imá, atingiram famílias recém-chegadas à região. O medo era tanto que as pessoas que precisavam viajar não o faziam de dia, preferindo a noite, quando esses guerreiros se recolhiam. A cada ação indígena, havia sempre uma reação violenta dos brasileiros.

Este clima de confronto levou ao fracasso da Companhia, com a saída em massa de estrangeiros que se recusavam a trabalhar ali. A implantação de postos militares também não foi suficiente para conter os grupos indígenas rebelados.

Em 1869, o governo imperial pediu aos frades capuchinhos para fundar uma missão, semelhante à criada às margens do rio Doce, entre os Aranã. Em fevereiro de 1873 surgiu a missão em Itambacuri, a 30 quilômetros de Teófilo Otoni.

[4] Fato narrado pelo Barão de Eschwege e citado por Wied-Neuwied. *Viagem ao Brasil.* Belo Horizonte: Itatiaia; São Paulo: Edusp, 1989, p. 322-323.

Os indígenas se dividiram: uma parte apoiou os padres, como Pahók, que levou para lá os subgrupos Krakatã e Nhanhã. Outra parte recusou-os, como os Jerunhim, Nherinhim, Hen, Jakjat, Rimré, Kremun, Pojichá, Pmakgiraun, Ponchon, Pmak e Nakre-Hé. Com o tempo se aproximaram, mas não se instalaram na missão, pois não confiavam nos brancos, mesmo sendo frades, e tinham razão. Mais tarde, acreditando na missão de paz dos religiosos, aceitaram o contato, mas com consequências desastrosas, que quase os levou à extinção.

Fonte: OTONI, Teófilo. *Notícias sobre os selvagens do Mucuri*. Belo Horizonte: Ed. UFMG, 2002.

Os indígenas do Nordeste na rebelião da Cabanada

Pouco se conhece de uma revolta popular que eclodiu no Nordeste depois da abdicação de dom Pedro I, em abril de 1831, que recebeu o nome de Cabanada. Não se deve confundir com a Cabanagem do Pará, ocorrida na mesma época.

Este movimento, desencadeado nesse ano por fazendeiros e alguns sacerdotes que se sentiam prejudicados com a ascensão dos liberais, pedia a volta de dom Pedro I e do regime monárquico. Após um tempo, essas lideranças da classe dominante perderam espaço e o movimento passou a contar com uma grande massa de sertanejos pobres, indígenas e africanos escravizados, tornando-se um levante popular contra o sistema dominante.

Houve dois focos rebeldes. O primeiro no agreste pernambucano, nas serras de Panelas e no Cafundó. Outro surgiu às margens do rio Jacuípe, abrangendo o Sul de Pernambuco e Norte de Alagoas. Nessa última região, havia uma aldeia tupi, provavelmente de descendentes dos Caeté, que participaram da expulsão dos holandeses no século XVII.

De forma sistemática, o governo sempre ia buscar indígenas para recompor seus batalhões militares e, no início de 1832, o governador Miranda Henrique expediu ordens para um recrutamento forçado. Para surpresa, encontrou resistência de várias lideranças, comandadas pelo cacique Hipólito. Depois de muita discussão, esse chefe aceitou ir até a vila de Porto Calvo conversar com o governador, que ali se encontrava. No caminho, foi vítima de uma emboscada, sendo preso e levado para a cidade. Reconhecendo tal prisão como arbitrária, o juiz de paz local mandou soltá-lo. No entanto, ao sair da cadeia, foi covardemente esfaqueado pelas costas, morrendo na hora.

Este crime revoltou a comunidade, que partiu para Jacuípe, invadindo o quartel e levando armas e munições. De lá, seguiram para os engenhos, queimando cerca de 20 deles, prendendo proprietários e libertando os escravos, que passaram a engrossar suas fileiras.

Mais de mil pessoas já participavam desse exército de rebelados. O movimento chegou a colocar em risco a vila de Serinhaém, levando a população a pedir reforço ao governo. Com a chegada de um contingente militar, os indígenas recuaram para suas terras, diminuindo a pressão revolucionária.

Em Panelas, o movimento crescia, liderado pelo sertanejo Antônio Timóteo. Segundo relatório de agosto de 1832, "os malvados ameaçavam levar o terror e morte a toda a comarca do sertão".

A Cabanada foi uma antecipação em várias décadas da epopeia de Canudos. *A caatinga do sertão baiano.* Ilustração do livro *Os sertões*, de Euclides da Cunha, 1902.

O governo reagiu e mandou para lá mais de mil homens, arregimentados em Garanhuns, Cimbres (atual Pesqueira) e em vilas alagoanas. Um grande confronto ocorreu, deixando do lado governista 54 mortos e 256 feridos e, do lado rebelde, muitos mortos, incluindo o líder Timóteo.

Esse sucesso militar fez o movimento rebelde revigorar-se. Entre 1833 e 1834, foi unificado em torno da figura do mulato Vicente Ferreira de Paula, filho de um padre com uma escrava negra. Ex-soldado, levou táticas militares àquela luta popular. Era saudado como "capitão e general de todas as matas". Espalhados em "arraiais", o movimento deve ter reunido mais de 15 mil seguidores. E alguns autores afirmam que os adeptos chegaram a 50 mil. Foi uma antecipação, em várias décadas, da epopeia de Canudos.

Mais poderosas, as forças da repressão dominaram o movimento, eliminando de forma violenta os insurgentes, que buscavam mais justiça e igualdade. Deles, pouca coisa restou em nossa história e na memória do povo brasileiro.

Fonte: FREITAS, Décio de. *Cabanos: os guerrilheiros do Imperador.* São Paulo: Graal, 1982. (col. Biblioteca de História, v. 1).

Os indígenas na Cabanagem do Pará

Se a Cabanada foi quase esquecida na história das lutas populares, a Cabanagem do Pará tem um destaque maior. A pergunta a se fazer é: qual a participação indígena naquele que foi "o mais notável movimento popular do Brasil, o único em que as camadas pobres da população conseguiram ocupar o poder de toda uma província com certa estabilidade", na avaliação de Caio Prado Jr.?[5]

A luta dos povos nativos na Amazônia foi secular, e até depois de aldeados na missão, muitos continuavam resistindo, como se viu ao longo da história.

Entre eles, se destacou o povo Maué, pois em 1769 o governador do Pará se queixava que esses "Índios da Nação Manguês [Maué] resistem às práticas que se lhes fazem para saírem das trevas do paganismo". Ao contrário do que pensava o governador, esse

[5] *Apud* PREZIA, B.; HOORNAERT, E. *Brasil indígena, 500 anos de resistência.* São Paulo: FTD, 2000, p. 174.

Belém em meados do século XIX. Gravura da Riou & Biard, *Deux ans au Brésil.*

povo vivia de maneira harmônica na região dos rios Andirá e Maués, entre a foz do rio Madeira e o baixo Tapajós. A população estimada era de 20 mil pessoas. Habilidosos, eram valorizados como mão de obra, tanto pelos missionários quanto pelos colonos. Com a expulsão dos jesuítas, em 1759, muitas aldeias foram extintas, e a principal delas, Maués, recebeu nome português, transformando-se na vila de Luzea.

A saída dos missionários levou à desorganização de muitas etnias que viviam nas missões, pois várias delas transformaram-se em vilas ou simplesmente desapareceram. Sem o apoio dos padres, seus moradores foram viver às margens dessas povoações, sem direitos, embora oficialmente considerados cidadãos livres. Passaram a ser chamados de tapuios, tornando-se mais tarde o combustível dessa grande revolução popular.

A independência do Brasil não transformou a colônia. Ao contrário, a estrutura colonial foi mantida, com a dominação dos portugueses gerando insatisfação dos brasileiros e levando a eclodir, em Belém, a mais longa revolução popular do Brasil, a Cabanagem.

Iniciada em 1832, obteve adesão de muitos indígenas e mestiços. Esse movimento, que contou com a participação do clero jovem, de profissionais liberais e jornalistas, teve altos e baixos. Alguns incidentes mostraram a presença ativa de indígenas e tapuios, como a morte do governador Bernardo Lobo de Souza, praticada pelo tapuio Domingos Onça. Ou assassinato do coronel Joaquim José Santiago, levado a cabo pelo indígena Amanacy.[6]

Após a alternância de três governadores revolucionários, sem conseguir uma governabilidade e coesão, o movimento se viu cercado pelas forças legalistas. A população de Belém ficou sitiada, e quase sem comida, facilitando a rendição de boa parte dos rebelados.

Os que resistiram foram presos e colocados em navios como o *Defensora,* o mais famoso deles. Os maus-tratos e a falta de alimento causaram a morte de 229, nessas embarcações infectas, entre agosto de 1837 e dezembro de 1838. Segundo dados das autoridades locais, que registravam o nome, a "raça" e a idade dos presos, foi possível avaliar a composição étnica dos combatentes: 91 (39,7%) eram tapuios; 45 (19,6%) mulatos ou pardos; 35 (15,2%) mamelucos ou mestiços; 18 (7,8%) cafuzos; 16 (6,9%) brancos; 13 (5,6%) índios aldeados, 10 (4,3%) negros, e apenas uma pessoa ficou sem a especificação de cor ou raça. Assim, desses rebelados, 93% eram de população nativa, negra ou mestiça, isto é, pobres, devendo ser escravos os negros.

[6] MOREIRA NETO, Carlos. *Índios da Amazônia, de maioria a minoria.* Petrópolis: Vozes, 1988, p. 77.

Indígenas Maué no início do século XX. Foto de autor desconhecido.

Quando o movimento começou a fraquejar em Belém, em meados de 1833, deslocou-se para o médio Amazonas, atingindo Luzea, sob o comando do tuxaua, isto é, do cacique Manoel Marques. O destacamento local foi atacado, morrendo os 30 soldados que ali atuavam. Em seguida, foram eliminados os moradores "brancos", especialmente os portugueses. O tuxaua Ambrózio, da missão Nossa Senhora da Conceição dos Maués, liderou a rebelião no baixo Andirá, atingindo Silves, onde ocorreram também muitas mortes. Preso, foi deportado para lugar incerto, e morto logo depois.

Apesar dessa baixa, os revolucionários não desistiram. Uma nova liderança surgiu: o tuxaua Crispim Leão, "diretor de índio" da Missão de Vila Nova da Rainha, atual Parintins. Não apoiou o movimento no início, devido ao cargo que tinha. Mas, revoltado com a conduta das forças legalistas, assumiu a luta. Com um grande grupo de Maué, na tarde do dia 24 de junho de 1833, ocupou a ilha de Tupinambarana, surpreendendo os portugueses, que comemoravam a festa de São João em suas propriedades.

Vitoriosos, partiram para Andirá, transformando a vila numa grande fogueira, com todas as casas incendiadas. No fragor do combate, uma bala atingiu mortalmente o tuxaua. Mesmo assim, a luta continuou. Os revolucionários indígenas dirigiram-se a Parintins, atacando a vila e obrigando os moradores a se refugiar em Óbidos.

Durante quatro anos, Luzea passou a ser o centro da resistência cabana. Somente em 1837, a vila foi recuperada pelas forças legalistas, sob o comando de Ambrózio Ayres Bararoá. Dispersos, os Maué subiram o Tapajós, refugiando-se nos seus afluentes e mantendo uma luta de guerrilha.

Desgastados com essa longa guerra, em 1840, "novecentos e oitenta rebeldes com as suas armas, arcos e flechas, apresentaram-se às autoridades em Luzea", como afirma um documento oficial da época.[7] Como se vê, eram todos revolucionários indígenas.

Os Mura também se destacaram, com atuação decisiva, sobretudo na fase final do conflito. Como dominavam os rios do médio Amazonas, fizeram frente ao contra-ataque imperial, a partir de 1837.

As forças legalistas ocuparam Manaus e parte do alto Amazonas. Comandando ações repressivas, o mestiço Ambrózio Pedro Ayres, o Bararoá, circulava por rios e igarapés à procura de cabanos, prendendo e matando a partir de simples denúncias. Numa expedição punitiva no lago Autazes, território tradicional dos Mura onde muitos cabanos haviam se refugiado, o grupo repressor foi surpreendido numa emboscada "por sete

[7] *Relatório de 1840*, *apud* MOREIRA NETO, *op. cit.*, p. 137

canoas rebeldes, sendo a maior parte com guerreiros Mura", como relatou depois o coronel Luiz de Souza, comandante-adjunto da expedição. Numa tentativa de fuga, Bararoá alcançou uma das margens do lago, mas foi capturado e morto, sendo, dessa maneira, vingada a morte de tantos cabanos.[8] Este episódio desencadeou nova repressão contra os Mura.

As ações pós-cabanagem foram muito violentas. Os legalistas vangloriavam-se em apresentar orelhas dos cabanos mortos como troféus de guerra.[9] Das 24 mil pessoas que viviam em Belém, em 1820, apenas 13 mil foram registradas em 1839, com uma queda populacional de quase 50%, em consequência das mortes e das fugas para o interior.[10]

Dos 60 mil Mura que viviam na Amazônia em 1826, restaram apenas 1.300, distribuídos em oito povoações, segundo levantamento feito por funcionários do Império, trinta anos depois, em 1856.[11]

Este foi mais um genocídio pouco lembrado em nossa história...

Fonte: MOREIRA NETO, Carlos. *Índios da Amazônia, de maioria a minoria*. Petrópolis: Vozes, 1988; CHIAVENATTO, José Júlio, *Cabanagem: o povo no poder*. São Paulo: Brasiliense, 1984.

Jivajhãá, uma guerreira Guaikuru

A presença masculina é predominante na história de resistência indígena, mas as mulheres sempre desempenharam papel importante, ainda que de forma discreta. Em alguns momentos, chegaram a liderar combates ou interferir em negociações, como ocorreu nos primórdios de São Paulo ou na guerra dos Potiguara, no século XVI. Na conquista do Amazonas, foram muito ativas, gerando a lenda das mulheres guerreiras, as "Amazonas", que legaram o nome ao grande rio.

A mulher que iremos conhecer neste episódio é do povo Guaikuru, onde as da "nobreza" tinham um papel de destaque, acompanhando sempre o marido em suas viagens.

Os "índios cavaleiros", como eram chamados, foram vítimas de dura repressão por parte do governo brasileiro, entre 1905 e 1906, apesar de sua participação marcante na Guerra do Paraguai. Para garantir a ocupação brasileira na região fronteiriça com o Paraguai, o governo estimulou a instalação de fazendas. Vendo sua área tradicional invadida pelo gado, muitos indígenas passaram a caçar os bovinos como animais selvagens. A resposta foi uma repressão mais dura e sistemática contra eles.

---

[8] *Ibid.*, p. 109.

[9] *Ibid.* p. 95.

[10] *In:* CHIAVENATTO, J.J. *Cabanagem: o povo no poder*. São Paulo: Brasiliense, 1984, p. 151.

[11] Mapa Estatístico dos Aldeamentos de Índios, *apud* MOREIRA NETO, *Ibid.*, p. 112.

Uma dessas ações se deu contra um grupo que vivia no rio Miranda, desfechada pelo destacamento militar de Corumbá. Essa ação teve o apoio dos fazendeiros de Barranco Branco e de Santo Antônio, que forneciam ao Exército cavalos e peões. A operação, mantida em sigilo, seria contra a aldeia do Morro de Niutaque, do famoso Capitãozinho, e contra a aldeia Tigre, onde vivia o cacique Guaçu-Akã. Foi então que entrou em cena Jivajhãá, a primeira esposa de Capitãozinho, que se destacava por ser grande artista e uma das melhores tatuadoras de sua aldeia.

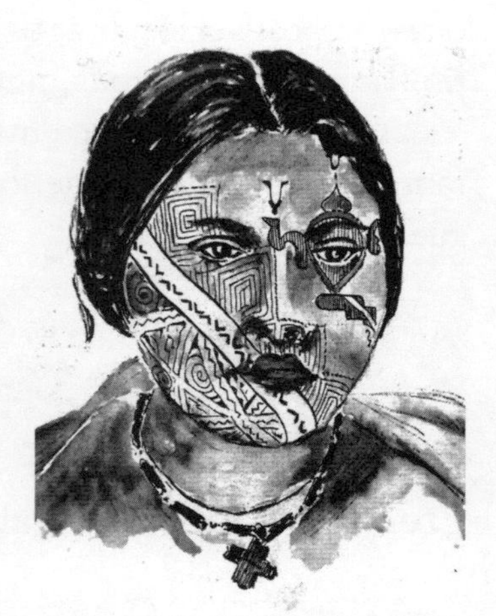
Mulher Guaikuru. Gravura de Guido Boggiani, 1892.

Graças a um Guaikuru que trabalhava em Santo Antônio, os moradores de Niutaque foram avisados em tempo. Ao chegar de noite à aldeia, ele foi informado por Jivajhãá que todos os homens haviam partido para uma caçada. Diante da gravidade da situação, sem hesitar, ela partiu sozinha para localizar o grupo, deixando os velhos e as mulheres orientados para se refugiarem nas matas que cobriam algumas colinas da região em caso de ataque.

Após muitas horas de caminhada, por atalhos pouco utilizados pelos brancos, Jivajhãá deparou-se, ao longe, com um jovem Guaikuru a cavalo. Com sinais, pediu que parasse, narrando-lhe o perigo que as aldeias corriam. Os moradores da aldeia do Tigre já haviam sido prevenidos e se refugiaram nas matas da região, e controlavam a movimentação das tropas.

Jivajhãá retomou o caminho. Após várias horas de marcha, alcançou uma região pantanosa, que se estendia por vários quilômetros. Depois de um difícil e longo trajeto, descobriu rastros dos cavalos de seu grupo. A noite ia avançada quando chegou à borda de uma matinha. Sem forças, caiu exausta de cansaço. Por sorte trazia alguns pedaços de carne e mandioca assada. Refeita com esse pequeno lanche, recobrou o ânimo e seguiu em frente até o raiar do dia. O sol já ia alto quando ouviu ao longe o estampido de um tiro. Arriscou um grito, obtendo em seguida uma resposta. Um segundo grito seu caiu no vazio. Mas foi em frente até ser interceptada por uma capoeira. Ouviu, então, um pio de jaó, sinal que seu grupo utilizava. Ao respondê-lo, apareceram, entre o cipoal, dois jovens Guaikuru. Avisou o que se passava e um deles foi dar a notícia ao Capitãozinho, que estava com outro grupo de caçadores. Pouco depois, o cacique apareceu.

Ao vê-lo, Jivajhãá desmaiou. A longa caminhada e a falta de líquido quase a levaram à morte. Foi levada na garupa do cavalo do seu ex-marido até uma fonte, onde tomou água e mel de jataí, recuperando as forças. Contou-lhe com detalhes o plano de ataque dos militares e como havia orientado a retirada dos moradores da aldeia.

O plano surtiu efeito. Quando os militares chegaram à aldeia do Capitãozinho, encontraram apenas ranchos vazios. Fizeram um churrasco com um boi que por ali pastava, antes de colocar fogo nas casas. Desistiram de localizar os fugitivos, pois sabiam que era quase impossível localizar os Guaikuru dispersos naquele imenso pantanal. Partiram pelo rio Paraguai em retirada, numa embarcação rumo a Corumbá.

Os Guaikuru nunca mais voltaram para as antigas aldeias: os de Niutaque fundaram Tuiuiú, e os do Tigre foram para a Aldeia Grande, graças à coragem desta valente guerreira.

Fonte: RIVASSEAU, E. *A vida dos índios Guaycurús*. São Paulo: Companhia Editora Nacional, 1936, p. 231-279. (Col. Brasiliana, v. 60).

Ereryn e a luta Kaingang em São Paulo

Assim como parte dos Tupi do século XVI, os Kaingang do Oeste do Estado de São Paulo tiveram que enfrentar com valentia a violência da ocupação paulista. Até o início do século XX, aquela região, que correspondia a uma terça parte da Província, era coberta por densa mata, morada dos Kaingang. Mapas da época a indicam como "vazia", assinalando apenas como "terrenos desconhecidos habitados pelos indígenas"[12].

Para expandir a área cafeeira e buscar meios de comunicação com o Mato Grosso, que se firmara após a Guerra do Paraguai, o governo provincial paulista resolveu ampliar a Estrada de Ferro Sorocabana, unindo Botucatu às barrancas do rio Paraná, num trajeto que costeava o rio Tietê. Surgia, então, uma nova linha ferroviária, a Estrada de Ferro Noroeste do Brasil.

A entrada de alguns não índios na área, de forma esporádica, não incomodava esse povo guerreiro. Mas um grande empreendimento, como a construção dessa ferrovia, deixara esse povo em alerta.

O contato inicial dos Kaingang com esses intrusos foi amistoso, e pareciam querer "pacificá-los", na expressão de Darcy Ribeiro. Numa dessas tentativas de aproximação, um grupo indígena deparou-se com trabalhadores que derrubavam árvores para os dormentes da estrada de ferro. Assustados, os peões reagiram, ameaçando atirar. Tentando mostrar suas intenções pacíficas, o líder gesticulava com uma criança nos braços, e mostrava que não tinha armas. Ignorando a mensagem, os trabalhadores iniciaram um tiroteio, atingindo a criança, que tombou morta.[13]

Este fato reforçou a fama de violência dos *fog* (os brancos). Os Kaingang diziam que eram *coreg tauim* (gente muito ruim).

Assim, um grupo, liderado pelo cacique Ereryn, resolveu dar uma resposta. "Alto, sisudo, falando pouco", como foi descrito por Curt Nimuendaju, em 1912, esse guerreiro destacava-se dos demais. Reuniu um grupo de uns 20 homens e articulou um ataque,

---

[12] FREIRE, O.; MAY, A., *Atlas de Geografia Universal*, 1915, p. 12

[13] RIBEIRO, Darcy. *Os índios e a civilização*. Petrópolis: Vozes, 1977, p. 159.

no local onde está, atualmente, a cidade de Promissão. O alvo era a equipe do engenheiro Sengner, que trabalhava para finalizar o trecho que ligaria Araçatuba ao rio Paraná.

Acampamento Kaingang no interior de São Paulo. Foto do Serviço de Proteção ao Índio/SPI. Acervo do Museu do Índio, s/d.

Como estratégia, os indígenas montaram ranchos próximos ao acampamento da ferrovia. Ao cair da noite, aproximaram-se das barracas, mas foram identificados pelos cães. As sentinelas dispararam na direção em que os cachorros indicavam, mas retornaram a seus postos quando os animais se aquietaram. Mas uma tática nova ia ser usada por eles: espalharam pó narcótico da congonha brava próximo aos cachorros. Inalando esse pó, os cães caíram em sono profundo. Sem o barulho dos animais, Ereryn e seu companheiro Dorarin conseguiram arrastar-se até os vigias, soprando perto deles o mesmo pó, que os manteve num sono profundo.

Com os vigias dormindo, o terreno ficou liberado para o ataque. Entretanto, continuavam escutando um estranho barulho, que vinha de uma barraca semi-iluminada. Com um golpe de borduna, os guerreiros abateram duas sentinelas, que caíram sem dar um gemido. Aproximaram-se, em seguida, da barraca iluminada, e atacaram o engenheiro Sengner, que escrevia à máquina, provocando aquele estranho ruído.

Em fúria, avançaram sobre os trabalhadores, que, despertados com os gritos de guerra, caíram executados, um após o outro. Somente um negro, apenas de calção, conseguiu escapar na escuridão da noite, escondendo-se atrás de uma pilha de toras. Graças a um trem de carga, que passara momentos depois, conseguiu salvar-se.

Pela manhã, estavam os corpos dos trabalhadores estendidos no chão. Alguns foram empalados ao longo da ferrovia, como troféus de guerra. Mas esses Kaingang pagaram um alto preço por esta e outras ousadias: foram quase exterminados pelas armas, pelas doenças e pela política integracionista do governo. Atualmente, são pouco mais de 80 pessoas vivendo na região.

Fonte: MELLO, Darcy Bandeira de. *Entre índios e revoluções*. São Paulo: Soma, 1980, p. 65-68.

A vingança de André Makurap

A violência contra os indígenas, nos seringais da Amazônia, embora conhecida, foi pouco registrada, pois a sociedade brasileira sempre procurou encobrir suas atrocidades e seus crimes. Entretanto, alguns episódios foram resgatados da memória de algum sobrevivente.

A região do antigo Território do Guaporé, atual Estado de Rondônia, abrigou inúmeros povos indígenas, muitos já desaparecidos. Entre tantos episódios de violência praticados por seringalistas, uma história merece ser resgatada. Trata-se de um ato envolvendo André, filho de mãe do povo Jabuti e de pai Makurap, que trabalhava no "barracão" São Luís, às margens do rio Branco. Esse assentamento surgiu quando um ex-funcionário do Serviço de Proteção ao Índio (SPI) comprou uma grande gleba de mata, visando criar um seringal. Morando em Guajará-Mirim, ia apenas uma vez ao ano à área buscar os produtos: bolas de seringa, castanha-do-pará, ipeca, amendoim, arroz e farinha.

Nessa época, os funcionários daquele órgão criado para defender os indígenas se preocupavam mais com seu patrimônio do que com as comunidades nativas. Para administrar sua gleba, contratou Severino, um boliviano que dizia conhecer a região e saber lidar com os peões e com os indígenas, que apareciam para um trabalho temporário. Arbitrariedades contra os nativos eram bastante frequentes nos seringais, mas no barracão São Luís ultrapassavam o tolerável.

Segundo Franz Caspar, viajante suíço que lá esteve em 1948, e que relatou esse episódio, a truculência do boliviano era revoltante:

> Pela manhã, enfileirava os índios e distribuía o trabalho. Aquele que, na véspera, não tivesse terminado sua tarefa ou que não a tivesse feito satisfatoriamente por qualquer motivo, era algemado, encarcerado e impiedosamente chibatado. Era ainda pior para com as mulheres e filhas dos índios, que recebiam tratamento pior do que súditas. Tinha esposa e filhos, mas abusava das índias que lhe agradavam, divertia-se com elas e, depois, distribuía-as, entre seus empregados brancos ou pretos.[14]

Os indígenas não reagiam, por falta de meios para enfrentar os capangas do patrão, que formava uma guarda pessoal. Quem voltasse para a aldeia antes do prazo era capturado por essa milícia e duramente punido. Foi o que ocorreu com André Makurap. Irritado, certo dia fugiu com seu grupo familiar, deixando Severino furioso. Aos berros, dirigiu-se a Alfredo, um dos capangas que era indígena, dizendo-lhe que tinha de trazê-lo vivo ou morto. Se resistisse em voltar, que "atirem nele e me tragam sua cabeça", ordenou irritado. Mas Alfredo recusou tal ordem, dizendo que era indígena e que "com parente não fazia aquilo"...

No dia seguinte, uma milícia, composta por quatro pessoas, foi atrás do Makurap. Após um dia de caminhada, o grupo chegou à maloca de André, achando-a deserta e queimada. Tiveram de dormir ao relento. No outro dia, numa trilha, alcançaram a aldeia onde André se encontrava com sua família. Assim surpreendidos, todos os homens foram presos e amarrados. Faltava apenas um casal, que havia saído para a mata. Ansioso para concluir o serviço, Alfredo foi atrás dos indígenas, enquanto três capangas ficaram na maloca, montando guarda dos presos.

As tarefas foram divididas: um ficou de vigia, na rede, e dois saíram para cortar uma madeira. Aproveitando-se dessa distração, orientado por André, um dos meninos

---

[14] GASPAR, Frans. *Tupari,* São Paulo: Melhoramentos, s/d [c. 1960], p. 59.

Barracão de seringalista à margem do Rio Madeira, fotografado durante a construção da estrada de ferro Madeira-Mamoré, 1907.

que estava livre aproximou-se por trás e, com uma faca, cortou as cordas. Solto, André pegou um machado, e, com um golpe certeiro, abriu a cabeça do que estava na rede. Tomando sua Winchester, partiu em busca dos outros três. Quando saía da casa, foi surpreendido por um deles, que voltava. Descarregou um tiro, acertando-lhe o rosto, matando-o na hora. Ao ouvir o estampido, o terceiro capanga apareceu, sendo igualmente atingido.

Com o barulho, Alfredo retornou imediatamente, imaginando que o casal que procurava estava de volta. Para sua surpresa, presenciava a terceira morte. Por ser "parente", foi poupado. André convenceu Alfredo a acompanhá-lo a São Luís, onde continuaria a vingança. Pernoitaram na aldeia do cacique Mutum, chegando de madrugada no barracão. O primeiro a ser morto foi o boliviano, quando pela manhã saiu para urinar. Todos os moradores do barracão foram igualmente mortos. Doze ao todo. Escapou apenas um negro que havia partido com um companheiro para buscar castanha-do-pará numa locação mais acima.

O delegado de Guajará-Mirim, ao saber do ocorrido, localizou Regino, um peão que já havia trabalhado em São Luís e que era muito amigo dos indígenas, solicitando que antecipasse os policiais que iria mandar para lá. Talvez fosse a única pessoa capaz de restabelecer a paz no seringal. Atrás dele, seguiu um destacamento de policiais, "armados até os dentes", como escreveu Caspar.

A negociação de paz aconteceu, prometendo André e os Tupari não praticar outras mortes. Os indígenas não foram punidos, pois, implicitamente, o delegado reconhecia que aquela violência era a resposta dada por eles às violências anteriores.

Fonte: CASPAR, Franz. *Tupari*. São Paulo: Melhoramentos, s/d [c. 1960], p. 57-63.

Caboclo Marcelino e a luta Tupinambá

A atual luta dos Tupinambá de Olivença, na Bahia, relembra o período da ocupação do litoral baiano pelos portugueses no século XVI, quando o rei de Portugal usou o canhão e a cruz para consolidar a conquista das terras indígenas.

Vários povos foram identificados como Tupinambá e a maior parte deles resistiu com bravura à conquista lusitana. Os do Recôncavo Baiano mostraram-se, no princípio, implacáveis inimigos dos portugueses, mas, com a chegada de Diogo Álvares, o Caramuru,

Indígenas de Olivença na década de 1930. Foto de Curt Nimuendaju, acervo do Museu do Índio.

reconciliaram-se, tornando-se fiéis aliados. Com o tempo, os que não morreram vítimas das epidemias ou do trabalho escravo dos engenhos, terminaram nas missões jesuíticas. No final do século XVI, eram poucos os indígenas que viviam no Recôncavo Baiano.

Segundo um levantamento do final do século XVIII, feito após a expulsão dos jesuítas, foram identificadas quatro missões com presença Tupinambá. Duas delas no Jaguaripe, próximo a Salvador – a de Nossa Senhora dos Prazeres e a de Nossa Senhora de Nazaré –, e mais duas ao Sul – a de São João dos Topes, na atual Trancoso, com 120 casais, e a de São Félix, em Una do Cairu, com 160 pessoas.

Outras etnias aparecem, como na missão de Nossa Senhora da Escada, em Olivença, onde são registrados 130 casais Tupinikim; na missão de Nossa Senhora das Candeias, em Camamu, 86 casais dessa mesma etnia; nas missões de São Miguel e de Santo André, também em Camamu, 160 casais Payayá; e na missão de Nossa Senhora da Conceição, em Ilhéus, 86 casais Gren ou Guerén, subgrupo Botocudo. A população indígena dessas missões não passavam de 3 mil pessoas.[15]

A diversidade étnica dos aldeamentos e seu reduzido número mostra que eram sobreviventes de um grande extermínio. Se as missões lhes impunham outra cultura e religião, oferecia, em contrapartida, terra demarcada e um trabalho mais autônomo, diferente da escravidão portuguesa praticada nas fazendas. Com a expulsão dos jesuítas, em 1759, a situação se agravou, havendo um abandono em massa de muitos desses indígenas das missões, sobretudo, por falta de condições de sobrevivência. O maior interesse da elite regional estava nas terras, que foram mais tarde distribuídas para os fazendeiros. Desamparados, muitos indígenas aceitaram trabalhar nas fazendas num regime de semiescravidão. Outros permaneceram nas antigas missões, então abandonadas.

Foi o que constatou, em 1816, o alemão Maximiliano Wied-Neuwied, em viagem científica. Em Una do Cairu, encontrou apenas algumas famílias de "índios civilizados", espalhados pela mata vizinha, vivendo da pesca e conduzindo jangadas.[16]

Vila Nova de Olivença mostrava-se um pouco diferente. A população era majoritariamente indígena, sendo portugueses apenas o padre, o escrivão e dois comerciantes. A igreja

---

[15] Mapa curioso que contém não vulgares notícias de muitas aldeias de índios, que por ordem régia, são hoje vilas (s/d., c. 1760). *In:* VILHENA, Luís dos Santos. *Recopilação de notícias soteropolitanas e brasílicas, apud* ABREU, Capistrano de. *Capítulos de história colonial (1500-1800) & Os Caminhos Antigos e o povoamento do Brasil,* 5ª ed.. Brasília: Ed. UnB, 1963, p. 192.

[16] *Viagem ao Brasil,* Belo Horizonte: Itatiaia; São Paulo: Edusp, 1989, p. 333.

da missão, no alto da colina, estava abandonada e a vila, bastante decadente. Como narrou o viajante, surpreendeu-se em encontrar "alguns tipos muito belos [de indígenas] e seu aspecto lembrava-me a descrição que fez Léry dos seus antepassados, os Tupinambás [do Rio de Janeiro]". Mas lamentou que não eram aqueles belos e fortes guerreiros do passado, mostrando-se "lamentáveis seres ambíguos", que o saudaram "com um 'adeus', à moda portuguesa".[17]

Não os identificou como Tupinambá, embora fossem de cultura tupi, como mostravam seus traços físicos. Esses indígenas devem ter vivido dessa maneira até a entrada da lavoura de cacau, em 1855, que mudou novamente o cenário, pois muitos tiveram de ir para as fazendas, num trabalho mal remunerado. A Guerra do Paraguai, em 1865, foi outro fator desestruturante. Muitos indígenas foram levados à força para o Mato Grosso, substituindo os filhos dos fazendeiros e de comerciantes locais, compulsoriamente convocados. Não se sabe quantos para lá partiram, mas deve ter sido um número significativo, e isso talvez explique a aceitação, na comunidade, de escravos e ex-escravos africanos, o que levou à forte miscigenação.

A chegada da República pouco mudou aquela situação de carência e abandono. Em 1936, a região apareceu no noticiário, quando os indígenas de Olivença, liderados por Caboclo Marcelino, decidiram impedir a construção de uma ponte sobre o rio Cururupe, que ligaria esse povoado a Ilhéus. Eram contrários à obra porque facilitaria mais ainda a invasão de suas terras.

O governo estadual reagiu, mandando um batalhão de mais de 70 policiais que ocupou Olivença. Identificado como líder do levante, Marcelino se refugiou nas matas da serra de Santana. Lá ficou por cinco anos, vivendo precariamente numa caverna. Agebê, cacique da aldeia Acuípe de Cima, rememorando esse período, afirma que seu pai contava que, para levar comida a Marcelino, "andava cerca de sete quilômetros no rio, dentro d'água, para não deixar rastros para a polícia".[18]

A perseguição foi implacável, com vários indígenas torturados para revelar o paradeiro de Marcelino. Ao se inteirar disso, decidiu entregar-se para poupar a comunidade. Ficou pouco tempo na cadeia, desaparecendo depois. As autoridades policiais fizeram circular a notícia que teria sido enviado para o Amazonas, como até hoje alguns acreditam. Mas, certamente, deve ter sido morto na própria cadeia e seu corpo enterrado em lugar desconhecido.

Entretanto, sua figura continua viva, dando força aos indígenas de Olivença na luta pela recuperação de suas terras e de seu passado de luta!

Fonte: OCA DIGITAL. Lideranças indígenas relembram luta do Caboclo Marcelino. *Caros Amigos*, 28/09/12.

---

[17] *Id.*, p. 335. Refere-se ao missionário calvinista Jean de Léry, que escreveu um importante livro sobre sua experiência com os Tupinambá do Rio de Janeiro na metade do século XVI.

[18] OCA DIGITAL. Lideranças indígenas relembram luta do Caboclo Marcelino. *In: Caros Amigos*, 28/09/12.

As lutas atuais

Organização e luta pela terra

A história recente do Brasil foi marcada pela ditadura civil-militar, que, durante 21 anos, manteve o país num regime de exceção. Para calar os críticos ao modelo político, imposto com o golpe de 1964, havia censura à imprensa, perseguição a intelectuais, estudantes, entidades ligadas à causa indígena e setores das igrejas cristãs que apoiavam esses povos. O regime se baseou num tripé: modernização da indústria, implantação de grandes projetos, como abertura de rodovias e construção de hidrelétricas e exportação de produtos agrícolas e minérios. Isso levou à ocupação desenfreada da Amazônia e à abertura da fronteira agrícola no Centro-Oeste. O fim da ditadura civil-militar, em 1985, não findou as tensões por disputas das terras indígenas, que continuaram em muitas áreas no país. Os abusos contra esses povos e sua resistência se multiplicaram. Muitas foram as lutas, mas a limitação de espaço dessa publicação impede o relato de todos os casos, que exigirá um novo volume.

Rio das Cobras: importante vitória Guarani no Paraná

A extinção do Serviço de Proteção ao Índio (SPI), órgão dirigido pelo marechal Rondon, ocorreu em 1967 por causa da corrupção e da falta de preparo de seus funcionários. No entanto, quase nada foi alterado para os povos indígenas no Brasil com o órgão que o sucedeu, a Fundação Nacional do Índio (Funai), mantendo o modelo de desrespeito a esses povos e a dilapidação do seu patrimônio. Com a ditadura civil-militar, perdeu-se a liberdade política, assim como a liberdade de imprensa. Muita repressão havia para quem discordasse do governo, pois as prioridades do capitalismo tinham de ser respeitadas: "Meia dúzia de índios não pode atrapalhar o progresso do Brasil" é o que se dizia na época.

O Paraná mantinha extensas áreas de pinhais, onde conviviam Kaingang e Guarani. Os Guarani Nhandeva, ou Avá Guarani, sempre viveram no Oeste do estado, que tradicionalmente foi chamado de Guaíra ou Guairá. Resistiram às várias ocupações ao longo da história, enfrentado os espanhóis, os bandeirantes paulistas e os tropeiros. Agora, enfrentavam um novo inimigo: os madeireiros. Sem território, aceitaram viver numa terra demarcada para os Kaingang – Rio das Cobras – no município de Laranjeiras do Sul, na região de Cascavel.

A madeira, principalmente o pinheiro, estava se tornando importante mercadoria, e as áreas indígenas mantinham grandes reservas florestais. Seguindo o modelo econômico desenvolvimentista da época, o governo do Paraná apoiava os madeireiros. Por isso, empresas da região, como a Piassentin, ocupou uma parte da reserva, subornando o chefe de Posto da Funai. Pequenos agricultores, pagando algum dinheiro, conseguiram igualmente um pedaço de terra, como ocorreu em junho de 1977, quando 70 famílias se instalaram ao redor do núcleo Guarani.

O pinheiro sempre foi uma árvore indispensável à sobrevivência dos Kaingang. No entanto, o dinheiro e a pressão de grupos poderosos fizeram algumas famílias de Rio das Cobras aceitar a construção de uma estrada para escoar a produção do milho do grupo Marochi. Em julho de 1977 mais de 300 árvores haviam sido cortadas. A derrubada só não era maior porque os Guarani "viviam abraçados aos pinheiros", conforme denunciava um documento do Regional Sul do Cimi, que, na época acompanhava e apoiava as lutas indígenas na região.[1]

Casa guarani nhandeva (MS). Foto: Egon Schaden.

Para facilitar o escoamento da madeira, o empresário Piassentin quis abrir uma

[1] Rio das Cobras: a terra conquistada, *Boletim do Cimi,* ano 7, n. 44, jan./fev. 1978, p. 18.

As assembleias indígenas ajudaram na retomada de muitas terras indígenas no Sul.
Assembleia de São Miguel das Missões, abril de 1978.
Foto do acervo do Cimi.

estrada. Além de cruzar a aldeia Guarani, passaria por cima da casa do cacique Valdomiro, numa forma de intimidá-lo, pois começava a liderar um movimento de resistência ao desmatamento.

Os colonos, querendo se passar por devotos católicos, propuseram ao vigário de Laranjeira do Sul construir uma igreja na área Guarani. Mas o padre não aceitou.

Subornado pelos madeireiros, o chefe do Posto da Funai buscava uma maneira de expulsar Valdomiro. Através de Guarani cooptados e trazidos de outras regiões, em fevereiro de 1978, foi forjada uma eleição para destituir Valdomiro. Mesmo assim, ele teve 16 dos 39 votos, mostrando sua ascendência sobre a comunidade. Como derrotado, tinha de abandonar a aldeia. Esperto, pediu quatro dias para terminar de colher a roça. Articulando-se com alguns Guarani, em vez de cuidar da roça, partiu para Curitiba com a intenção de denunciar a invasão da área e a prepotência do chefe de Posto. O general Ismarth de Oliveira, presidente da Funai, estava em visita às áreas do Sul e, para surpresa de muitos, recebeu Valdomiro, acatou a denúncia e mandou afastar o funcionário.

Assim, Valdomiro voltou para a aldeia como vitorioso. Continuava cacique e trazia a exoneração de Leonardo, chefe de posto. Inconformados, os colonos e capangas dos madeireiros colocaram fogo na casa de uma família Guarani e fizeram ameaças ao novo funcionário. Sem se intimidar, os Guarani partiram para o confronto, expulsando os intrusos. A coragem desses indígenas, vistos sempre como pacíficos, encorajou os Kaingang a entrar na luta. E os colonos que viviam ao redor do Posto da Funai acabaram sendo expulsos.

A polícia foi acionada e um destacamento militar veio de Guarapuava para ajudar na retirada dos invasores. De forma inteligente, Valdomiro ia colocando uma família Guarani em cada casa de colono que saía. Os madeireiros, como moravam na cidade, tinham apenas alguns peões nas casas que foram abandonadas. E, assim, ficou mais fácil levar seus porcos e galinhas.

A vitória só não foi completa por causa do sequestro do Guarani Jerônimo da Silva. Foi a forma com que os colonos encontraram para revidar a expulsão. Quando a comunidade sentiu a falta desse indígena, imediatamente foi preso um não índio, o "intruso" Fackenbach, com um recado: se dentro de 48 horas o Guarani não aparecesse vivo, o refém seria morto.

Após dois dias, com ferimentos e todo inchado, Jerônimo foi deixado à beira de uma estrada, perto de Cascavel. Teve de andar 132 quilômetros a pé até chegar a Laranjeiras do Sul, onde foi submetido a um laudo médico para confirmar os maus-tratos. Felizmente estava vivo...[2]

A retomada da terra indígena Rio das Cobras teve início sem mortes e com repercussão nacional.[3] Somente em 1988, onze anos depois, foi concluído o processo de demarcação, mas essa retomada desencadeou outras desocupações em várias terras indígenas do Sul do Brasil.

Fonte: CIMI. Rio das Cobras: a terra conquistada. *Boletim do Cimi*, Brasília, CIMI, ano 7, n. 44, jan/fev. 1978, p. 18, 31-32.

Nonoai: um marco na luta dos Kaingang do Sul

Após o episódio em Rio das Cobras, os Kaingang começaram a ter mais coragem para expulsar os colonos que ocupavam suas terras. Nonoai, no Rio Grande do Sul, foi a próxima meta. Apesar de ser área indígena, os colonos naquela área somavam mais de 10 mil, enquanto os Kaingang e Guarani não ultrapassavam mil pessoas.

Na 8ª Assembleia de Chefes Indígenas, realizada em Ijuí e São Miguel das Missões (RS), em abril de 1977, o Kaingang Candetê trazia um triste quadro: denunciava que muitos deles haviam sido surrados e "tem muito índio que foi morto à pedra, como meu tio João Cabrito, que foi morto na estrada, à pedra... Tem índio que ficou aleijado. Nós nunca usemos a arma [de fogo] porque a arma que nós temos é a flecha".[4] Outros já estavam beirando ao desespero: "Ou lutamos e botamos os invasores pra fora ou nos entregamos de vez. Que venham, nos matem e façam uma grande vala e nos enterrem aí todos juntos".[5]

Ia distante o ano de 1848, quando o cacique Nonoai aceitou, em sua aldeia, Kaingang expulsos de outras regiões, como Guarita, Guarapuava e Palmas. As promessas de apoio do governo não foram cumpridas e, com a criação do Serviço de Proteção ao Índio (SPI), sessenta anos depois, nada havia mudado. Ao contrário, a situação se agravara. Como declarou o Kaingang Kofá Fagnhotê,

> antes do SPI entrar – foi em 1941 que ele entrou [na nossa área] – então nós cuidava nossa terra, nossa riqueza. Nós índios não deixava ninguém botar a mão: medição, corte de madeira, nós cansamos de embargar. Depois que entrou o SPI, foi um fracasso. (...) Então entraram já cortando a madeira. Depois veio a Funai, sempre com aquelas promessas pro índio, tiravam proveito da minha área. Então com isso nós tamos enfraquecendo.[6]

---

2 *Ibid.*, p. 21-22.
3 O Estado de S.Paulo, 21/2/78, p. 13. *In: Boletim do Cimi, Id.* p. 31-32.
4 *In: Boletim do Cimi*, Brasília, Cimi, ano 6, n. 38, junho de 1977, p. 20-21.
5 *Ibid.*, p. 21.
6 *Ibid.*, p. 4.

Grupo Kaingang em roça comunitária em Xanxerê (SC), realizada com apoio do Cimi. Foto de Egon Heck, acervo do Cimi.

Alegando que havia "muita terra para pouco índio", os funcionários do órgão indigenista passaram a arrendar parte dos 14.900 hectares, especialmente as melhores terras, para os colonos da região. No início, os Kaingang aceitavam como um fato consumado, sobretudo, quando certas famílias indígenas passaram a ser beneficiadas. De fato, alguns arrendatários procuravam pagar o combinado, isto é, 25% da produção, mas dificilmente esse pagamento chegava às famílias indígenas, ficando geralmente nas mãos de alguns caciques e do chefe do Posto.

Foram as Assembleias dos Chefes Indígenas, as visitas e encontros locais, apoiados pelo Cimi, que fizeram despertar a consciência de seus direitos e a necessidade da luta.

"Estou vendo que nós não temos direito à coisa alguma. Vivemos oprimidos e sem direitos", queixava-se Yeicãg, nessa mesma assembleia. "Os intrusos acham que têm mais direito de fazer roça do que eu, que sou índio. Os intrusos são cheios de dinheiro dentro de minha terra. Mas nós temos o direito à lei e temos o direito de falar." Penny, Kaingang de Nonoai, também denunciava a conivência dos funcionários da Funai: "A Funai não está fazendo interesse pro índio. (...) Já era tempo de tirar esses intrusos [pois] que o índio não tem mais onde fazer lavoura. (...) Então porque a Funai escreveu o Estatuto do Índio? Pra ficar no arquivo, decerto!"

Depois de alguns anos de muita articulação, os Kaingang resolveram, no final de abril de 1978, expulsar os invasores, chamados de "intrusos". Este movimento iniciou-se em Rio das Cobras, no Paraná, espalhando-se pelas terras indígenas no Rio Grande do Sul e Santa Catarina. Em Nonoai, armados com facas, paus e alguns revólveres velhos, puseram para fora cerca de 530 colonos, exigindo que abandonassem plantações, animais e casas.

O que chamou a atenção foi a forma coletiva da ação, destacando-se apenas uma ou outra liderança, como Nelson Xangrê, hábil estrategista e corajoso guerreiro. Prova disso foi a maneira inteligente e articulada de destruir sincronizadamente o que era mais precioso para os invasores – as escolas infantis – construídas dentro da terra indígena.

Entretanto, os Kaingang nem imaginavam que aqueles colonos, que ficaram à beira da estrada e se recusavam em ir para Barra do Garça (MT), formaria o combativo Movimento dos Trabalhadores Rurais sem Terra (MST), que até hoje se impõe como uma grande força de pressão e organização das lutas camponesas.

Fonte: CIMI. Depois de Rio das Cobras Nonoai se levanta. *Boletim do Cimi.* Brasília: Cimi, n. 46, maio de 1978, p. 3-4.

Ângelo Pankararé, um líder a ser lembrado

Pouco se fala da comunidade Pankararé, localizada atualmente no Nordeste da Bahia. Esse povo fez parte da nação Brankararu, denominada hoje Pankararu, tendo vivido na ilha Sorobabé e na ilha de Acará, na aldeia de Nossa Senhora de Belém, ambas localizadas no baixo São Francisco, como se lê num levantamento de 1749.[7] Com a expulsão dos jesuítas, em 1759, esses aldeamentos foram extintos e, em épocas recentes, as terras foram inundadas pela represa de Itaparica, apagando marcos importantes dessa cultura.

A coroa portuguesa pouco se interessou pelos indígenas, vistos mais como mão de obra escrava, sendo espalhados pelas fazendas da região ou assumindo pequenas posses. Algumas famílias deslocaram-se para Pernambuco, acompanhando os padres Oratorianos, num local que ficou conhecido como Brejo dos Padres. Formaram então a comunidade Pankararu. Outro grupo continuou no território baiano, transferindo-se para o Brejo do Burgo, próximo a uma das regiões mais secas do Brasil, o Raso da Catarina. Pouca gente se interessava por aquelas terras, cortadas por caatingas, exceto alguns foragidos da lei, como o grupo de Lampião, que passou um tempo ali, se escondendo das forças policiais. Aliciou alguns indígenas para engrossar o bando, que não podiam mais abandonar o grupo, sob ameaça de morte.

Mais tarde, a construção da barragem de Itaparica mudou a região, quando surgiram outras cidades como Nova Glória, substituta da antiga vila, que ficou debaixo das águas. Com melhor clima, as terras indígenas passaram a ser cobiçadas por esses novos moradores, que para lá se deslocavam. A entrada de pessoas de fora estimulou os casamentos mistos que levaram outros costumes e problemas à comunidade.

Muitas tradições começavam a se perder... Até que, um dia, alguém começou a dizer não àquela situação: Ângelo Pereira Xavier. Foi uma surpresa, pois era casado com uma mulher branca e tinha "quatro ou cinco roças, vários empregados, com carro para levar as coisas pra feira, animais, boa casa de moradia, boa casa de farinha", como relatou seu filho Renato. Embora tivesse uma vida igual a de outros posseiros, sua consciência indígena falou mais alto.

A arbitrariedade dos que se sentiam "elite branca" era enorme. "Se um índio tinha um pedacinho de terra, o branco vinha e tomava. Quando ia reclamar, enrolavam, enrolavam... e a Justiça sempre apoiava o branco", disse seu filho.

Pela defesa que fazia dos indígenas, Ângelo foi jurado de morte. A tensão aumentou quando um político influente da região se elegeu prefeito de Nova Glória.

Como a comunidade estava se organizando em torno de Ângelo, as pressões aumentaram contra ele. Quiseram comprá-lo com dinheiro. E foi muito dinheiro: "Dava pra com-

[7] Informação Geral da capitania de Pernambuco, 1749, *apud* ABREU, Capistrano. *Capítulos de História Colonial & Os caminhos antigos e o povoamento do Brasil,* 1963, p. 191.

prar uns dois ou três sítios", observou Renato. Mas sua resposta era sempre a mesma: "Jamais aceito isso!"

Dobraram a quantia de dinheiro e ofereceram até um carro. Mas a resposta continuou a mesma. E, o pior ocorreu, pois ele, de vítima passou a ser considerado agressor. A polícia chegou a ir à sua casa, confiscando um revólver e algumas espingardas que usava para caçar. Já não andava só, pois podia aparecer morto.

Buscou a proteção da Funai, mas sem sucesso. Na época o Brasil vivia a ditadura civil-militar e a lei era só para os ricos. Como relatou o filho, "meu pai foi a Salvador e a Recife pedir um posto policial e a Funai ficava enrolando, dizendo que ia amanhã, que ia depois... e nada fez...".

O crime anunciado aconteceu no dia 26 de dezembro de 1979. Um rapaz não índio, com parentesco na comunidade indígena, aceitou a tarefa de puxar o gatilho. Numa emboscada, Ângelo foi mortalmente atingido por um tiro.

Ângelo Pereira Xavier pagou com a vida seu empenho pela recuperação da terra Pankararé. Foto: acervo de Alaíde P. Feitosa.

A notícia, dada pela televisão em rede nacional, chocou o país, sobretudo os grupos que lutavam pela redemocratização. A questão indígena tornava-se uma bandeira de luta. Com sua morte, a comunidade, em vez de se intimidar, continuou na luta. O assassino ficou solto, pois naqueles tempos de ditadura, a lei era só para alguns.

Entretanto a Funai passou a dar mais atenção àquela área, colocando um Posto Indígena, o que fez diminuir a arbitrariedade policial. Entidades indigenistas estiveram mais próximas, oferecendo importante apoio para essa comunidade que se reorganizava. Mesmo entre os Pankararé, que preferiram migrar para São Paulo, o legado de Ângelo continuou na ação de seus filhos, Renato e Alaíde. Que as novas gerações Pankararé se inspirem em sua vida e mantenham esse seu exemplo de luta.

Fonte: PREZIA, Benedito. Pankararé: 26 anos da morte de seu líder. Brasília: Cimi, *Porantim*, no 281, dez. 2005, p. 10-11.

Ângelo Kretã e a luta Kaingang no Paraná

Na noite de 22 de janeiro de 1980, num estranho acidente de automóvel, morria uma das lideranças indígenas emergentes, o Kaingang Ângelo Kretã. Com apenas 38 anos, esse jovem da aldeia de Mangueirinha, no Paraná, despontava com força. Foi o primeiro vereador indígena a ser eleito pelo antigo Movimento Democrático Brasileiro (MDB), único partido de "oposição" permitido durante a ditadura civil-militar.

Ângelo Kretã, liderança de Mangueirinha, que deu a vida pela recuperação da terra tradicional. Foto de Vincent Carelli, acervo do Cimi.

Com outros líderes indígenas, conseguira recuperar pinheirais e terras indígenas, não apenas no Paraná, na região dominada pela família Slaviero, como também em Nonoai, no Rio Grande do Sul.

Até hoje, não há provas de que sua morte tenha sido um atentado, mas aquele fatal acidente automobilístico ainda deixa sombras de dúvidas. Como no mês anterior morria na Bahia, Ângelo, cacique Pankararé, este parecia ser mais um crime encomendado, já que Kretã era ameaçado de morte.

Sua figura crescia, sobretudo, por desafiar poderosos grupos econômicos do Paraná. Apoiou as comunidades Kaingang e Guarani na recuperação de quase 9 mil hectares do território tradicional de Mangueirinha. Em 1978, uma seca prolongada provocou a queima de grandes áreas de pinheiros invadidas pelos Slaviero. Após o controle do incêndio, alguém da família veio agradecer-lhe e ouviu dele a resposta: "Nós não fizemos apagar o fogo para vocês. Nós apagamos o fogo porque a terra é nossa, e se vocês nunca cuidaram do que é vosso, como é que poderiam cuidar agora daquilo que é dos índios?".

No dia 23 de dezembro de 1979, um mês antes de morrer, num ato público em Curitiba, Kretã afirmou que iam "ocupar a qualquer momento a área de 8.976 hectares que nos foi roubada pelo grupo Slaviero". E justificava a palavra *ocupar.* "Não tem sentido falar em invasão de uma área que sempre pertenceu aos índios e da qual fomos expulsos. Vamos simplesmente ocupar de novo." Nas lutas das comunidades indígenas, sempre repetia: "Nós temos que nos unir, nós temos que nos unir...".

Embora sua morte tenha abalado o povo Kaingang, ela não arrefeceu a luta. No sepultamento, seu irmão afirmou uma frase que se tornou um *slogan* na época: "Pode morrer um Kretã, mas há outros que vão manter a luta por nossos direitos".

Ao celebrar os vinte anos da morte do líder Kaingang, o missionário indigenista Egon Heck, num belo poema, recuperou sua trajetória.[8]

> Uma pinha madura despenca veloz do alto do pinheiro ferido,
> prestes a tombar, deixando morto, no chão, seu algoz!
> Com a devastação voraz dos pinhais e das matas,
> a vida Kaingang e Guarani foi sendo espremida,
> fazendo brotar, da terra ensanguentada, a revolta nativa,
> que no final dos anos setenta, acendeu a tocha

[8] *In: Porantim,* n. 222, jan-fev. 200, p. 12.

da esperança e da vida,
no chão reconquistado, desentrusado!
À beira da estrada, à sombra de um jovem pinheiro,
plantou-se uma cruz memória,
da vida ceifada em plena aurora,
fortalecendo a raiz secular,
que em 500 anos buscaram matar.
Teu povo Kaingang continua a celebrar,
junto com os milhares que tombaram,
transformando-se em nova força e vida,
no ritual do Kiki, reavivado, a resistência e a luta,
escrita no horizonte vermelho, distante e presente!
Renasceram Chimbangue, Pinhal, Serrinha,
Embu, Ventarra, Iraí e
Mangueirinha (roubadas por governos e empresas!),
iniciando uma nova história
com a retomada das terras e projetos de futuro,
no marco, na luz dos "outros 500".
Com o chimarrão companheiro,
na escola solitária da vida,
deixaste marcada para sempre,
a luta sofrida e contínua,
dos "povos da esperança",
construindo um Brasil feliz e para todos!

Fonte: CIMI. Angelo Kretã: vamos ocupar nossa terra. *Boletim do Cimi.* Brasília: Cimi, n. 62, março de 1980, p. 14-15.

Marçal Guarani, a voz do Trovão!

Somos uma nação subjugada pelos poderosos, uma nação espoliada, uma nação que está morrendo aos poucos sem encontrar caminho, porque aqueles que nos tomaram este chão não têm dado condições para a nossa sobrevivência. Queremos dizer a nossa tristeza pela morte de nossos líderes, assassinados friamente por aqueles que tomam nosso chão, neste país tão grande [para uns] e tão pequeno para nós...[9]

Estas palavras, ditas em Manaus, em julho de 1980, ao saudar o papa João Paulo II que visitava o Brasil pela primeira vez, correram o mundo e projetaram internacionalmente aquele Guarani Nhandeva, baixinho e banguela, de nome Marçal de Sou-

[9] *In*: CIMI, Manaus: do monólogo ao diálogo, *Boletim do Cimi,* julho de 1980, p. 11-12.

Marçal Tupã'i, assassinado em defesa de seus irmãos Guarani-Kaiowá. Acervo Cimi, 1980.

za. Sua voz e a força de suas palavras começavam a incomodar muita gente. Era a materialização do seu nome – *Tupã'i* –, o pequeno Tupã, senhor dos trovões. Começava também a incomodar os "donos do poder", que apoiavam a ditadura civil-militar, ao denunciar os que invadiam e destruíam as matas de muitas regiões para colocar o gado.

Sua trajetória de vida foi tortuosa. Aos seis anos, a picada de uma cobra o levou ao Hospital Presbiteriano de Dourados, onde permaneceu por vários meses. A perda dos pais, logo depois, e a amizade que fizera com os presbiterianos, levaram-no a ser admitido na Missão Caiová dessa mesma Igreja, onde abraçou a nova religião, tornando-se ardoroso pregador evangélico.

Porém, não esquecia seus irmãos Guarani, que viviam espalhados pelas fazendas e periferias das cidades. A amizade com o antropólogo Darcy Ribeiro, com quem trabalhou vários anos nas pesquisas antropológicas, mostrou-lhe outra missão que tinha pela frente.

Decidiu deixar o convívio evangélico, indo trabalhar na Funai, primeiramente como chefe de Posto na aldeia de Dourados, e, depois, como enfermeiro da mesma aldeia. Denunciando os esquemas corruptos desse órgão, que vendia madeira das áreas indígenas e desviava recursos, foi preso por José Sardinha, que o sucedeu como chefe de Posto. Espancado, humilhado, foi levado para Campo Grande, e sua família foi obrigada a deixar a aldeia.

Persistente, um tempo depois, pediu para retornar à região, mas, dessa vez, para viver com famílias indígenas Guarani, desprotegidas e ameaçadas, que viviam em Pirakuá, no município de Antônio João (MS). Era um retorno às origens.

Os Guarani Nhandeva e Kaiowá viviam dispersos no Mato Grosso do Sul, depois que suas terras foram distribuídas num projeto de Colônia Agrícola realizado pelo governo de Getúlio Vargas, na década de 1950. Ceder as terras indígenas foi a forma de o governo responder aos clamores de lavradores sem terra do Nordeste e do Sul. Nessa época, chegaram baianos e, sobretudo, gaúchos, que, aos poucos, foram transformando aquela área de plantação de mate em terras para pastagem e, posteriormente, para plantação de soja. Eles trouxeram também a cultura preconceituosa em relação ao indígena, incluindo o nome "bugre", com que passaram a chamar os nativos.

Marçal sabia dos riscos que corria ao optar por viver num grupo confinado numa fazenda. Mas o chamado interior de voltar às suas raízes foi mais forte, como reconhecia seu amigo, Darcy Ribeiro, na abertura do I Seminário Sul-Matogrossense de Estudos Indigenistas, em Campo Grande, em abril de 1980:

> Marçal, você é um momento de lucidez do seu povo e do povo brasileiro! Eu quero dizer quem é Marçal: Marçal permaneceu por muito tempo em silêncio, atado e amarrado na sua raiz, (...) atado a esse povo incompreendido, que o Mato Grosso do Sul nunca entendeu como poderia entender. Não há nada mais alto do que a mente Guarani, do que a espiritualidade Guarani. E ele ficou atado a ela, a essa dignidade. É lá que ele tem o alimento espiritual que só seu povo pode dar!...[10]

Marçal Tupã'i discursando ao papa João Paulo II, Manaus, 1980. Foto de Paulo Suess, acervo do Cimi, 1980.

Embora discreto, sua figura crescia em importância. Naquele ano, ajudou a fundar em Campo Grande a União das Nações Indígenas (UNI), organismo que buscava reunir as várias etnias do Brasil. Mas, por causa de sua luta, sentia o risco que corria e chegou a dizer, nessa época: "Eu sou uma pessoa marcada para morrer. Mas por uma causa justa a gente morre!"[11]

No ano seguinte foi convidado a participar de seminários, tanto no Brasil quanto no exterior. E, num deles, no Rio de Janeiro, deixou uma mensagem que poderia ser seu testamento espiritual:

> Mas para onde vamos? Neste século chegamos ao fim da picada. Não temos muita alternativa. Não temos mais mato para fugir, nem floresta para nos proteger do perigo, da perseguição e do massacre. É como se estivéssemos à beira de um grande rio, sem canoa, sem ter como atravessar. (...) Tenho uma tristeza em minha vida. Eu queria ser um moço bem novo, com todas as forças que tive em minha juventude. Mas gostaria de ter tido então essa consciência, esse amor que tenho em meu coração, agora, nessa idade. Mas levantarão outros que terão o mesmo idealismo e que continuarão o trabalho que hoje nós começamos.[12]

O que previa, aconteceu. Na noite de 25 de novembro de 1983, alguém bateu à porta do barraco de Marçal pedindo remédio para o pai. Ao abri-la, foi covardemente assassinado por um pistoleiro enviado pelo pretenso dono das terras.

O caso, que poderia ser um processo de rápida tramitação, rodou por mais de 25 anos pelos tribunais do Mato Grosso do Sul, tendo apenas como desfecho a prisão por 60 dias do executor do assassinato, um paraguaio, e a absolvição para o mandante, o fazendeiro Líbero Monteiro. Mais uma vez, a justiça brasileira mostrava-se injusta, decretando sua segunda morte.

---

[10] *Apud* PREZIA, Benedito. *Marçal Guarani, a voz que não pode ser esquecida.* São Paulo: Expressão Popular, 2006, p. 53-54.

[11] *Ibid.*, p. 73.

[12] *Ibid.* p. 74.

Entretanto, as comunidades indígenas souberam dar uma devida resposta, levantando suas bandeiras de luta e apresentando-o com um exemplo para as novas gerações. No ano de sua morte, em 1983, havia 13 áreas indígenas demarcadas no Mato Grosso do Sul. Atualmente são mais de 100 reivindicadas, incluindo as últimas retomadas.

Marçal Tupã'i morreu, mas continua vivo na luta de seu povo!

Fonte: CIMI, Manaus: do monólogo ao diálogo, *Boletim do Cimi*, n. 65, julho 1980, p. 7-12; TETILA, José Laerte. *Marçal de Souza, Tupã'i: um Guarani que não se cala.* Campo Grande: UFMS, 1994; PREZIA, Benedito. *Marçal Guarani, a voz que não pode ser esquecida.* 2ª impr. São Paulo: Expressão Popular, 2006.

A longa caminhada de Maria Tatatxi

A trajetória da família de Maria Tatatxi, líder religiosa Guarani Mbyá, faz lembrar a saga do grupo famíliar de Guyraypoty, relatada por Curt Nimuendaju, no início do século XX.[13] Esses indígenas deixam o Paraguai, tentando fugir do *tekoaxy*, o mundo de sofrimento. Ambos foram para o Leste, em busca da *Yvy marã he'y*, a Terra Sem Mal.

A família de Guyraypoty, do relato de Nimuendaju, fugia do fim do mundo, pois a terra estava começando a desabar pelo Oeste. Só a dança ritual e a oração poderiam segurar a ira de Nhanderu.

Tatatxi deixou o Paraguai, acompanhando os pais, juntamente com o marido e a primeira filha. O mundo estava muito ruim e, por isso, deveriam caminhar – *oguatá* –, até chegar no "fim da terra", *yvyapy*.

Assim, partindo do Paraguai, considerado o *yvybyté*, o "centro da terra", seu grupo foi para a Argentina, parando nas ruínas da Redução de Santa Maria, lugar de referência dos Guarani, que lembra o período das missões jesuíticas, transformado em tempo áureo. Lá ficaram sete anos. Mas não era ali que Nhanderu os queria. Continuaram caminhado rumo ao Brasil, quando alcançaram Porto Xavier, no litoral gaúcho. Nesse momento Maria Tatatxi assumiu a liderança religiosa da família.

Como relatou Aurora, sua filha mais velha, "minha mãe rezava toda noite e toda manhã. Sempre minha mãe rezava para Nhanderu e sempre o espírito de Nhanderu falava para ela: Deixa essa sua aldeia porque os homens vão brigar, os homens vão matar algum Guarani. (...) Deixa! Porque para a tribo Guarani dei toda essa terra para morar, para viver, não para brigar com branco e nem com ninguém".[14]

De lá, partiram numa longa trajetória, chegando inicialmente às aldeias guaranis do litoral paulista. Nessa caminhada, enfrentaram fome e provações. A primeira

[13] *In*: NIMUENDAJU, C. *Lendas da criação e destruição do mundo*, 1987, p. 155-156.

[14] *In*: TANGERINO, Celeste C. *Revelações sobre a terra: a memória viva dos Guarani*, 1996, p. 25.

parada foi na aldeia do Rio Branco, no Estado de São Paulo. Essa comunidade vivia um momento difícil, desestruturada pela *yy tatá*, a "água de fogo", isto é, a cachaça. Não era um lugar bom para ficar...

Seguiram caminhando. Passaram por Itariri, Rio Comprido, Rio Silveira e Ubatuba, onde fundaram a aldeia Boa Vista. Nhanderu comunicava-se com Maria Tatatxi, dizendo para não desanimar. Ela dizia que "a terra não é a mesma e, por isso, está difícil encontrar no mato as coisas que a gente precisa para viver".

Maria Tatatxi, da aldeia Boa Esperança. Foto: Paulo Suess, 1982, acervo Cimi.

Finalmente, chegaram à aldeia de Paraty Mirim, no Rio de Janeiro. Lá, recebeu a revelação que deveria ir até o fim da terra, mas que não iria mais se "encantar", isto é, transferir-se viva para a "outra Terra", a Terra sem Mal, pois seus filhos não estavam seguindo sua orientação. Precisava ser forte, pois tinha que se preparar para a doença e para a morte.

Foi assim que ela e seus filhos chegaram, em 1972, à cidade de Santa Cruz, no Espírito Santo. Buscavam nesse "fim da terra", o *yvyapy*, "um lugar com uma *tava* (casa de pedra)", sinal dado por Nhanderu para montar sua aldeia.

Ao ser avisado da presença de indígenas, numa época em que se dizia não haver mais índios na região, o prefeito da cidade mandou recebê-los e ver o que precisavam. Ao se inteirar de que buscavam uma "casa de pedra", encaminhou-os para uma antiga igreja de pedra, da época dos jesuítas, em Caieiras Velha.

Não gostou do local, indo mais à frente, até Aracruz. Lá, dona Maria mandou construir *Tekohá Porã* (Aldeia Bonita). Em 1977, devido às pressões da Aracruz Celulose, a Funai transferiu ela e seu grupo para Minas Gerais, para a Fazenda Guarani, uma colônia penal indígena, dirigido pela Funai. Voltaram, em 1979, para Aracruz, para retomar as orientações de Nhanderu visando reconstruir um espaço para seus filhos e netos.

Em 1994, com quase 100 anos, deixou esta terra. Não viu o mundo acabar, como Guyraypoty, e nem passou com vida para a Terra sem Mal, mas deixou para os filhos e netos muitas lições de sabedoria.

Fonte: TANGERINO, Celeste C. (org.) *Revelações sobre a terra: a memória viva dos Guarani.* Vitória: Univ. Federal do Espírito Santo, 1996; Oguata Porã. Depoimento de Aurora Carvalho da Silva. *In:* LADEIRA, Maria Inês; MATTA, Priscila (orgs.). *Terras Guarani no Litoral.* São Paulo: CTI, 2004, p. 12-14.

Mirandela é dos Kiriri!

Mulheres indígenas carregando água para os Kiriri durante a realização das picadas demarcatórias, 1989. Foto de José Karajá, acervo do Cimi.

A luta dos Kiriri do Nordeste da Bahia é muito antiga e vem da época da expulsão dos padres jesuítas, em 1759, quando a sede do aldeamento Saco dos Morcegos tornou-se vila de Mirandela. Ficava no centro de uma área de 12.300 hectares, que passou a ser ocupada por fazendeiros. Sem o apoio do governo, que desejava a extinção dos aldeamentos, os indígenas começaram a trabalhar como mão de obra semiescrava nas fazendas de criação de gado da região.

Abandonadas no final do século XIX, muitas famílias seguiram Antônio Conselheiro, que prometia criar novas comunidades, onde "os morros virariam cuscuz e o sertão viraria mar".[15] Ao contrário da fartura, tiveram de enfrentar uma guerra que os levou a um grande massacre. Com a destruição de Canudos, no retorno, os sobreviventes encontraram a área quase toda invadida por fazendeiros e posseiros.

Numa grande penúria encontrou-os, em 1946, o padre Renato Galvão, vigário de Ribeira do Pombal. Buscou o Serviço de Proteção ao Índio (SPI), que demorou muito para atender a esse pedido, pois afirmava que aqueles moradores não eram indígenas e sim lavradores. Finalmente, conseguiu que, em 1954, fosse instalado um Posto Indígena em Mirandela, a vila que ficou no centro da terra indígena.

A situação começou a mudar, de fato, em 1979, quando Lázaro de Souza foi eleito cacique. Com outras lideranças, buscou recuperar a antiga área, o que lhe valeu várias ameaças de morte. Apesar disso, não esmoreceu na defesa da terra tradicional. Em 1981, houve a demarcação de uma área de 12.300 hectares, apesar de invadida por quase 1.500 posseiros, e que englobava quatro povoados, que eram marcos dos limites do território da terra indígena: Marcação, Baixa do Camamu, Segredo e Pau-Ferro.

O grande confronto ocorreria no ano seguinte com a ocupação da fazenda Picos, na Lagoa Grande, maior fazenda dentro da área indígena e tida pelo seu pretenso dono, Artur Miranda, como o baluarte dos não indígenas. Três anos depois, em 1985, conseguem entrar numa fazenda de 700 hectares, situada na Baixa da Cangalha. Entretanto, tiveram melhor resultado no ano seguinte, após fecharem a estrada que liga Mirandela à Marcação: conseguiram ocupar todas as posses e roças de regionais.

[15] *Apud* REESINK, Edwin. A tomada do coração da aldeia: a participação dos índios de Massacará na guerra de Canudos. Salvador: *Cadernos do Ceas,* 1997, p. 80.

Em 1987, a Funai e o Incra começaram a indenizar e a reassentar 37 famílias de posseiros, em áreas situadas no vizinho município de Quijingue. Finalmente, em 1990, foi homologada a terra indígena Kiriri.

Indígenas Kiriri em vigília diante da igreja, por ocasião da retomada de Mirandela, em 1995. Foto de Walter Carvalho, 1995.

Como as indenizações demoravam, os não índios, sob a orientação do prefeito e do vigário local, resolveram não aceitar as indenizações. Foi então que os Kiriri decidiram fazer roça em volta de Mirandela. Foi o estopim do conflito: houve a destruição das roças dos Kiriri e o incêndio do Posto Indígena. No auge desta crise, em 8 de abril de 1995, Adão, um indígena surdo-mudo, foi surpreendido e morto numa emboscada.

Levado a Salvador para necropsia, o corpo de Adão retornou à igreja de Mirandela para ser velado. Vindos de todas as aldeias, os Kiriri decidiram ocupar a igreja, dizendo que de lá não sairiam enquanto não retomassem a cidade. A igreja continuava sendo um símbolo da terra indígena, pois foi o que restou do antigo aldeamento missionário.

Com o apoio da polícia federal, chamada para evitar o acirramento do conflito, os Kiriri puderam fazer uma vigília em frente da igreja. Mulheres, jovens e crianças se revezavam, enquanto as lideranças negociaram com a Funai, dando um prazo de 30 dias para o pagamento das indenizações se efetivar.

Na medida em que os posseiros recebiam o dinheiro, deixavam as casas, que eram ocupadas pelos indígenas. Quando a metade dos pagamentos havia sido feita, perceberam que alguns, antes de deixá-las, começavam demoli-las. Isso levou as famílias indígenas a ocupar todas as moradias restantes.

Assim, pela primeira vez na história de nosso país, uma cidade edificada em terra indígena voltava para as mãos de seus antigos donos.

Hoje Mirandela é Kiriri!

Fonte: BRASILEIRO, Sheila. Povo Kiriri, três séculos de resistência e luta. *Boletim da Anaí*. Salvador: Anaí, n. 16-17, janeiro- novembro, 1995, p. 4-6.

Xikão vive e os Xukuru continuam sua luta

Francisco de Assis Araújo, o Xikão Xukuru, teve uma vida parecida com a de muitos indígenas do Nordeste. Nascido em 1950, em Canabrava (PE), passou a infância na aldeia, localizada nas terras dos Xukuru do Ororubá, então bem reduzidas.

Xikão Xukuru, grande liderança do Nordeste, assassinado a mando de fazendeiros da região. Foto de Francisca Picanço, acervo Cimi.

Do antigo aldeamento dos Tapuia Chururus, da freguesia de Ararobá, dirigida pelos padres Oratorianos, como se lê na "Informação geral de Pernambuco", de 1749, pouca coisa restava.[16] Com a promulgação do *Diretório*, em 1756 e sob o pretexto de uma política de modernização da colônia, os missionários foram expulsos e o aldeamento tornou-se vila portuguesa, recebendo o nome de Cimbres.

As terras foram invadidas por luso-brasileiros que ocuparam a região. Nem a participação de um grupo Xukuru na Guerra do Paraguai, no século XIX, garantiu a devolução das terras aos indígenas, pois o aldeamento era considerado extinto. Ficara para os indígenas apenas a festa de Nossa Senhora das Montanhas, chamada por eles de *Tamain*, celebrada no dia dois de julho.

A vida da comunidade ficava cada vez mais difícil: parte da área tornou-se a cidade de Pesqueira e a outra parte continuava ocupada por posseiros e fazendeiros poderosos, como os Brito e os Maciel. Por isso, muitos jovens tiveram de sair da região, como foi o caso de Xikão, que partiu para São Paulo, onde se tornou motorista de caminhão.

Apesar de a profissão lhe dar um bom rendimento, era uma atividade muito estressante. Vivendo na Vila Maria, como muitos nordestinos, além do dinheiro, ganhou uma úlcera gástrica. Isto o levou de volta para a aldeia, no início da década de 1980, precisando ser internado na Santa Casa de Recife. Lá, encontrou outros indígenas, como João Tomaz, pajé Pankararu, e Antônio Celestino, pajé Xukuru-Kariri, de Alagoas. Celestino, numa premonição espiritual, afirmou que Xikão deveria voltar para a aldeia, pois ali se curaria. Assim ocorreu. Não só ficou curado, como também foi convencido de que tinha uma missão a cumprir: ajudar seu povo na recuperação da terra Xukuru.

Articulando a comunidade, decidiu enfrentar os poderosos da região. Mesmo com o aumento da pressão política, exercida pelos "donos da terra", aos poucos, a área foi sendo recuperada.

A primeira retomada ocorreu em Pedra D'Água, em novembro de 1990. Essa área, arrendada ilegalmente por posseiros, era importante, pois ali se encontrava a Pedra Sagrada do Reino de Ororubá, ponto religioso de referência para os Xukuru. Em fevereiro de 1992, retomaram a fazenda Caípe de Baixo, invadida por um fazendeiro, que era também vereador do então PFL.

[16] Anais da Biblioteca Nacional, v. 28, p. 419-422, *apud* ABREU, Capistrano, *Capítulos de História Colonial & Os caminhos antigos e o povoamento do Brasil.* Brasília: Ed. Universidade de Brasília, 1963, p. 191.

A tensão aumentava. Como represália, o filho do pajé foi assassinado a mando do fazendeiro Edvaldo de Farias. Revoltados, os Xukuru incendiaram a sede da fazenda, aproveitando a fuga do fazendeiro. Outras retomadas ocorreram, em 1994 e 1998.

Xikão preocupava-se também com a aldeia, apoiando a escola e as festas tradicionais: "Nós podemos fazer nossa viagem eterna", dizia ele, "mas nossos filhos e nossos netos precisam viver nesta terra, e temos que prepará-los para dar este seguimento".[17]

Em meados de 1998, ocorreu outro assassinato: o advogado Geraldo Rolim da Mota Filho, procurador da Funai e grande defensor dos indígenas.

A partir desse momento, Xikão passou a ser jurado de morte. Alguns dias antes de morrer, num ato contra a violência na região, declarou: "Sou ameaçado de morte e pode ter político atrás disso. (...) Pesqueira tornou-se uma praça de guerra. Estão querendo fazer comigo o mesmo que fizeram com Antônio Conselheiro e com Che Guevara. Se este for meu destino, não vou recuar. Não vou guardar ódio de ninguém".[18]

No dia 20 de maio de 1998, quando se encontrava em Pesqueira, Xikão tombou, assassinado pela bala de um pistoleiro pago por fazendeiros da região, que formaram um consórcio para financiar o crime.

Sua mensagem foi retomada pela comunidade, através da forte liderança de Zenilda, sua esposa, e por seu filho Marquinhos, que o sucedeu. O exemplo de Xikão continua inspirando a luta de todos os indígenas do Brasil.

Fonte: PROFESSORES, PROFESSORAS E LIDERANÇAS XUKURU DO ORORUBÁ: *Xukuru, filhos da mãe Natureza. Uma história de resistência e luta.* Olinda: Centro de Cultura Luiz Freire/Oxfam/Cese, 1997. Video *Xikão Xucuru,* TV Viva. Recife: Centro de Cultura Luiz Freire, Cimi, s/d.

Samado, vida que adubou a terra Pataxó Hã-hã-hãe

No final de 1997, Samado vivia na sua modesta casinha, no Panelão, na terra indígena Paraguassu-Caramuru dos Pataxó-Hã-Hã-Hãe. Estava muito debilitado e os missionários do Cimi falavam da possibilidade de ter adquirido tuberculose.

Vivendo próximo de seu filho Diógenes, mas sem a assistência que precisava, aquela figura, que tantas lutas resistira, parecia que não aguentaria por muito tempo mais aquele desafio. Viveu ainda dez meses e poderia ter vivido muito mais, se tivesse tido o acompanhamento médico necessário.

No dia 9 de setembro de 1998, aquele "velho tronco" sucumbiu ao golpe final. Não sem razão protestava Maura Titiá, das antigas famílias Pataxó Hã-hã-hãe, dizendo que "estava cansada de ver os filhos e parentes morrerem à mingua".

[17] *In: Xikão Xucuru,* vídeo TV Viva.

[18] *Ibid.*

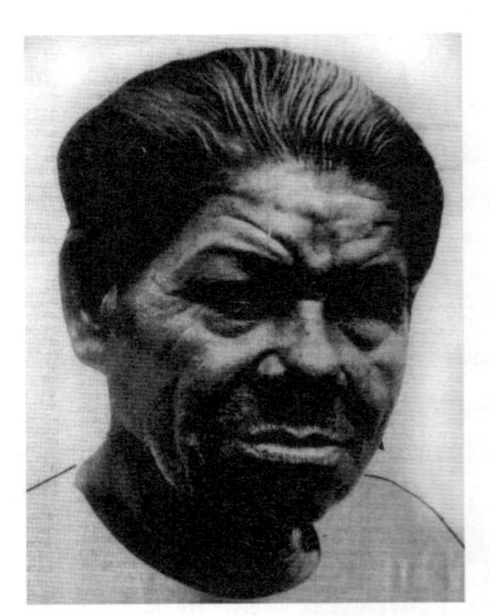
Samado Santos, grande líder da resistência dos Pataxó Hã-hã-hãe. Foto: acervo do Cimi, 1982.

A história de Samado resume a saga dos Pataxó Hã-hã-hãe. Com a desestruturação do Serviço de Proteção ao Índio (SPI), o órgão indigenista oficial, em vez de proteger a área Pataxó, com 36 mil hectares, a partir de 1940 passou a fazer arrendamentos para fazendeiros da região, como Jesuíno Onofre, coronel Liberato de Carvalho, Augusto Marcelino, Ariston Alves Neto e outros. Apenas na parte Norte ficara o Posto Caramuru, com algumas famílias indígenas.

Em 1945, houve nova investida de posseiros, comandada pelo próprio tenente Anselmo, chefe do Posto Indígena. Nesta época, os Pataxó enfrentaram nova invasão de posseiros, mas sem sucesso.

A partir daí, começaram as mortes de indígenas, como Vítor dos Santos, João de Souza, Francisca de Jesus e João Martins dos Santos. Com toda esta violência, no começo da década de 1950, várias famílias deixaram a área, indo algumas para regiões próximas e outras se mudando para o Paraná, nova frente de expansão do café. Apenas alguns poucos resistiram, como ocorreu com a família de Samado, que permaneceu no Panelão.

Em 1967, quando Samado imaginava poder viver tranquilo, certo dia apareceram dois policiais dizendo que vinham a mando do fazendeiro Jener Pereira Rocha, suposto dono da área, e que ele e sua família precisavam sair do local. E, para mostrar que a ordem era para valer, furaram de balas uma árvore próxima. Temeroso, Samado partiu com a mulher e os filhos pequenos, como relatou seu filho Diógenes, que, na época, tinha uns 12 anos.[19] Trabalhou dois anos numa das fazendas da região. Sem apoio e sem perspectiva de futuro, decidiu voltar para o Panelão, pois ali era seu canto.

Pura ilusão. Irritado com esse retorno, Jener Rocha comunicou-se com a Funai e exigiu a retirada da família. O Brasil estava em plena ditadura civil-militar e a Funai, como outros órgãos, era dirigida por militares. No Sul da Bahia o poder dos fazendeiros era enorme. Dessa forma, Samado e seu filho Diógenes, em vez do apoio do órgão tutor, foram levados presos para o Centro de Recuperação Crenak, em Minas Gerais, a mais de 700 quilômetros de onde viviam.

Nesses "novos tempos" de política indigenista, o Posto Indígena Guido Malière havia se transformado em presídio indígena, criação do capitão PM Manoel Pinheiro, chefe da Ajudância Minas-Bahia, instância regional da Funai. Lá, os indígenas tinham que trabalhar como numa colônia penal agrícola, como foi o caso de Samado e de seu filho, escalados para plantar arroz num brejo.[20] Indígenas "rebeldes" ou acusados de atos ilí-

---

[19] *In:* CAMPOS, André. Krenak, o presídio indígena da ditadura, *Porantim*, n. 347, agosto de 2012.

[20] *Ibid.*

citos, como a pederastia, eram ali confinados. Alcoolismo e atos de violência na aldeia também levavam à internação.

Sem muita explicação das instâncias superiores, após dezoito dias, Samado foi autorizado a voltar à área indígena Paraguassu-Caramuru.

Outros indígenas da reserva Pataxó, como Milton Titiá e Maria Mimiki, foram presos e castigados, sumindo sem deixar paradeiro. Entraram para a categoria de "desaparecidos". Nesta época, as comunidades indígenas da região viveram um período de terror.

A situação começou a mudar quando, em 1982, um grupo Pataxó Hã-hã-hãe, que havia sido levado para a fazenda Guarani, sucedânea do presídio Crenak, resolveu retornar à Bahia, ocupando a fazenda São Lucas, uma das propriedades localizadas na terra Pataxó. Com o apoio do Cimi e da Anaí-BA, a luta desse povo tomou visibilidade e até repercussão internacional. Uma de suas frases tornou-se lema de resistência: "Posso até servir de adubo, mas desta terra não saio".

Graças a ele e a outros que deram sua vida por essa luta, a comunidade Pataxó Hã-Hã-Hãe conseguiu, após 30 anos, recuperar parte da antiga terra tradicional. Foi o que sobrou do grande território Pataxó, Baenã, Kamakã e Botocudo, senhores das matas do Sul da Bahia.

Fonte: ANAÍ-BA. *A luta Pataxó Hahahãi.* Notas sobre a história e a situação da Reserva Paraguassu--Caramuru. Salvador: Anaí,1985.

Maninha Xukuru-Kariri, grande guerreira

Nas lutas indígenas, nem sempre as mulheres aparecem em primeiro plano, destacando-se quase sempre os homens, que se tornam os "enfrentantes" nos conflitos ou os interlocutores com as autoridades oficiais. Entretanto, uma figura feminina se destaca na história recente das lutas indígenas: Etelvina Santana da Silva, mais conhecida como Maninha Xukuru-Kariri.

Filha do pajé Antônio Celestino, sempre acompanhou a luta de seu povo, em Alagoas, ao lado de outras lideranças.

A luta dos Xukuru-Kariri pela terra remonta ao século XVIII. Em 1773, dona Maria Pereira Gonçalves, herdeira da sesmaria dos Burgos, doou meia légua em quadra ao frei Domingos de São José para a capela do Senhor Bom Jesus da Boa Morte. A doação deveria ser para pagar alguma promessa, como faziam os ricos da época.

Com a possibilidade de terem que deixar essa terra onde viviam, os Xukuru descobriram que tinham nessa área direito a uma légua de terra para seu sustento, conforme alvará régio de 1700. Naquele mesmo ano, entraram com um pedido junto ao governador de Alagoas, solicitando a aplicação do alvará. A decisão só veio quase cinquenta anos depois, em 1822, reconhecendo o direito deles à terra.

Apesar da lei, os indígenas não conseguiram se apropriar da área. No final do Império, por pressão dos fazendeiros que interpretavam erradamente a Lei de Terras, o Minis-

Maninha, grande referência na luta dos Xukuru-Kariri. Foto de Francisca Picanço, 1985, arquivo do Cimi.

tério da Agricultura, Comércio e Obras, em 1871, declarou o aldeamento extinto.

Mesmo sem a terra, os Xukuru permaneceram no local, trabalhando para os fazendeiros. Mas a maneira tradicional de viver ainda era mantida, incluindo a prática dos rituais. Graças a isso, aliada ao empenho do padre Dâmaso e do antropólogo Carlos Estevão, a comunidade foi reconhecida como indígena, em 1952, pelo Serviço de Proteção ao Índio (SPI). Foi o surgimento da fazenda Canto, com 277 hectares, mas que representava apenas 4% do território tradicional.

Mais tarde, em 1979, o pajé Miguel Celestino e o cacique Manoel Celestino souberam que o prefeito de Palmeira dos Índios estava negociando a área denominada Mata da Cafurna, visando a implantação de uma faculdade ligada a empresários japoneses. Percebendo o golpe, as lideranças resolveram antecipar-se e ocuparam o local, com a ajuda dos parentes que viviam na Fazenda Canto e na Cafurna de Baixo. E, assim, o prefeito se viu obrigado a negociar com a Funai a venda de 117 hectares. Essa pequena conquista era insuficiente para acolher toda a comunidade que crescia. Por isso, as lideranças continuaram pressionando pela ampliação da área.

Nesse clima de luta por mais terra, Maninha cresceu. Sentia-se dividida entre estudar em Recife ou ficar na aldeia, para apoiar seu povo. Decidiu permanecer na comunidade.

A falta de terra levou à divisão dos Xukuru. Um grupo permaneceu na fazenda Canto, e outro, liderado por seu pai, o pajé Antônio Celestino, foi para a mata da Cafurna. Era a maneira de pressionar a prefeitura para oficializar a doação daquela importante área, considerada Reserva Ecológica. A conquista daquela terra possibilitaria não só a ampliação das roças, mas, sobretudo, um espaço para a realização do Ouricuri, importante período de afastamento religioso, numa volta à cultura tradicional.

Em 1991, quando surgiu a Comissão Leste Nordeste para articular as lutas indígenas da região, o nome de Maninha foi lembrado. Entrava para a coordenação ao lado de destacados líderes, como Xikão e Zé de Santa (Xukuru do Ororubá), Girleno (Xokó), Nailton e Manuelzinho (Pataxó Hã-hã-hãe), sr. Jonas (Tupinikim) e Caboquinho (Potiguara).

Quando a comissão se tornou a *Articulação dos Povos Indígenas do Nordeste, Minas e Espírito Santo (Apoinme)*, em 1995, Maninha foi eleita para a coordenação. Era a única mulher e, como tal, passou a colocar a questão de gênero nas lutas indígenas. Discreta, mas atuante, conquistava um espaço real entre as lideranças masculinas. Viajou muito pelos vários Estados do Nordeste, mas não se esqueceu da comunidade.

Maninha havia se destacado, em 1994, por ocasião da retomada da mata da Jiboia, área ocupada por uma fazenda, dentro da terra indígena original. Era a terceira retomada de terras que ocorria, com a perspectiva de ampliação de 154 hectares. Dessa vez, contou com o apoio de várias etnias próximas, como os Kariri-Xokó, Tingui-Botó, Karapotó, Pankararu e Xukuru. Ameaçada de morte, dizia: "Não quero morrer, mas não posso viver fugindo. Vou ficar com meu povo". De fato, com um grupo indígena, ocupou a casa da fazenda, aguardando os jagunços para um possível conflito. Passou a noite com uma borduna nas mãos, atrás da porta dos fundos. Ao amanhecer, foi constada a desistência do enfrentamento e a área passou a integrar a terra reivindicada.

Maninha, ao lado de Xikão Xukuru, em reunião com o governador Miguel Arraes, em Recife, 1985. Foto de Cláudio Luís, arquivo do Cimi.

Assim era Maninha. Mesmo envolvida na luta de seu povo, conseguiu tempo para cursar filosofia numa faculdade de Palmeira dos Índios. Repartiu muita coragem e sabedoria, forjada mais na luta do que na academia. É o que se lê num belo texto, escrito por ocasião dos protestos dos 500 anos de Brasil e registrado no livro, *Outros 500, Construindo uma Nova História*:

> Os povos indígenas, os sem terra, os sem teto, os desempregados, os meninos e meninas de rua, os trabalhadores escravos, os aposentados desrespeitados em sua dignidade, toda a população marginalizada, têm uma bandeira única para os Outros 500, que é a transformação desse sistema que nos oprime. Nossos direitos e ideais fazem parte dos projetos de uma sociedade melhor para todos.
>
> Nós, povos indígenas, passaremos mais 500 anos, se preciso for, dizendo a todos os excluídos esta verdade. E, quando todos nós estivermos unidos em torno desta causa, os governantes não serão mais ninguém, apenas uma névoa que um dia manchou a história desta terra e o horizonte desta gente.
>
> Nós, oprimidos, vamos corrigir essa história e construir um mundo melhor para os nossos filhos e também para os filhos de quem nos tem oprimido, uma sociedade justa para todos.[21]

Caiu doente e, por falta de atendimento adequado, não sobreviveu. Morreu precocemente no dia 11 de outubro de 2006.

Mas continua viva, Maninha guerreira, exemplo de luta para as novas gerações!

Fonte: LACERDA, Rosane. O assassinato do cacique Xukuru, *Porantim*, n. 170, nov. 1994, p. 5-6; *Id.* Adeus, grande guerreira Xukuru-Kariri, *Porantim*, n. 290, nov. 2006, p. 10; PEIXOTO, José Adelson L. *Memórias e imagens em confronto*. João Pessoa: Universidade Federal da Paraíba, 2013.

[21] CIMI. *Outros 500, construindo uma nova História*. São Paulo: Salesiana, 2001, 2ª capa.

Luta e resistência Guarani-Kaiowá no Mato Grosso do Sul

A história dos Guarani e Kaiowá do Mato Grosso do Sul está ligada à conquista brasileira dessa região de fronteira. A Guerra do Paraguai (1864-1870) provocou um grande abalo social, obrigando divisões familiares, ao estabelecer, arbitrariamente, uma divisão internacional. Assim, os povos que viviam em área continua foram obrigados a se dispersar pela região.

Após a guerra, o governo imperial implantou uma política de consolidação das fronteiras, apoiando grupos locais de sua confiança, como o do comerciante gaúcho Thomaz Larangeira. Em 1882 este recebeu a concessão para explorar a erva mate, ali abundante. Em 1895, já na República, a concessão foi ampliada e sua empresa passou a controlar 5 milhões de hectares, que abrangia as regiões fronteiriças de Ponta Porã. Embora território tradicional Guarani, a área cedida foi considerada "terra devoluta", isto é, "sem dono". Dessa forma, agora sem terra, os Guarani e Kaiowá, espalhados pelos ervais, tornaram-se "mão de obra escrava" dessa empresa, trabalhando muito e ganhando pouco.

A situação desses indígenas chamou a atenção do recém-criado Serviço de Proteção ao Índio (SPI), que surgiu em 1910. Entre 1915 e 1928 foram demarcadas apenas oito pequenas áreas, como ilhas dentro desse grande latifúndio. Os indígenas, que sempre viveram livres num extenso território, tiveram que viver confinados, de forma nem sempre harmoniosa, nessas mini reservas, facilitando mais ainda o controle da empresa de mate.

Em 1943, sob o impacto da Segunda Guerra Mundial, a região voltou a preocupar o então governo de Getúlio Vargas: foi criado o território de Ponta Porã, para um maior controle, havendo o cancelamento da concessão da Matte Larangeira e sendo estabelecida a *Colônia Agrícola Nacional de Dourados* (CAND), numa espécie de reforma agrária. Assim baianos e gaúchos tiveram facilidades para assumir aquela área de fronteira.

Aos poucos a erva mate foi substituída pela criação de gado e pela agricultura, sobretudo pela soja, que chegou na década de 1970. Nessa época surgiu a figura de Marçal de Souza, o *Tupã'i*, liderança Avá-Guarani, nomeado chefe de Posto de Dourados. Ao contrário dos seus antecessores, passou a cuidar dos indígenas, sobretudo dos que viviam fora da reserva. Seu trabalho desagradava os interesses locais, sendo preso e espancado por funcionário da Funai, enviado depois para Campo Grande. Algum tempo depois conseguiu retornar à região, indo viver com um grupo indígena que resistia em um *tekohá* (lugar onde se é), agora dentro de fazendas.

Os migrantes trazidos pela CAND tornaram-se fazendeiros e, apoiados pela ditadura civil-militar que governava o país, marginalizavam mais ainda os Guarani. Por incomodar os "donos do poder", em 25 de novembro de 1983 uma bala assassina silenciou a voz de Marçal.

Embora abalados, os Guarani e Kaiowá aos poucos vão se organizando, com o apoio do Cimi e de outras entidades. Começam a realizar encontros de lideranças, a *Aty Guasu*, a grande assembleia Guarani. Surgida no final dos anos 1980, uma vez por ano lideranças encontram-se para rezar, ouvir as lideranças e traçar estratégias de resistência. Importante papel teve também o *Movimento dos Professores Kaiowá-Guarani*, surgido em 1994. Com encontro anual e com cursos de formação de magistério, tornaram-se mais decididos, apoiando os parentes que estavam na luta.

Rezadores Guarani-Kaiowá em ritual em área indígena do Mato Grosso do Sul. Foto do acervo do Cimi.

A articulação Guarani foi além das fronteiras do Brasil. Em 2006, 136 anos do fim da Guerra do Paraguai e celebrando a memória dos 250 anos da morte de Sepé Tiaraju e seus 800 guerreiros, lideranças Guarani do Paraguai, Argentina, Bolívia, Uruguai e Brasil encontraram-se numa grande assembleia. Denominada por eles de Encontro Continental da Nação Guarani, estabeleceram depois, em 2014, o Conselho Continental da Nação Guarani (CCNAGUA), formado por 16 lideranças tradicionais de quatro países.

A estratégia adotada pelos Guarani, nos últimos 30 anos, foi a de identificar no Mato Grosso do Sul as antigas aldeias, os *tekohá,* e retomar, em um processo de autodemarcação destes territórios, obrigando o Estado brasileiro, a começar a reconhecer estes territórios, conforme ordenamento constitucional. Assim, parte de várias fazendas onde estavam essas áreas foram ocupadas, como Pirakuá, Jarara, Takuara, Kurusu Ambá, Laranjeira Nhanderu, Guaiviry, Ypo'i entre outras. A reação dos fazendeiros foi imediata, com expulsões violentas e assassinatos de lideranças destas áreas.

Os indígenas tiveram uma resposta não violenta: foram viver à beira das rodovias próximas a essas áreas, em precários acampamentos de lona, enfrentando chuva e sol. Assim chamavam a atenção do governo. Alguns tiveram uma saída mais radical, como a ocorrida em 2012, na retomada do Pyelito Kue-Mbarakay, na Fazenda Santa Rita, em Iguatemi. Ante a iminente expulsão, decidiram por uma morte coletiva. Numa carta, que teve repercussão nacional e internacional, afirmaram: "*Solicitamos [às autoridades] para decretar a nossa morte coletiva e para enterrar nós todos aqui. (...) Pedimos de uma vez por todas para decretar a nossa dizimação e extinção total, além de enviar vários tratores para cavar um grande buraco para jogar e enterrar os nossos corpos. Decretem a nossa morte coletiva Guarani e Kaiowá de Pyelito Kue/Mbarakay e enterrem-nos aqui*". Assim a comunidade conseguiu barrar a reintegração de posse.

Muitos indígenas perderam a vida. Algumas mortes tiveram impacto nacional e internacional, como a do cacique Marcos Veron, assassinado em 28 de janeiro de 2003, a dos professores Jenivaldo e Rolindo Vera, da aldeia Tekoá Ypo'i, assassinados em 18 de novembro de 2009. Também o Nhanderu (Xamã Kaiowá) Nisio Gomes, assassinado em 18 de novembro de 2011, em seu *tekohá* Guaiviry, único caso, em que 19 pessoas foram acusadas de seu homicídio. Até hoje a família de Rolindo aguarda que seu corpo seja localizado.

A luta avança a passos lentos, mas com várias vitórias. Hoje já são cerca de 90 áreas identificadas, sendo que 74 ainda aguardam um reconhecimento do governo. Mesmo com alto índice de mortes e suicídios, os povos Guarani e Kaiowá ainda acreditam na força de seus rezadores e sonham com um novo tempo e esperam a concretização das palavras do nhanderu-rezador Atanásio Teixeira: "Tupã virá para abençoar. Também virão outros deuses para abençoar, para que não exista mais a palavra má. Hei de fazer que desabrochem as mais belas crianças... no novo broto da antiga terra perfeita." [22]

Fonte: CIMI, *As violências contra os povos indígenas em Mato Grosso do Sul*, Brasília: Cimi, 2011; Id., *Relatório-Violência contra os povos indígenas no Brasil (2011)*, Brasília: Cimi, 2012.

[22] In: CIMI, *As violências contra os povos indígenas em Mato Grosso do Sul*, 2011, p. 4.

Palavra final

Ao concluir esse livro, reproduzo parte de um manifesto elaborado pelo movimento indígena e movimentos populares, por ocasião dos 500 anos de Brasil e que sintetiza os sentimentos e a disposição desses povos excluídos.

> Nosso movimento pretende celebrar sim [esses 500 anos], mas celebrar as vitórias conquistadas ao longo dos séculos, através de lutas coletivas, através de iniciativas populares, plena de heróis anônimos, que nunca terão seus nomes escritos nos livros de história. Vamos celebrar sim as vitórias que nos custaram tanto sangue e tantos mártires, tanto sofrimento e esperança nos corações de gente que nada tinha para lutar, senão a sua fé num mundo menos desumano.
>
> Vamos celebrar, sim, as vitórias e as derrotas de uma luta sempre desigual: de um lado a riqueza, o poder, as armas, o desprezo pela vida e a arrogância de classe; de outro lado, a vida coletiva, o trabalho humano, os despossuídos de tudo, a solidariedade de classe, a humildade, a generosidade anônima e a infinita esperança.
>
> *Manifesto Brasil 500 anos de Resistência Indígena, Negra e Popular, dezembro de 1998*[1]

Reduzidos sim, vencidos nunca!

[1] *In:* CIMI. *Marcha e Conferência Indígena – Abril de 2000,* Brasília: Cimi, 2000, p. 121.

Bibliografia

Periódicos

Atas da Câmara da Vila de S. Paulo. 2ª ed. São Paulo: Departamento de Cultura da Prefeitura Municipal de São Paulo, 1967, v. 1.

Livros

ABREU, Capistrano, *Capítulos de História Colonial & Os caminhos antigos e o povoamento do Brasil.* 5ª ed., Brasília: Ed. Universidade de Brasília, 1963. (Col. Biblioteca Básica Brasileira, v. 2).

ALVES FILHO, Ivan. *Brasil, 500 anos em documentos.* Rio de Janeiro: Mauad, 1999.

ANAÍ-BA. *A luta Pataxó Hahahãi. Notas sobre a história e a situação da Reserva Paraguassu-Caramuru,* Salvador, 1985.

ANCHIETA, padre Joseph de. *Cartas.* Correspondência ativa e passiva. São Paulo: Loyola, 1983. (Obras completas, v. 6).

ANÔNIMO. A *Nova Gazeta da Terra do Brasil* (1514). *In:* RIBEIRO, Darcy; MOREIRA NETO, Carlos. *A fundação do Brasil.* Petrópolis: Vozes, 1992, p. 113-114.

ANÔNIMO. *História da conquista da Paraíba* [c. 1585]. Brasília: Ed. Senado Federal, 2010, v. 73.

ARNT, Ricardo; PINTO, Lúcio Flávio e PINTO, Raimundo. *Paraná, a volta dos índios gigantes.* São Paulo: Instituto Socioambiental-ISA, 1998.

AYALA, S. Cardoso; SIMON, F. *Album Geographico do Estado de Matto-Grosso.* [Hamburgo, 1914]. Edição fac-similar, São Paulo: Imprensa Oficial do Estado de São Paulo, 2006.

BERREDO, Bernardo Pereira de. *Annaes Historicos do Estado do Maranhão* [1749]. Iquitos: Abya-Yala; CETA; IIAP, 1989 (edição fac-similar).

BERTELLI, Antonio de Pádua. *Os fatos e acontecimentos com a poderosa e soberana nação dos Índios Cavaleiros Guaycurus, no Pantanal do Mato Grosso, entre os anos de 1526 até o ano de 1986.* São Paulo: Uyara, 1987.

BLANCO, Ricardo R. *Las "Bandeiras", instituciones bélicas americanas.* Brasília: Ed. Univ. de Brasília, 1966.

BOGGIANI, Guido. *Os Caduveo,* [1892]. Belo Horizonte: Itatiaia; São Paulo: Edusp, 1975. (Col. Reconquista do Brasil, v. 22).

BRASILEIRO, Sheila. Povo Kiriri, três séculos de resistência e luta. Salvador: ANAÍ, *Boletim da ANAÍ,* n. 16-17, janeiro a novembro, 1995, p. 4-6.

CALADO, frei Manuel. *O valeroso Lucideno e Triunfo da Liberdade,* [1648]. 2ª ed. São Paulo: Ed. Cultura, 1945, 2 v.

CAMELO, João A. Cabral. A *Notícia Prática de João A. Cabral Camelo.* Depoimento inédito sobre o destroço da monção do ouvidor Lanhas Peixoto pelos Paiaguás. *In:* TAUNAY, Afonso de E. *Relatos monçoeiros.* Belo Horizonte: Itatiaia; São Paulo: Edusp, 1981, p. 30-36. (Col. Reconquista do Brasil – Nova Série, v. 33).

CAMPOS, André. Krenak, o presídio indígena da ditadura. *Porantim*, Brasília: Cimi, agosto 2012, p. 8.

CARVALHO, João Renôr F. de. *Resistência indígena no Piauí colonial (1718-1774)*. Teresina: Ed. Da UFPI, 2008. (Col. Nordestina).

CASPAR, Franz. *Tupari*. São Paulo: Melhoramentos, s/d [c. 1960].

CASTRO DIAS, Cid de. *Piauhy, das origens à nova capital*. 2ª. ed., Teresina: Senac/Fundação Quixote/ Hospital de Olhos Francisco Vilar, 2009.

CHAIM, Marivone. *Aldeamentos indígenas*. Goiás 1749-1811. São Paulo: Nobel/INL, 1983.

CHARLEVOIX, Pierre François X. de. *Histoire du Paraguay*. Paris, 1756, 3 vol.

CIMI. Manaus: do monólogo ao diálogo. *Boletim do Cimi*, Brasília: Cimi, n. 65, julho 1980, p. 7-12.

______. 8ª Assembleia de Chefes Indígenas (16 a 18 de abril de 1977). *Boletim do Cimi*, Brasília: Cimi, n. 38, junho 1977.

______. Rio das Cobras: a terra conquistada. Brasília: Cimi, *Boletim do Cimi*, n 46, maio 1978, p. 18-22.

______. *Marcha e Conferência Indígena*. Brasília: Cimi, 2000.

______. *Outros 500, construindo uma nova História*. São Paulo: Salesiana, 2001.

COSTA, F. A. Pereira da. *Cronologia histórica do Estado do Piauí*. Rio de Janeiro: Artenova, 1974.

CORTESÃO, Jaime (org.) *Manuscritos da coleção De Angelis*. Jesuítas e bandeirantes no Itatim (1596-1760). Rio de Janeiro: Biblioteca Nacional, 1952, v. 2.

D'ABBEVILLE, Claude. *História da Missão dos Padres Capuchinhos na ilha do Maranhão e terras circunvizinhas*. [1618]. Itatiaia Edusp, 1975. (Col. Reconquista do Brasil, v. 19).

D'ÉVREUX, Yves, *História das coisas mais memoráveis ocorridas no Maranhão nos anos de 1613 e 1614*. Rio de Janeiro: Fundação Darcy Ribeiro, 2009. (Col. Franceses no Brasil, séculos XVI e XVII, v. 4).

DIAS, Carlos Malheiros. *História da colonização portuguesa do Brasil*. Porto: Litografia Nacional, 1921, 3 v.

EHRENREICH, Paul. *Índios Botocudos do Espírito Santo no século XIX*. Vitória: Arquivo Público do Estado do Espírito Santo, 2014. (Col. Canaã, v. 21).

ELLIS Jr., Alfredo. *O bandeirismo paulista e o recuo do meridiano*, São Paulo: Companhia Ed. Nacional, 1934.

ESCHWEGE, Wilhein L. von. *Pluto Brasiliensis* [1833]. Brasília: Ed. Senado Federal, 2011, v. 140.

FERREIRA, Alexandre Rodrigues. *Viagem filosófica pelas capitanias do Rio Negro, Mato Grosso e Cuiabá*. Memórias. Antropologia. Rio de Janeiro: Conselho Federal de Cultura, 1974.

FERREIRA, Manoel Rodrigues. *O mistério do ouro dos Martírios*. São Paulo: Biblos, 1960.

FLORENCE, Hércules. *Viagem fluvial do Tietê ao Amazonas*. São Paulo: Cultrix/Edusp, 1977.

FRANCO, Francisco de Assis Carvalho. *Dicionário de Bandeirantes e sertanistas do Brasil*. São Paulo: Comissão do IV Centenário, 1954.

FREIRE, Mário Aristides. *A capitania do Espírito Santo*. Crônica da vida capixaba no tempo dos Capitães-mores (1535-1822). Vitória: Vida Capichaba, 1945.

FREIRE, Olavo; MAY, cel. Alfredo O. de A. *Atlas de Geografia Universal*. Rio de Janeiro: Francisco Alves & Cia, 1915.

FREITAS, Décio. *Cabanos: os guerrilheiros do Imperador*. 2ª ed. São Paulo: Graal, 1982. (Col. Biblioteca de História, v. 1).

GADELHA, Regina Maria. *As missões jesuíticas do Itatim*. Rio de Janeiro: Paz e Terra, 1980.

GAGLIARDI, Vilma Lúcia. *A casa grande do Tatuapé*. São Paulo: Secretaria Municipal de Cultura, 1983. (Publicação do Departamento do Patrimônio Histórico, v. 5).

GANDAVO, Pero de M. História da Província da Santa Cruz. *In: Tratado da Terra do Brasil*. Belo Horizonte: Itatiaia; São Paulo: Edusp. (Col. Reconquista do Brasil, Nova Série, v. 12).

GOLIN, Tau. *Sepé Tiaraju*. Porto Alegre: Tchê, 1985.

______. *A guerra guaranítica*. Passo Fundo: Univ. de Passo Fundo; Porto Alegre: Univ. Federal do Rio Grande do Sul, 1999.

HEMMING, John. *Ouro Vermelho*. São Paulo: Edusp, 2007.

KROEMER, Gunter. *Cuxiura, o Purus dos indígenas.* Ensaio etno-histórico e etnográfico sobre os índios do médio Purus. São Paulo: Loyola, 1985.

LACERDA, Rosana. O assassinato do cacique Xukuru. *Porantim*, Brasília: Cimi, n. 170, nov. 1994, p. 5-6.

______. Adeus, grande guerreira Xukuru-Kariri. *Porantim*, Brasília: Cimi, n. 290, nov. 2006, p. 10

LADEIRA, Maria Inês; MATTA, Priscila (orgs.). *Terras Guarani no Litoral.* As matas que foram reveladas aos nossos avós. São Paulo: CTI, 2004.

LÉRY, Jean de. *Viagem à terra do Brasil.* São Paulo: Martins; Edusp, 1972. (Col. Biblioteca Histórica Brasileira).

LEITE, Serafim. *História da Companhia de Jesus no Brasil.* 2ª. ed. São Paulo: Loyola, 2004, 4 vol.

LISBOA, João Francisco. *Crônica do Brasil Colonial.* Apontamentos para a História do Maranhão. [1864] Petrópolis: Vozes/MEC-INL, 1976. (Coleção Dimensões do Brasil, v. 2).

LOPES [de SOUSA] Pero. Diário de navegação de Pero Lopes de Sousa (1530-1532). *Revista Trimestral do Instituto Historico Geographico e Etnographico do Brasil,* Rio de Janeiro: Tipogr. Laemmert, 1861, v. 24, p. 1-111.

LUGON, Clovis. *A República Guarani.* São Paulo: Expressão Popular, 2010.

______. *A República "Comunista-cristã" dos Guaranis, 1610-1768.* 3ª ed. Rio de Janeiro: Paz e Terra, 1977.

MAGALHÃES, Domingos José Gonçalves de. *A confederação dos Tamoios. In:* RAMOS, Frederico José da S. *Grandes poetas românticos do Brasil.* São Paulo: LEP, [1949].

MATTOS, Raymundo José da Cunha. *Chorographia Histórica da Província de Goyaz.* Goiânia: SUDECO/ Governo de Goiás, 1979.

MELIÀ, Bartomeu e outros. Los Pai Tavyterã. *Suplemento Antropológico.* Asunción: Universidad Católica, vol. 11, n.1 e 2, dez. 1976, p. 151-289.

MELIÀ, Bartomeu. *El Guarani conquistado y reduzido.* Asunción: Biblioteca Paraguaia de Antropologia, 1993, v. 5.

______. Julgamento e crítica indígena sobre a missão. *In:* ACHA DUARTE e outros. *Padre Roque Gonzalez, atualidade de um evangelizador.* São Paulo: Loyola, 1978, p. 112-120.

______. Escritos guarani como fontes documentais da história rio-platense. *In:* SUESS, Paulo e outros. *A conversão dos cativos.* Povos Indígenas e missão jesuítica. São Bernardo do Campo: Nhanduti, 2009.

MELLO, Darcy Bandeira de . *Entre índios e revoluções.* São Paulo: Soma, 1980.

MELLO E SOUZA, J.B. *Histórias do rio Paraíba.* São Paulo: Saraiva, 1969, v. 1. (Col. Saraiva, v. 251).

MELLO NETO, José Antônio Gonsalves. *Tempo dos flamengos.* Rio de Janeiro: José Olympio, 1947. (Col. Documentos Brasileiros, v. 54).

MÉTRAUX, Alfred. *A religião dos Tupinambás.* 2ª ed. São Paulo: Comp. Ed. Nacional, 1979. (Col. Brasiliana, v. 267).

MOISÉS, Leyla Perrone. *Vinte luas.* São Paulo: Companhia das Letras, 1996.

MONTEIRO, John Manuel. *Negros da Terra. Índios e bandeirantes nas origens de São Paulo.* São Paulo: Companhia das Letras, 1994.

MONTOYA, Antonio Ruiz de. *Vocabulario y Tesoro de la lengua guaraní (o más bien tupi). In: Arte de la lengua guaraní, o más bien tupi.* Nueva ed. Viena: Faesy y Frick; Paris: Maisonneuve, 1876.

______. *A conquista espiritual feita pelos Padres da Companhia de Jesus nas Províncias do Paraguai, Paraná, Uruguai e Tape.* Porto Alegre: Martins Livreiro Editor, 1985.

MORENO, Cézar. *A colonização e o povoamento do baixo Jequitinhonha no século XIX,* Belo Horizonte: Canoa das Letras, 2001.

MOTT, Luiz. Um tupinambá feiticeiro e o diabo macaco nas garras da inquisição. *In:* ALMEIDA, Luiz Sávio de e Outros (org.) *Resistência, Memória, Etnografia.* Maceió: EdUFAL, 2007, p. 211-230.

MOURA, Marlene Castro Ossamim de. *Os Tapuios do carretão.* Etnogênese de um grupo indígena do estado de Goiás. Goiânia: Universidade Católica de Goiás, 2008.

MURPHY, Robert. *Headhunter's heritage. Social and economic change among the Mundurucu Indians.* Berkley & Los Angeles: University of California Press, 1960.

MURY, Paul. *História de Gabriel Malagrida,* [1875]. São Paulo: Instituto Italiano de Cultura; Loyola, 1992.

MOREAU, Pierre. *História das últimas lutas no Brasil entre holandeses e portugueses* [1651]. Belo Horizonte: Itatiaia/Edusp, 1979. (Col. Reconquista do Brasil, v. 54).

NÓBREGA, padre Manoel da. *Cartas do Brasil* (1549-1560). Belo Horizonte: Itatiaia; São Paulo: Edusp, 1988. (Col. Reconquista do Brasil, 2ª. Série, vol. 147)

OCA DIGITAL. Lideranças indígenas relembram luta do caboclo Marcelino. *Caros Amigos*, 28/9/2012.

OTONI, Teófilo. *Notícia sobre os selvagens do Mucuri.* Belo Horizonte: Ed. Univ. Federal de Minas Gerais, 2002.

PEIXOTO, José Adelson L. *Memórias e imagens em confronto: os Xukuru-Kariri nos acervos de Luiz Torres e Lenoir Tibiriçá.* João Pessoa: Universidade Federal da Paraíba, 2013.

PEREIRA DA COSTA, F. A. *Cronologia histórica do Estado do Piauí.* Rio de Janeiro: Artenova, 1974.

PRAZERES, Fr. Francisco de Nossa Senhora dos. Poranduba Maranhense [1826], *Revista Trimestral do Instituto Historico e Geographico Brazileiro,* Rio de Janeiro: Tipogr. Laemmert, vol. 54, parte I, 1891.

PREZIA, Benedito. A morte de Sepé Tiaraju. *Porantim,* Brasília: Cimi, v. 282, jan./fev. 2006, p. 11.

______. *Marçal Guarani – a voz que não pode ser esquecida.* São Paulo: Expressão Popular, 2006.

______. *Os Tupi de Piratininga.* Acolhida, resistência e colaboração. São Paulo: PUC-SP, 2008 (tese de doutorado).

PROFESSORES, PROFESSORAS E LIDERANÇAS XUKURU DO ORORUBÁ: *Xukuru, filhos da mãe Natureza. Uma história de resistência e luta.* Olinda: Centro de Cultura Luiz Freire/Oxfam/Cese, 1997.

PUNTONI, Pedro. *A guerra dos Bárbaros,* São Paulo: Edusp/Hucitec, 2002.

QUINTILIANO, Aylton. *A guerra dos Tamoios.* 2ª ed. Rio de Janeiro: Relume Dumará/Prefeitura do Rio de Janeiro, 2003.

RAVAGNANI, Oswaldo. *A experiência Xavante com o mundo dos brancos.* São Paulo: Escola de Sociologia e Política de São Paulo, 1978 (tese de doutorado).

REIS, Paulo Pereira dos. *O indígena do vale do Paraíba.* São Paulo: Gov. Estado de São Paulo, 1979. (Col. Paulística, v. XVI).

REESINK, Edwin. A tomada do coração da aldeia: a participação dos índios de Massacará na guerra de Canudos. Salvador: *Caderno do Ceas,* 1997, p. 73-95.

RIVASSEAU, Emílio. *A vida dos índios Guaycurús. Quinze dias nas suas aldeias.* São Paulo: Comp. Ed. Nacional, 1936. (Col. Brasiliana, v. 60).

RODRIGUES, Ivelise. Alguns aspectos da ergologia Mura-Pirahã. *Antropologia* 65, Belém, 1977.

RUGENDAS, João Maurício. *Viagem pitoresca através do Brasil.* 4ª ed. São Paulo: Livraria Martins Ed., 1949.

SALVADOR, Fr. Vicente do. *História do Brasil, 1500-1627.* [c. 1630]. Belo Horizonte: Itatiaia; São Paulo: Edusp, 1982. (Col. Reconquista do Brasil, Nova Série, v. 49).

SAINT-HILAIRE, Auguste de. *Viagem pelas Províncias do Rio de Janeiro e Minas Gerais* [1830]. Belo Horizonte: Itatiaia; São Paulo: Edusp, 1974. (Coleção Reconquista do Brasil, vol. 4).

SAMPAIO, Francisco. *Diário da viagem que em visita e correção das povoações da capitania de S. Jozé do Rio Negro fez o ouvidor e intendente geral da mesma, Francisco Xavier Ribeiro de Sampaio no anno de 1774 e 1775.* Lisboa, 1825.

SILVA CAMPOS. *Crônicas da capitania de S. Jorge de Ilhéus.* Rio de Janeiro, MEC/Anais da Biblioteca Nacional, 1981, v. 27.

SOARES, Geralda Chaves. *Na trilha guerreira dos Borun.* Belo Horizonte: Centro Universitário Metodista, 2010.

SOUSA, Gabriel S. *Tratado descritivo do Brasil em 1587.* [1587] 5ª ed. São Paulo: Comp. Ed. Nacional, 1987.(Col. Brasiliana, v. 117).

SOUZA, Lincoln. *Os Xavantes e a civilização.* Rio de Janeiro: IBGE, 1953.

SOUZA, Márcio. Ajuricaba, herói de um povo sem memória? *In: Teatro indígena do Amazonas.* Rio de Janeiro: Codecri, 1979.

SPIX, Johannes Baptista von; MARTIUS, Carl Friedr. von. *Viagem pelo Brasil (1817-1820)* [1831]. Belo Horizonte: Itatiaia; São Paulo: Edusp, 1981, 3 v. (Col. Reconquista do Brasil. Nova Série, v. 46, 47 e 48).

STADEN, Hans. *Duas viagens ao Brasil.*[1557]. Belo Horizonte: Itatiaia; Edusp, 1988. (Col. Reconquista do Brasil, v. 17).

_______. *A verdadeira história dos selvagens nus e ferozes, devoradores de homens. (1548-1555).* 5ª ed. Rio de Janeiro: Dantes Ed., 1999.

STUDART FILHO, Carlos. A missão jesuítica da Ibiapaba, *Revista do Instituto do Ceará,* v. 59, 1945.

TANGERINO, Celeste C. (org.) *Revelações sobre a terra: a memória viva dos Guarani.* Vitória: Universidade Federal do Espírito Santo, 1996.

TAUNAY, Afonso de E. *Relatos sertanistas.* Belo Horizonte: Itatiaia; São Paulo: Edusp, 1981. (Col. Reconquista do Brasil – Nova Série, v. 34).

______. *Relatos monçoeiros.* Belo Horizonte: Itatiaia; São Paulo: Edusp, 1981. (Col. Reconquista do Brasil – Nova Série, v. 33)

TETILA, José Laerte. *Marçal de Souza, Tupã'i: um Guarani que não se cala.* Campo Grande: UFMS, 1994.

TODOROV, Tzvetan. *A conquista da América.* A questão do outro. São Paulo: Martins Fontes, 1988.

VASCONCELOS, Simão de. *Vida do Venerável Padre José de Anchieta,* Rio de Janeiro: Imprensa Nacional, 1943, 2 vol..

______. *Crônica da Companhia de Jesus.* Petrópolis: Vozes; INL-MEC, 1977. (Col. Dimensões do Brasil, v. 5 e 5A).

VIVEIROS DE CASTRO, Eduardo B. Curt Nimuendaju, 104 mitos indígenas nunca publicados. A redescoberta do etnólogo teuto-brasileiro. *Revista do Patrimônio Histórico e Artístico Nacional.* Rio de Janeiro: Fundação Pró-Memória, v. 21, 1986, p. 64-111.

WIED-NEUWIED, Maximiliano, Príncipe de. *Viagem ao Brasil* [1820], Belo Horizonte: Itatiaia; São Paulo: Edusp, 1989. (Col. Reconquista do Brasil – 2ª série, v. 156).